전국수협

최신기출유형 + 모의고사 5회 + 무료NCS특강

시대에듀

2025 최신판 시대에듀 All-New 전국수협 인적성검사
최신기출유형 + 모의고사 5회 + 무료NCS특강

Always **with you**

사람의 인연은 길에서 우연하게 만나거나 함께 살아가는 것만을 의미하지는 않습니다.
책을 펴내는 출판사와 그 책을 읽는 독자의 만남도 소중한 인연입니다.
시대에듀는 항상 독자의 마음을 헤아리기 위해 노력하고 있습니다. 늘 독자와 함께하겠습니다.

머리말 PREFACE

전국수협은 투명하고 깨끗한 세상을 만들기 위한 윤리경영에 앞장서고 있으며, 어업인과 수산물 가공업자의 경제 · 사회 · 문화적 지위의 향상과 어업 및 수산물 가공업의 경쟁력 강화를 통하여 국민경제 및 수산업, 어촌 발전에 기여해온 수산인의 협동조합이다.

전국수협은 수산인 104만 명, 전국 91개 조합, 어촌계 2,029개소로 조합되어 있으며, 제주지역에도 7개가 위치해 있다. 전국수협 채용은 서류, 필기, 면접 세 가지 전형으로 진행된다.

이에 시대에듀에서는 전국수협 인적성검사를 준비하는 수험생들이 시험에 효과적으로 대비할 수 있도록 다음과 같은 특징을 가진 본서를 출간하게 되었다.

도서의 특징

❶ 2024년 전국수협 적성검사 기출복원문제를 수록하여 최근 출제경향을 한눈에 파악할 수 있도록 하였다.

❷ 적성검사 출제영역별 대표기출유형과 기출응용문제를 수록하여 체계적인 학습이 가능하도록 하였다.

❸ 경영학 핵심이론과 기출응용문제를 수록하여 전국수협 필기시험을 완벽히 준비하도록 하였다.

❹ 최종점검 모의고사 2회분과 온라인 모의고사 3회분(NCS 통합 1회 포함)을 수록하여 시험 전 자신의 실력을 스스로 판단할 수 있도록 하였다.

❺ 인성검사 모의연습과 전국수협 실제 면접 기출 질문을 수록하여 한 권으로 채용 전반에 대비할 수 있도록 하였다.

끝으로 본서를 통해 전국수협 인적성검사를 준비하는 여러분 모두에게 합격의 기쁨이 있기를 진심으로 기원한다.

SDC(Sidae Data Center) 씀

전국수협 기업분석

◇ 비전

어업인이 부자되는 어부(漁富)의 세상

어업인 권익 강화
살기 좋은 희망찬 어촌
지속가능한 수산환경 조성
중앙회 · 조합 · 어촌 상생발전

◇ 윤리경영

투명하고 깨끗한 세상! 수협이 앞장선다.

윤리경영을 통한 세계화
철저한 윤리경영의 실천 및 확산
윤리경영시스템의 운영 및 사회공헌

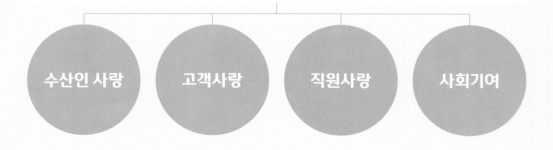

수산인 사랑   고객사랑   직원사랑   사회기여

◇ **심벌마크**

수협 심벌마크는 수협운동을 상징적으로 대변하는 조형으로써 CI(Corporate Identity) 디자인 시스템의 가장 중요한 요소이며 모든 시각 커뮤니케이션 활동의 핵심이 된다.

수협 심벌마크의 외곽타원은 어민의 삶의 터전인 푸른 바다, 맑은 물을 상징하며 4마리의 물고기 도형은 어민과 어민, 수협과 어민, 수협과 정부 사이의 상호협동을 의미한다.

물고기와 파도문양의 합성으로 형성되는 활기찬 역동감은 수협운동을 통한 진취적인 선진국가로의 발전을 추구하는 수협의 기상을 뜻한다.

◇ **인재상**

협동 + 소통 Cooperation	**협동과 소통으로 시너지를 창출하는 수협인** • 동료와 팀워크를 발휘하여 조직의 목표 달성에 기여하는 사람 • 다양한 배경과 생각을 가진 사람들과 의견을 조율하여 문제를 해결하는 사람
창의 + 혁신 Creativity	**창의와 혁신으로 미래에 도전하는 수협인** • 번뜩이는 생각과 새로운 시각으로 변화하는 시대에 앞서 나가는 사람 • 유연한 자세로 변화를 추구하며 새로운 분야를 개척하는 사람
친절 + 배려 Consideration	**친절과 배려로 어업인과 고객에 봉사하는 수협인** • 고객을 섬기는 따뜻한 가슴으로 고객 행복에 앞장서는 사람 • 상대방의 입장에서 생각하고 행동하는 너그러운 마음을 품은 사람

신입행원 채용 안내

◇ 지원방법

전국수협 채용 홈페이지(shinsa.incruit.com)를 통한 온라인 지원서 접수

◇ 지원자격

학력	• 제한 없음 ※ 졸업예정자는 면접일 이후 근무 가능한 자여야 함(근무 불가능 시 합격 취소될 수 있음)
연령	• 제한 없음(단, 마감일 현재 우리 수협 정년 이상인 자 제외)
기타	• 우리 수협 인사규정상 채용결격사유에 해당하지 않는 자 • 우리 수협 업무 관련 자격증 소지자 우대 • 취업지원대상자, 장애인은 관련 법령에 의해 가점 등 부여

◇ 채용절차

지원서 접수   필기고시   면접전형   최종합격   임용

◇ 필기고시

구분	내용
일반관리계	• 필수과목(30%) : 인 · 적성검사 • 선택과목(70%) : 민법(친족, 상속편 제외), 회계학(원가관리회계, 세무회계 제외), 경영학(회계학 제외), 수협법(시행령, 시행규칙 포함), 상업경제 중 택 1 ※ 회계학 응시자는 저장 기능이 없는 계산기 이용 가능
기술 · 기능계	• 필수과목 : 인 · 적성검사

※ 필기고시 고득점자 순으로 채용예정인원의 수협별 배수 내 선발하며, 각 과목의 과락(40점 미만) 시 불합격 처리
※ 인성검사 성적은 제외하나, "부적합"의 경우 불합격 처리

❖ 자세한 채용절차는 직무별 채용방침에 따라 변경될 수 있으니 반드시 채용공고를 확인하기 바랍니다.

총평

> 2024년 상·하반기 전국수협 필기시험은 예년과 다르게 적성검사 유형이 아닌, NCS 직업기초능력 평가 유형과 비슷하게 출제되었으며 기존 4지선다에서 5지선다로 변경되었다. 의사소통 영역에서는 맞춤법, 한자성어 유형이 출제되었으며, 수리 영역은 대부분 기초계산 유형이었다. 모든 영역의 출제 수준은 평이하였다. 주어진 시간은 짧은 반면 해결해야 하는 문항 수는 많으므로, 평소 시간 안배에 대비가 필요하다.

◇ 영역별 출제비중

약 10%
약 26%
약 10%
약 24%
약 30%

- 의사소통능력
- 수리능력
- 문제해결능력
- 자원관리능력
- 조직이해능력

◇ 영역별 출제특징

구분	출제특징
의사소통능력	• 맞춤법이 옳지 않은 어휘를 찾는 문제 • 한자성어, 유의어·다의어를 찾는 문제 • 철학·과학·기술·민속 등 다양한 분야의 지문을 활용한 주제 찾기, 내용일치, 나열하기, 비판·반박하기, 추론하기 등의 유형
수리능력	• 단순 계산, 수열·문자추리 문제 • 거리·속력·시간, 확률, 경우의 수, 교통비 계산, 이자 계산 등 응용수리 문제
문제해결능력	• 명제, 참·거짓, 조건추리 문제 • SWOT 문제
자원관리능력	• 예산편성의 순서를 고르는 문제 • 회의실 예약 문제 • 직접비용, 간접비용을 구하는 문제
조직이해능력	• 경영전략과 조직구조, 업무에 대해 묻는 문제 • 리더십의 개념을 비교하는 문제

주요 금융권 적중 문제

의사소통능력 ▶ 나열하기

※ 다음 제시된 문장을 논리적 순서대로 바르게 나열한 것을 고르시오. [1~2]

01

(가) 근대에 접어들어 모든 사물이 생명력을 갖지 않는 일종의 기계라는 견해가 강조되면서, 아리스토텔레스의 목적론은 비과학적이라는 이유로 많은 비판에 직면한다.

(나) 대표적인 근대 사상가인 갈릴레이는 목적론적 설명이 과학적 설명으로 사용될 수 없다고 주장했고, 베이컨은 목적에 대한 탐구가 과학에 무익하다고 평가했으며, 스피노자는 목적론이 자연에 대한 이해를 왜곡한다고 비판했다.

(다) 일부 현대 학자들은 근대 사상가들이 당시 과학에 기초한 기계론적 모형이 더 설득력이 있다는 일종의 교조적 믿음에 의존했을 뿐, 아리스토텔레스의 목적론을 거부할 충분한 근거를 제시하지 못했다고 비판한다.

(라) 이들의 비판은 목적론이 인간 이외의 자연물도 이성을 갖는 것으로 의인화한다는 것이다. 그러나 이런 비판과는 달리 아리스토텔레스는 자연물을 생물과 무생물로, 생물을 식물·동물·인간으로 나누고, 인간만이 이성을 지닌다고 생각했다.

① (가) - (나) - (라) - (다) ② (가) - (라) - (나) - (다)

③ (나) - (다) - (라) - (가) ④ (나) - (라) - (다) - (가)

수리능력 ▶ 거리·속력·시간

01 미주는 집에서 백화점에 가기 위해 시속 8km의 속력으로 집에서 출발했다. 미주가 집에서 출발한 지 12분 후에 지갑을 두고 간 것을 발견한 동생이 시속 20km의 속력으로 미주를 만나러 출발했다. 미주와 동생은 몇 분 후에 만나게 되는가?(단, 미주와 동생은 쉬지 않고 일정한 속력으로 움직인다)

① 11분 ② 14분

③ 17분 ④ 20분

문제해결능력 ▶ 명제

01 다음 명제가 모두 참일 때, 반드시 참인 명제는?

• 다음은 서로 다른 밝기 등급(1 ~ 5등급)을 가진 A ~ E별의 밝기를 측정하였다.
• 1등급이 가장 밝은 밝기 등급이다.
• A별은 가장 밝지도 않고, 두 번째로 밝지도 않다.
• B별은 C별보다 밝고, E별보다 어둡다.
• C별은 D별보다 밝고, A별보다 어둡다.
• E별은 A별보다 밝다.

① A별의 밝기 등급은 4등급이다.
② A ~ E 별 중 B별이 가장 밝다.
③ 어느 별이 가장 어두운지 확인할 수 없다.
④ 별의 밝기 등급에 따라 순서대로 나열하면 'E - B - A - C - D'이다.

지역농협 6급

의사소통능력 ▶ 나열하기

17 다음 문단을 논리적 순서대로 바르게 나열한 것은?

> (가) 이때 보험금에 대한 기댓값은 사고가 발생할 확률에 사고 발생 시 받을 보험금을 곱한 값이다. 보험금에 대한 보험료의 비율(보험료/보험금)을 보험료율이라 하는데, 보험료율이 사고 발생 확률보다 높으면 구성원 전체의 보험료 총액이 보험금 총액보다 더 많고, 그 반대의 경우에는 구성원 전체의 보험료 총액이 보험금 총액보다 더 적게 된다. 따라서 공정한 보험에서는 보험료율과 사고 발생 확률이 같아야 한다.
>
> (나) 위험 공동체의 구성원이 내는 보험료와 지급받는 보험금은 그 위험 공동체의 사고 발생 확률을 근거로 산정된다. 특정 사고가 발생할 확률은 정확히 알 수 없지만, 그동안 발생한 사고를 바탕으로 그 확률을 예측한다면 관찰 대상이 많아짐에 따라 실제 사고 발생 확률에 근접하게 된다.
>
> (다) 본래 보험 가입의 목적은 금전적 이득을 취하는 데 있는 것이 아니라 장래의 경제적 손실을 보상받는 데 있으므로, 위험 공동체의 구성원은 자신이 속한 위험 공동체의 위험에 상응하는 보험료를 내는 것이 공정할 것이다.
>
> (라) 따라서 공정한 보험에서는 구성원 각자가 내는 보험료와 그가 지급받을 보험금에 대한 기댓값이 일치해야 하며, 구성원 전체의 보험료 총액과 보험금 총액이 일치해야 한다.

① (가) - (나) - (다) - (라) ② (가) - (라) - (나) - (다)
③ (나) - (다) - (라) - (가) ④ (나) - (라) - (다) - (가)
⑤ (다) - (나) - (라) - (가)

수리능력 ▶ 일률

32 선규와 승룡이가 함께 일하면 5일이 걸리는 일을 선규가 먼저 혼자서 4일을 일하고, 승룡이가 혼자서 7일을 일하면 끝낼 수 있다고 한다. 승룡이가 이 일을 혼자서 끝내려면 며칠이 걸리겠는가?

① 11일 ② 12일
③ 14일 ④ 15일
⑤ 16일

문제해결능력 ▶ 명제

30 다음 명제가 모두 참일 때, 빈칸에 들어갈 명제로 가장 적절한 것은?

> 마라톤을 좋아하는 사람은 체력이 좋고, 인내심도 있다.
> 몸무게가 무거운 사람은 체력이 좋고, 명랑한 사람은 마라톤을 좋아한다.
> 따라서 _____

① 체력이 좋은 사람은 인내심이 없다.
② 명랑한 사람은 인내심이 있다.
③ 마라톤을 좋아하는 사람은 몸무게가 가볍다.
④ 몸무게가 무겁지 않은 사람은 체력이 좋지 않다.

주요 금융권 적중 문제

신한은행

의사소통능력 ▶ 나열하기

23 다음 문장들을 논리적 순서대로 바르게 나열한 것은?

(가) 사물을 볼 때 우리는 중립적으로 보지 않고 우리의 경험이나 관심, 흥미에 따라 사물의 상을 잡아당겨 보는 경향이 있다.

(나) 그래서 매우 낯설거나 순간적으로 명료하게 파악되지 않는 이미지를 보면 그것과 유사한, 자신이 잘 아는 어떤 사물의 이미지와 연결하여 보려는 심리적 경향을 보이게 된다.

(다) 이런 면에서 어떤 사물을 보든지 우리는 늘 '오류'의 가능성을 안고 있다.

(라) 그러나 이런 가능성이 항상 부정적인 것만은 아니다.

(마) 사실 화가가 보여주는 일루전(Illusion), 곧 환영(幻影)도 이런 오류의 가능성에서 나오는 것이다.

수리능력 ▶ 자료추론

68 다음은 2020 ~ 2023년 A국의 방송통신 매체별 광고매출액에 대한 자료이다. 이에 대한 〈보기〉의 설명 중 옳은 것을 모두 고르면?

〈2020 ~ 2023년 방송통신 매체별 광고매출액〉

(단위 : 억 원)

매체	연도 세부 매체	2020년	2021년	2022년	2023년
방송	지상파TV	15,517	14,219	12,352	12,310
	라디오	2,530	2,073	1,943	1,816
	지상파DMB	53	44	36	35
	케이블PP	18,537	17,130	16,646	( )
	케이블SO	1,391	1,408	1,275	1,369
	위성방송	480	511	504	503
	소계	38,508	35,385	32,756	31,041

문제해결능력 ▶ 금융상품 활용

※ 다음은 S은행의 Ü Card(위 카드)에 관한 자료이다. 이어지는 질문에 답하시오. [51~52]

〈Ü Card(위 카드) 주요 혜택〉

1) 전 가맹점 포인트 적립 서비스

전월 실적 50만 원 이상 이용 시 전 가맹점 적립 서비스 제공

(단, 카드사용 등록일부터 익월 말일까지는 전월 실적 미달 시에도 정상 적립)

건별 이용금액	10만 원 미만	10만 원 이상		
업종	전 가맹점	전 가맹점	온라인	해외
적립률	0.7%	1.0%	1.2%	1.5%

※ 즉시결제 서비스 이용금액은 전 가맹점 2만 원 이상 이용 건에 한해 0.2% 적립

2) 보너스 캐시백

매년 1회 연간 이용금액에 따라 캐시백 서비스 제공

연간 이용금액	3천만 원 이상	5천만 원 이상	1억 원 이상
캐시백	5만 원	10만 원	20만 원

IBK기업은행

의사소통능력 ▶ 내용일치

※ 다음 글의 내용으로 적절하지 않은 것을 고르시오. [1~3]

01

많은 사람들은 소비에 대한 경제적 결정을 내리기 전에 가격과 품질을 고려한다. 하지만 이러한 결정은 때로 소비자가 인식하지 못한 다른 요소에 의해 영향을 받는다. 바로 마케팅과 광고의 효과이다. 광고는 제품이나 서비스에 대한 정보를 전달하는 데 사용되는 매개체로 소비자의 구매 결정에 큰 영향을 끼친다.

마케팅 회사들은 광고를 통해 제품을 매력적으로 보이도록 디자인하고 여러 가지 특징들을 강조하여 소비자들이 해당 제품을 원하도록 만든다. 예를 들어 소비자가 직면한 문제에 대해 자사의 제품이 효과적인 해결책이라고 제시하거나 유니크한 디자인, 고급 소재 등을 사용한다고 강조하는 것이다. 이렇게 광고는 소비자들에게 제품에 대한 긍정적인 이미지를 형성하게 하여 구매 욕구를 자극해 제품의 판매량을 증가시킨다.

그러므로 현명한 소비를 하기 위해서는 광고에 의해 형성된 이미지에 속지 않고 실제 제품의 가치와

자원관리능력 ▶ 비용계산

※ 다음은 I은행의 지난해 직원별 업무 성과내용과 성과급 지급규정이다. 이어지는 질문에 답하시오.
[16~17]

〈직원별 업무 성과내용〉

성명	직급	월 급여(만 원)	성과내용
임미리	과장	450	예·적금 상품 3개, 보험상품 1개, 대출상품 3개
이윤미	대리	380	예·적금 상품 5개, 보험상품 4개
조유라	주임	330	예·적금 상품 2개, 보험상품 1개, 대출상품 5개
구자랑	사원	240	보험상품 3개, 대출상품 3개
조다운	대리	350	보험상품 2개, 대출상품 4개
김은지	사원	220	예·적금 상품 6개, 대출상품 2개
권지희	주임	320	예·적금 상품 5개, 보험상품 1개, 대출상품 1개
윤수연	사원	280	예·적금 상품 2개, 보험상품 3개, 대출상품 1개

수리능력 ▶ 금융상품 활용

03 A대리는 새 자동차 구입을 위해 적금 상품에 가입하고자 하며, 후보 적금 상품에 대한 정보는 다음과 같다. 후보 적금 상품 중 만기환급금이 더 큰 적금 상품에 가입한다고 할 때, A대리가 가입할 적금 상품과 상품의 만기환급금이 바르게 연결된 것은?

〈후보 적금 상품 정보〉

구분	직장인사랑적금	미래든든적금
가입자	개인실명제	개인실명제
가입기간	36개월	24개월
가입금액	매월 1일 100,000원 납입	매월 1일 150,000원 납입
적용금리	연 2.0%	연 2.8%
저축방법	정기적립식, 비과세	정기적립식, 비과세
이자지급방식	만기일시지급식, 단리식	만기일시지급식, 단리식

적금 상품   만기환급금

도서 200% 활용하기

2024년 기출복원문제로 출제경향 파악

2024 | 기출복원문제

※ 정답 및 해설은 기출복원문제 바로 뒤 p.014에 있습니다.

01 다음 사례에 해당하는 한자성어는?

> 나영이는 희주의 필기노트를 몰래 사용하다 들켰지만 미안하다는 말 한마디 없었다.

① 낭중지추(囊中之錐)
② 파죽지세(破竹之勢)
③ 막역지우(莫逆之友)
④ 후안무치(厚顔無恥)
⑤ 부화뇌동(附和雷同)

02 다음 빈칸 ㉠ ~ ㉣에 들어갈 단어로 옳지 않

- 강대리는 ㉠ 권을 남용하여 징계를 받
- 이사원은 박과장에게 보고서 ㉡ 를 받으
- 커피는 법인카드로 ㉢ 하고, 나머지는 현
- 최팀장은 내일 출장 가기 전까지 반드시 관

① ㉠ - 결재
③ ㉢ - 결재
⑤ ㉣ - 결재

2 · 전국수협 인적성검사

2024 | 기출복원문제 정답 및 해설

01	02	03	04	05	06	07	08	09	10
④	③	①	④	③	③	⑤	④	④	④
11	12	13	14	15	16	17	18	19	20
③	④	⑤	⑤	③	⑤	④	②	⑤	②

01   정답 ④

'후안무치(厚顔無恥)'는 '뻔뻔스러워 부끄러움이 없다.'는 뜻이다.

오답분석
① 낭중지추(囊中之錐) : '주머니 속의 송곳'이라는 의미로, 재능이 뛰어난 사람은 숨어 있어도 저절로 사람들에게 알려진다는 뜻이다.
② 파죽지세(破竹之勢) : '대를 쪼개는 기세'라는 의미로, 적을 거침없이 물리치고 쳐들어가는 기세라는 뜻이다.
③ 막역지우(莫逆之友) : '서로 거스름이 없는 친구'라는 의미로, 허물이 없이 아주 친한 친구라는 뜻이다.
⑤ 부화뇌동(附和雷同) : 줏대 없이 남의 의견에 따라 움직인다는 뜻이다.

02   정답 ③

- 결제 : 증권 또는 대금을 주고받아 매매 당사자 사이의 거래 관계를 끝맺는 일
- 결재 : 결정할 권한이 있는 상관이 부하가 제출한 안건을 검토하여 허가하거나 승인함

03   정답 ①

- 풍부하다 : 넉넉하고 많다.
- 넉넉하다 : 크기나 수량 따위가 기준에 차고도 남음이 있다.

오답분석
② 부족하다 : 필요한 양이나 기준에 미치지 못해 충분하지 아니하다.
③ 소박하다 : 꾸밈이나 거짓이 없고 수수하다.
④ 한적하다 : 한가하고 고요하다.
⑤ 수수하다 : 물건의 품질이나 겉모양, 또는 사람의 옷차림 따위가 그리 좋지도 않고 나쁘지도 않고 제격에 어울리는 품이 어지간하다.

14 · 전국수협 인적성검사

04   정답 ④

'사람'은 '가마' 앞뒤에서 가마채를 손으로 들거나 끈으로 메어 운반한다. 또한 '엔진'은 '자동차'가 움직일 수 있도록 동력을 공급하는 기관이다. 따라서 제시된 단어 사이의 관계와 가장 유사한 것은 ④이다.

05   정답 ③

문서이해의 절차
1. 문서의 목적을 이해
2. 문서를 작성하게 한 배경과 주제 파악
3. 문서의 정보를 밝혀내고, 문서가 제시하고 있는 현안 파악
4. 문서를 통해 상대방의 욕구와 의도 및 요구되는 행동에 대한 내용 분석
5. 문서에서 이해한 목적 달성을 위해 취해야 할 행동을 생각하고 결정
6. 상대방의 의도를 도표나 그림 등으로 메모하여 요약·정리

06   정답 ③

제시문은 FTA가 국내 수산업계에 미치는 부정적인 영향을 설명하고, 이에 대한 수협의 대응 방안을 상세히 제시하고 있다. 따라서 글의 주제로 'FTA로 인한 수산업계의 도전과 대응 방안'이 가장 적절하다.

오답분석
① 경영비 절감은 FTA에 대한 수협의 대응 방안 중 하나로 글의 전체적인 내용을 포괄하지 않는다.
② 첫 번째 문단에서 FTA가 국내 수산업계에 미치는 부정적인 영향을 설명하고 있지만, 도전받는 국내 수산업계의 상황을 설명한 것일 뿐, 글의 전체적인 주제로는 적절하지 않다.
④ 두 번째 문단부터 마지막 문단까지의 내용은 수협이 FTA가 가져올 부정적인 영향에 어떻게 대응해야 하는지를 설명하고 있으므로 수협의 기능이나 역할과는 거리가 멀다.
⑤ 소비자 신뢰 확보는 FTA에 대한 수협의 대응 방안 중 하나로 글의 전체적인 내용을 포괄하지 않는다.

▶ 2024년 6월 1일과 10월 12일에 시행된 전국수협 필기고시의 기출복원문제를 수록하였다.
▶ 전국수협 적성검사의 최근 출제경향을 파악할 수 있도록 하였다.

대표기출유형&기출응용문제로 영역별 체계적 학습

대표기출유형

01 | 어법 · 맞춤법

| 유형분석 |

- 주어진 문장이나 지문에서 잘못 쓰인 단어·표현을 바르게 고칠 수 있는지 평가한다.
- 띄어쓰기, 동의어·유의어·다의어 또는 관용적 표현 등을 찾는 문제가 출제될 가능성이 있다.

다음 밑줄 친 단어 중 문맥상 쓰임이 옳지 않은 것은?

① 어려운 문제의 답을 맞혀야 높은 점수를 받을 수 있다.
② 공책에 선을 반듯이 긋고 그 선에 맞춰 글을 쓰는 연습을 했다.
③ 생선을 간장에 10분 동안 졸이면 요리가 완성된다.
④ 미안하지만 지금은 바쁘니까 이따가 와서 얘기해.
⑤ 그는 손가락으로 남쪽을 가리켰다.

정답 ③

'졸이다'는 '찌개를 졸이다.'와 같이 국물의 양을 적어지게 하는 따위를 국물에 넣고 바짝 끓여서 양념이 배어들게 하다.'의 의미로 사용되어야 한다.

오답분석

① 맞히다 : 문제에 대한 답을 틀리지 않게 하다.
　 맞추다 : 둘 이상의 일정한 대상들을 나란히 놓고 비교하여
② 반듯이 : 비뚤어지거나 기울거나 굽지 않고 바르게
　 반드시 : 틀림없이 꼭, 기필코
④ 이따 : 조금 지난 뒤에
　 있다 : 어느 곳에서 떠나거나 벗어나지 않고 머물다. 또는 ~
⑤ 가리키다 : 손가락 따위로 어떤 방향이나 대상을 집어서 보~
　 가르치다 : 지식이나 기능, 이치 따위를 깨닫게 하거나 익히~

유형풀이 Tip

- 일상생활 속에서 자주 틀리는 맞춤법을 자연스럽게 터득할 ~
- 신문, 사설 등 독서 습관을 들여 맞춤법 및 올바른 표현에 ~

대표기출유형 01 기출응용문제

Easy

01 다음 중 밑줄 친 부분과 같은 의미로 쓰인 것은?

> S사는 전 직원을 대상으로 임금피크제를 도입하여 일자리를 만들고 우수한 인력의 낭비를 막았다.

① 어젯밤 태풍에 쓰러진 나무가 도로를 막아 출근길 정체를 빚고 있다.
② 신축 건물이 햇빛을 막아 인근의 태양광발전소가 피해를 봤다면 원인 제공자가 이를 배상해야 한다.
③ 두만강 하구에 위치한 녹둔도는 이순신 장군이 여진족의 침입을 막아 낸 곳이다.
④ 재난은 늘 예고 없이 찾아오지만, 예측하고 준비한다면 충분히 막을 수 있다.
⑤ 무리하게 사업을 확장하던 건설회사는 만기가 돌아온 어음을 막지 못해 결국 부도를 냈다.

02 다음 중 밑줄 친 부분의 띄어쓰기가 옳은 것은?

① 그녀가 사는 데는 회사에서 한참 멀다.
② KTX를 타면 서울과 목포간에 3시간이 걸린다.
③ 드실 수 있는만큼만 가져가 주십시오.
④ 비가 올 것 같은데 우산을 챙겨가야지.
⑤ 철수가 떠난지가 한 달이 지났다.

03 다음 중 밑줄 친 부분이 맞춤법 규정에 어긋나는 것은?

① 그는 목이 메어 한동안 말을 잇지 못했다.
② 어제는 종일 아이를 치다꺼리하느라 잠시도 쉬지 못했다.
③ 웬일로 선물까지 준비했는지 모르겠다.
④ 노루가 나타난 것은 나무꾼이 도끼로 나무를 베고 있을 때였다.
⑤ 그는 입술을 지그시 깨물었다.

▶ '의사소통·수리·문제해결·자원관리·조직이해능력'의 대표기출유형과 기출응용문제를 수록하였다.

▶ 출제영역별 유형분석과 유형풀이 Tip을 통해 체계적인 학습이 가능하도록 하였다.

도서 200% 활용하기

경영학까지 완벽하게 준비

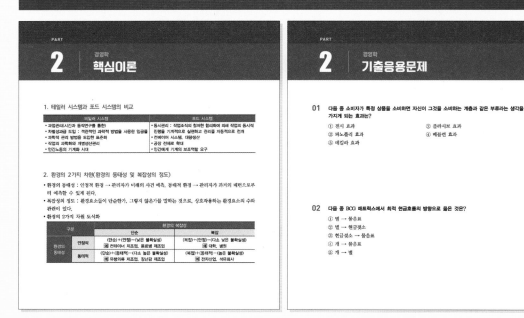

▶ 경영학 핵심이론 및 기출응용문제로 필기시험을 완벽하게 준비하도록 하였다.

최종점검 모의고사로 실전 연습

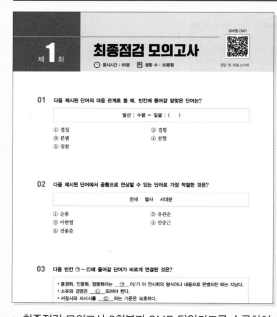

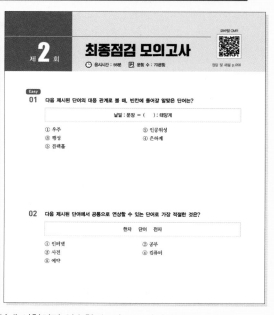

▶ 최종점검 모의고사 2회분과 OMR 답안카드를 수록하여 실제 시험처럼 연습할 수 있도록 하였다.

Easy & Hard로 난이도별 시간 분배 연습

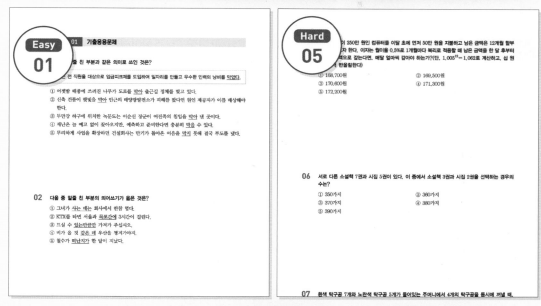

▶ Easy & Hard 표시로 문제별 난이도에 따라 시간을 적절하게 분배하여 풀이하는 연습이 가능하도록 하였다.

인성검사부터 면접까지 한 권으로 대비

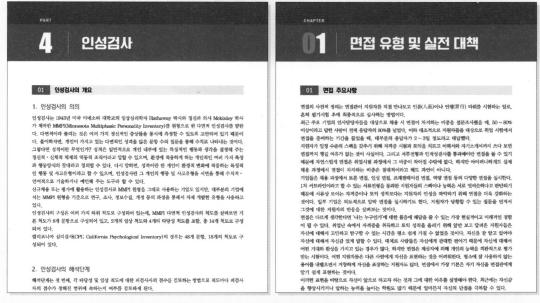

▶ 인성검사 모의연습과 면접 기출 질문을 통해 한 권으로 채용 전반에 대비할 수 있도록 하였다.

CONTENTS

이 책의 차례

Add+

2024년 기출복원문제

※ 정답 및 해설은 기출복원문제 바로 뒤 p.014에 있습니다.

01 다음 사례에 해당하는 한자성어는?

> 나영이는 희주의 필기노트를 몰래 사용하다 들켰지만 미안하다는 말 한마디 없었다.

① 낭중지추(囊中之錐)   ② 파죽지세(破竹之勢)

③ 막역지우(莫逆之友)   ④ 후안무치(厚顏無恥)

⑤ 부화뇌동(附和雷同)

02 다음 빈칸 ㉠ ~ ㉤에 들어갈 단어로 옳지 않은 것은?

> • 강대리는 ___㉠___ 권을 남용하여 징계를 받게 되었다.
> • 이사원은 박과장에게 보고서 ___㉡___ 를 받으려고 한다.
> • 커피는 법인카드로 ___㉢___ 하고, 나머지는 현금으로 ___㉣___ 할게요.
> • 최팀장은 내일 출장 가기 전까지 반드시 관련 서류를 ___㉤___ 받아야 돼서 마음이 급하다.

① ㉠ - 결재   ② ㉡ - 결재

③ ㉢ - 결재   ④ ㉣ - 결제

⑤ ㉤ - 결재

03 다음 제시된 단어와 같거나 유사한 의미를 가진 단어는?

풍부하다

① 넉넉하다   ② 부족하다
③ 소박하다   ④ 한적하다
⑤ 수수하다

04 다음 제시된 단어 사이의 관계와 가장 유사한 것은?

사람 : 가마

① 학생 : 공부   ② 봄 : 개구리
③ 돌 : 제주도   ④ 엔진 : 자동차
⑤ 아버지 : 할아버지

05 다음은 문서이해를 위한 절차를 6단계로 정리한 자료이다. 〈보기〉에서 빈칸에 들어갈 내용을 찾아 순서대로 바르게 나열한 것은?

〈문서이해의 절차〉

문서의 목적 이해하기

↓

↓

↓

↓

↓

상대방의 의도를 도표나 그림 등으로 메모하여 요약, 정리해 보기

보기

㉠ 문서에서 이해한 목적 달성을 위해 취해야 할 행동을 생각하고 결정하기
㉡ 이러한 문서를 작성하게 한 배경과 주제 파악하기
㉢ 문서에 쓰인 정보를 밝혀내고, 문서가 제시하고 있는 현안을 파악하기
㉣ 문서를 통해 상대방의 욕구와 의도 및 내게 요구되는 행동에 대한 내용 분석하기

① ㉠ - ㉡ - ㉢ - ㉣   ② ㉠ - ㉣ - ㉢ - ㉡
③ ㉡ - ㉢ - ㉣ - ㉠   ④ ㉡ - ㉣ - ㉢ - ㉠
⑤ ㉢ - ㉡ - ㉠ - ㉣

06 다음 글의 주제로 가장 적절한 것은?

> 자유무역협정(FTA)은 교역 의존도가 높은 국가에는 긍정적인 효과가 있지만, 국내 수산업계에는 심각한 문제를 야기한다. FTA는 무역장벽을 낮춰 소비자 후생을 증가시키고, 무역 창출 및 전환 효과, 규모의 경제 실현 등을 통해 생산비 절감 효과를 낳는다. 그러나 이는 경쟁력이 있는 산업에 국한된 이야기로, 수산업처럼 경쟁력이 약한 분야에서는 외국산 수산물의 급격한 유입으로 국내 산업이 위축되고 경영 악화로 이어진다. 이처럼 다른 나라와의 FTA는 국내 수산업에 큰 타격을 준다. 관세 철폐로 인해 수산물 가격 하락과 생산 기반 붕괴는 어촌의 다원적 기능 상실로까지 연결된다.
>
> 수협은 FTA로 인한 위기를 극복하기 위해 다양한 방안을 제시한다. 우선, 산지 유통 활성화를 위해 유통 기반을 정비하고 상품화 능력을 강화해야 한다. 안전한 수산물 유통을 위해 산지 거점 유통센터(FPC)를 설립하고 기존 위판장의 현대화를 추진해 물류 효율성을 높이는 것이 중요하다. 소비지에서는 대규모 분산 물류센터를 구축해 산지와 소비지를 연결하는 물류 중심 시장 역할을 수행하도록 해야 한다.
>
> 또한 수협 자체 매취 사업을 확대해 어업인의 수취 가격을 높이고, 물가 안정 기능까지 수행할 필요가 있다. 이를 위해 수산물 공공비축 제도를 도입해 효율적인 가격 안정 사업을 추진해야 한다. 아울러 중앙회와 회원 조합 간 연계된 연합 마케팅으로 시장 영향력을 확대하고, 국산 수산물 공동 브랜드를 육성해 부가가치를 높여야 한다. 품질 관리 시스템 구축도 병행해 소비자 신뢰를 확보해야 한다.
>
> 마지막으로 경영비 절감을 위해 자재 공동 구매와 전국 단위 판매망 구축이 필요하다. 이를 통해 어업용 기자재와 선수물자의 구매 창구를 일원화하면 비용 절감과 더불어 유리한 조건을 실현할 수 있다. 외국산 수산물이 넘쳐나는 시대에 국내 수산물의 차별화를 통해 가격 하락을 막고, 고부가가치화와 경영비 절감을 동시에 이룬다면 FTA의 파고를 넘어설 수 있을 것이다.

① 경영비 절감을 위한 방법
② FTA가 수산물에 미치는 영향
③ FTA로 인한 수산업계의 도전과 대응 방안
④ 국내 수산업 발전을 위한 수협의 기능과 역할
⑤ 국내 수산업 수요 증대를 위한 소비자 신뢰 확보 방법

07 다음 식을 계산한 값으로 옳은 것은?

$$1{,}223 + 2{,}124 + 5{,}455 - 6{,}751$$

① 2,011　　　　　　　　　　② 2,021
③ 2,031　　　　　　　　　　④ 2,041
⑤ 2,051

08 일정한 규칙으로 수를 나열할 때, 빈칸에 들어갈 수로 알맞은 것은?

| 3　5　4　9　25　16　27　(　)　64 |

① 45　　　　　　　　　　② 64
③ 85　　　　　　　　　　④ 125
⑤ 128

09 다음은 J시, S시의 연도별 회계 예산액 현황 자료이다. 이에 대한 설명으로 옳지 않은 것은?

〈J시, S시의 연도별 회계 예산액 현황〉

(단위 : 백만 원)

구분	J시			S시		
	전체	일반회계	특별회계	전체	일반회계	특별회계
2020년	1,951,003	1,523,038	427,965	1,249,666	984,446	265,220
2021년	2,174,723	1,688,922	485,801	1,375,349	1,094,510	280,839
2022년	2,259,412	1,772,835	486,577	1,398,565	1,134,229	264,336
2023년	2,355,574	1,874,484	481,090	1,410,393	1,085,386	325,007
2024년	2,486,125	2,187,790	298,335	1,510,951	1,222,957	287,994

① J시의 전체 회계 예산액이 증가한 시기에는 S시의 전체 회계 예산액도 증가했다.
② J시의 일반회계 예산액은 항상 S시의 일반회계 예산액보다 1.5배 이상 더 많다.
③ 2022년 S시 특별회계 예산액의 J시 특별회계 예산액 대비 비중은 50% 이상이다.
④ 2023년 S시 전체 회계 예산액에서 특별회계 예산액의 비중은 25% 이상이다.
⑤ J시와 S시의 일반회계의 연도별 증감 추이는 동일하지 않다.

10 다음 명제가 모두 참일 때, 바르게 유추한 것은?

> • 인디 음악을 좋아하는 사람은 독립 영화를 좋아한다.
> • 클래식을 좋아하는 사람은 재즈 밴드를 좋아한다.
> • 독립 영화를 좋아하지 않는 사람은 재즈 밴드를 좋아하지 않는다.

① 인디 음악을 좋아하지 않는 사람은 재즈 밴드를 좋아한다.
② 독립 영화를 좋아하는 사람은 재즈 밴드를 좋아하지 않는다.
③ 재즈 밴드를 좋아하는 사람은 인디 음악을 좋아하지 않는다.
④ 클래식을 좋아하는 사람은 독립 영화를 좋아한다.
⑤ 클래식을 좋아하는 사람은 인디 음악을 좋아하지 않는다.

11 S백화점 명품관에서 도난 사건이 발생하여 A ~ F 6명이 용의자로 검거됐다. 이들 중 범인인 2명이 거짓말을 한다고 할 때, 범인끼리 바르게 짝지어진 것은?

> • A : F가 성급한 모습으로 나가는 것을 봤어요.
> • B : C가 가방 속에 무언가 넣는 모습을 봤어요.
> • C : 나는 범인이 아닙니다.
> • D : B 혹은 A가 훔치는 것을 봤어요.
> • E : F가 범인인 게 확실해요. CCTV를 자꾸 신경 쓰고 있었거든요.
> • F : 얼핏 봤는데, 제가 본 도둑은 C 아니면 E예요.

① A, C   ② B, C
③ B, F   ④ D, E
⑤ D, F

12 안전본부 사고분석 개선처에 근무하는 B대리는 혁신우수 연구대회에 출전하여 첨단장비를 활용한 차종별 보행자사고 분석 모형 개발 자료를 발표했다. 연구추진 방향을 도출하기 위해 SWOT 분석을 한 결과가 다음과 같을 때, 분석 결과에 대응하는 전략과 그 내용이 적절하지 않은 것은?

〈SWOT 분석 결과〉

강점(Strength)	약점(Weakness)
10년 이상 지속적인 교육과 연구로 신기술 개발을 위한 인프라 구축	보행자사고 분석 모형 개발을 위한 예산 및 실차 실험을 위한 연구소 부재
기회(Opportunity)	위협(Threat)
첨단 과학장비(3D스캐너, MADYMO) 도입으로 정밀 시뮬레이션 분석 가능	교통사고에 대한 국민의 관심과 분석수준 향상으로 공단의 사고분석 질적 제고 필요

① SO전략 : 과학장비를 통한 정밀 시뮬레이션 분석을 토대로 국내 차량의 전면부 형상을 취득하고 보행자사고를 분석해 신기술 개발에 도움
② WO전략 : 실차 실험 대신 과학장비를 통한 시뮬레이션 연구로 모형 개발
③ ST전략 : 지속적인 교육과 연구로 쌓아온 데이터를 바탕으로 사고분석 프로그램 신기술 개발을 통해 사고분석 질적 향상에 기여
④ WT전략 : 신기술 개발을 위한 연구대회를 개최해 인프라를 더욱 탄탄히 구축
⑤ WT전략 : 보행자사고 실험을 위한 연구소를 만들어 사고분석의 수준 향상

13 S사에서 근무하는 A대리는 발전소별로 안전관리 실무자를 만나기 위해 국내발전소 4곳을 방문하고자 한다. A대리의 국내발전소 출장 계획과 본사 및 각 발전소 간 이동 소요 시간이 다음과 같다고 할 때, 이동 소요 시간이 가장 적은 경로는?

〈A대리의 국내발전소 출장 계획〉

• A대리는 본사에서 출발하여 국내발전소 4곳을 방문한 후 본사로 복귀한다.
• A대리가 방문할 국내발전소는 청평발전소, 무주발전소, 산청발전소, 예천발전소이다.
• 2024년 9월 4일에 본사에서 출발하여 9월 8일에 본사로 복귀한다.
• A대리는 각 발전소를 한 번씩만 방문하며, 본사 및 각 발전소 간 이동은 하루에 한 번만 한다.
• 안전관리 실무자의 사정으로 인해 산청발전소는 반드시 9월 7일에 방문한다.

〈본사 및 각 발전소 간 이동 소요 시간〉

구분	본사	청평발전소	무주발전소	산청발전소	예천발전소
본사		55분	2시간 5분	1시간 40분	40분
청평발전소	55분		45분	1시간 5분	50분
무주발전소	2시간 5분	45분		1시간 20분	1시간 50분
산청발전소	1시간 40분	1시간 5분	1시간 20분		35분
예천발전소	40분	50분	1시간 50분	35분	

① 본사 – 청평발전소 – 무주발전소 – 예천발전소 – 산청발전소 – 본사
② 본사 – 청평발전소 – 예천발전소 – 무주발전소 – 산청발전소 – 본사
③ 본사 – 무주발전소 – 예천발전소 – 청평발전소 – 산청발전소 – 본사
④ 본사 – 무주발전소 – 청평발전소 – 예천발전소 – 산청발전소 – 본사
⑤ 본사 – 예천발전소 – 청평발전소 – 무주발전소 – 산청발전소 – 본사

14 S기업은 창고업체를 통해 A ~ C 세 제품군을 보관하고 있으며, 각 제품군에 대한 정보는 다음과 같다. 〈조건〉에 따라 S기업이 보관료로 지급해야 할 총금액은?

구분	매출액(억 원)	용량	
		용적(CUBIC)	무게(톤)
A제품군	300	3,000	200
B제품군	200	2,000	300
C제품군	100	5,000	500

〈S기업 창고업체 보관제품〉

조건
• A제품군은 매출액의 1%를 보관료로 지급한다.
• B제품군은 1CUBIC당 20,000원의 보관료를 지급한다.
• C제품군은 1톤당 80,000원의 보관료를 지급한다.

① 3억 2천만 원   ② 3억 4천만 원
③ 3억 6천만 원   ④ 3억 8천만 원
⑤ 4억 원

15 S금융회사는 해외지사와 화상 회의를 1시간 동안 하기로 하였다. 모든 지사의 업무시간은 오전 9시부터 오후 6시까지이며, 점심시간은 오후 12 ~ 1시까지이다. 다음 〈조건〉을 고려할 때, 회의가 가능한 시간은?(단, 회의가 가능한 시간은 한국 기준이다)

조건
• 헝가리는 한국보다 7시간 느리고, 현지 시각으로 오전 10시부터 2시간 동안 외부 출장이 있다.
• 호주는 한국보다 1시간 빠르고, 현지 시각으로 오후 2시부터 3시간 동안 회의가 있다.
• 싱가포르는 한국보다 1시간 느리다.
• 헝가리와 호주는 서머타임 +1시간을 적용한다.

① 오전 10 ~ 11시   ② 오전 11시 ~ 오후 12시
③ 오후 1 ~ 2시   ④ 오후 2 ~ 3시
⑤ 오후 3 ~ 4시

16 다음 글을 읽고 S사원이 해야 할 업무를 순서대로 바르게 나열한 것은?

> 상사 : 벌써 2시 50분이네. 3시에 팀장 회의가 있어서 지금 업무 지시를 할게요. 업무보고는 내일 9시 30분에 받을게요. 업무보고 전 아침에 회의실과 마이크 체크를 한 내용을 업무보고에 반영해 주세요. 내일 있을 3시 팀장 회의도 차질 없이 준비해야 합니다. 아, 그리고 오늘 P사원이 아파서 조퇴했으니 P사원 업무도 부탁할게요. 간단한 겁니다. 사업 브로슈어에 사장님의 개회사를 추가하는 건데, 브로슈어 인쇄는 2시간밖에 걸리지 않지만 인쇄소가 오전 10시부터 6시까지 하니 비서실에 방문해 파일을 미리 받아 늦지 않게 인쇄소에 넘겨주세요. 비서실은 본관 15층에 있으니 가는 데 15분 정도 걸릴 거예요. 브로슈어는 다음 날 오전 10시까지 준비되어야 하는 거 알죠? 팀장 회의에 사용할 케이터링 서비스는 매번 시키는 D업체로 예약해 주세요. 24시간 전에는 예약해야 하니 서둘러주세요.

보기

(A) 비서실 방문   (B) 회의실, 마이크 체크
(C) 케이터링 서비스 예약   (D) 인쇄소 방문
(E) 업무보고

① (A) – (C) – (D) – (B) – (E)
② (C) – (A) – (D) – (B) – (E)
③ (B) – (A) – (D) – (E) – (C)
④ (C) – (B) – (A) – (D) – (E)
⑤ (C) – (B) – (D) – (A) – (E)

17 S사는 경영진과 직원의 자유로운 소통, 부서 간 화합 등을 통해 참여와 열린 소통의 조직문화를 조성하고자 노력한다. 이러한 조직문화는 조직의 방향을 결정하고 조직을 존속하게 하는 데 중요한 요인 중의 하나이다. 다음 중 조직문화에 대한 설명으로 옳지 않은 것은?

① 조직 구성원들에게 일체감과 정체성을 부여하고, 결속력을 강화시킨다.
② 조직 구성원들의 조직몰입을 높여준다.
③ 조직 구성원의 사고방식과 행동양식을 규정한다.
④ 조직 구성원들의 생활양식이나 가치를 의미한다.
⑤ 대부분의 조직들은 서로 비슷한 조직문화를 만들기 위해 노력한다.

18 다음 법칙을 읽고 리더(Leader)의 입장에서 이해한 내용으로 가장 적절한 것은?

> 존 맥스웰(John Maxwell)의 저서 『121가지 리더십 불변의 법칙』 중 첫 번째 법칙으로 '뚜껑의 법칙'을 살펴볼 수 있다. 뚜껑의 법칙이란 용기(容器)를 키우려면 뚜껑의 크기도 그에 맞게 키워야만 용기로서의 역할을 제대로 할 수 있으며, 그렇지 않으면 병목 현상이 생겨 제 역할을 할 수 없다는 것이다.

① 리더는 자신에 적합한 인재를 등용할 수 있어야 한다.
② 참된 리더는 부하직원에게 기회를 줄 수 있어야 한다.
③ 리더는 부하직원의 실수도 포용할 수 있어야 한다.
④ 크고 작은 조직의 성과는 리더의 역량에 달려 있다.
⑤ 리더의 재능이 용기의 크고 작음을 결정한다.

19 다음과 같은 비즈니스 에티켓 특징을 가지고 있는 국가로 가장 적절한 것은?

> • 인사 : 중국계의 경우 악수로 시작하는 일반적인 비즈니스 문화를 가지고 있으며, 말레이계의 경우 이성과 악수를 하지 않는 것이 일반적이다. 인도계 역시 이성끼리 악수를 하지 않고 목례를 한다.
> • 약속 : 약속 없이 방문하는 것은 실례이므로 업무상 필수적으로 방문해야 하는 경우에는 약속을 미리 잡아 일정 등에 대한 확답을 받은 후 방문한다. 미팅에서는 부수적인 이야기를 거의 하지 않으며 바로 업무에 관한 이야기를 한다. 이때 상대방의 말을 끝까지 경청해야 한다. 명함을 받을 때도 두 손으로 받는 것이 일반적이다.

① 미국   ② 싱가포르
③ 인도네시아   ④ 필리핀
⑤ 태국

20 다음은 보스턴컨설팅그룹에서 개발한 BCG 매트릭스로, 상대적 시장점유율과 시장성장률을 기준으로 사업의 성격을 유형화하여 사업 포트폴리오를 분석하는 모형이다. 빈칸 (가)에 들어갈 말로 가장 적절한 것은?

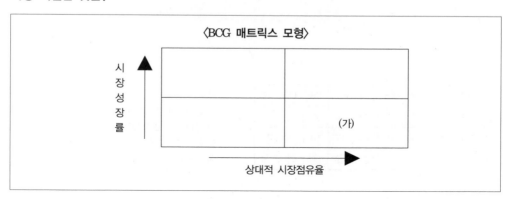

① Star
② Question Mark
③ Cash Cow
④ Dog
⑤ Problem Child

01	02	03	04	05	06	07	08	09	10
④	③	①	④	③	③	⑤	④	④	④
11	12	13	14	15	16	17	18	19	20
③	④	⑤	④	⑤	②	⑤	④	②	③

01 　　　　　정답 ④

'후안무치(厚顔無恥)'는 '뻔뻔스러워 부끄러움이 없다.'는 뜻이다.

[오답분석]
① 낭중지추(囊中之錐) : '주머니 속의 송곳'이라는 의미로, 재능이 뛰어난 사람은 숨어 있어도 저절로 사람들에게 알려진다는 뜻이다.
② 파죽지세(破竹之勢) : '대를 쪼개는 기세'라는 의미로, 적을 거침없이 물리치고 쳐들어가는 기세라는 뜻이다.
③ 막역지우(莫逆之友) : '서로 거스름이 없는 친구'라는 의미로, 허물이 없이 아주 친한 친구라는 뜻이다.
⑤ 부화뇌동(附和雷同) : 줏대 없이 남의 의견에 따라 움직인다는 뜻이다.

02 　　　　　정답 ③

· 결제 : 증권 또는 대금을 주고받아 매매 당사자 사이의 거래 관계를 끝맺는 일
· 결재 : 결정할 권한이 있는 상관이 부하가 제출한 안건을 검토하여 허가하거나 승인함

03 　　　　　정답 ①

· 풍부하다 : 넉넉하고 많다.
· 넉넉하다 : 크기나 수량 따위가 기준에 차고도 남음이 있다.

[오답분석]
② 부족하다 : 필요한 양이나 기준에 미치지 못해 충분하지 아니하다.
③ 소박하다 : 꾸밈이나 거짓이 없고 수수하다.
④ 한적하다 : 한가하고 고요하다.
⑤ 수수하다 : 물건의 품질이나 겉모양, 또는 사람의 옷차림 따위가 그리 좋지도 않고 나쁘지도 않고 제격에 어울리는 품이 어지간하다.

04 　　　　　정답 ④

'사람'은 '가마' 앞뒤에서 가마채를 손으로 들거나 끈으로 매어 운반한다. 또한 '엔진'은 '자동차'가 움직일 수 있도록 동력을 공급하는 기관이다. 따라서 제시된 단어 사이의 관계와 가장 유사한 것은 ④이다.

05 　　　　　정답 ③

문서이해의 절차
1. 문서의 목적을 이해
2. 문서를 작성하게 한 배경과 주제 파악
3. 문서의 정보를 밝혀내고, 문서가 제시하고 있는 현안 파악
4. 문서를 통해 상대방의 욕구와 의도 및 요구되는 행동에 대한 내용 분석
5. 문서에서 이해한 목적 달성을 위해 취해야 할 행동을 생각하고 결정
6. 상대방의 의도를 도표나 그림 등으로 메모하여 요약·정리

06 　　　　　정답 ③

제시문은 FTA가 국내 수산업계에 미치는 부정적인 영향을 설명하고, 이에 대한 수협의 대응 방안을 상세히 제시하고 있다. 따라서 글의 주제로 'FTA로 인한 수산업계의 도전과 대응 방안'이 가장 적절하다.

[오답분석]
① 경영비 절감은 FTA에 대한 수협의 대응 방안 중 하나로 글의 전체적인 내용을 포괄하지 않는다.
② 첫 번째 문단에서 FTA가 국내 수산업계에 미치는 부정적인 영향을 설명하고 있지만, 도전받는 국내 수산업계의 상황을 설명한 것일 뿐, 글의 전체적인 주제로는 적절하지 않다.
④ 두 번째 문단부터 마지막 문단까지의 내용은 수협이 FTA가 가져올 부정적인 영향에 어떻게 대응해야 하는지를 설명하고 있으므로 수협의 기능이나 역할과는 거리가 멀다.
⑤ 소비자 신뢰 확보는 FTA에 대한 수협의 대응 방안 중 하나로 글의 전체적인 내용을 포괄하지 않는다.

07

정답 ⑤

$1,223+2,124+5,455-6,751$
$=8,802-6,751$
$=2,051$

08

정답 ④

첫 번째, 두 번째, 세 번째 수를 기준으로 하여 세 칸 간격으로 각각 $\times 3$, $\times 5$, $\times 4$의 규칙을 가지고 있다.
ⅰ) 3   9   27 ⋯ $\times 3$
ⅱ) 5   25   ( ) ⋯ $\times 5$
ⅲ) 4   16   64 ⋯ $\times 4$
따라서 ( )$=25\times 5=125$이다.

09

정답 ④

2023년 S시 전체 회계 예산액에서 특별회계 예산액의 비중은 $\frac{325,007}{1,410,393}\times 100 ≒ 23.0\%$로 25% 미만이다.

오답분석
① 두 도시의 전체 회계 예산액은 매년 증가하고 있으므로 J시의 전체 회계 예산액이 증가한 시기에는 S시의 전체 회계 예산액도 증가했다.
② 2020 ~ 2024년 S시 일반회계 예산액의 1.5배를 계산하면 다음과 같다.
 • 2020년 : $984,446\times 1.5=1,476,669$백만 원
 • 2021년 : $1,094,510\times 1.5=1,641,765$백만 원
 • 2022년 : $1,134,229\times 1.5=1,701,343.5$백만 원
 • 2023년 : $1,085,386\times 1.5=1,628,079$백만 원
 • 2024년 : $1,222,957\times 1.5=1,834,435.5$백만 원
 따라서 J시의 일반회계 예산액은 항상 S시의 일반회계 예산액보다 1.5배 이상 더 많다.
③ 2022년 S시 특별회계 예산액의 J시 특별회계 예산액 대비 비중은 $\frac{264,336}{486,577}\times 100 ≒ 54.3\%$로 50% 이상이다.
⑤ J시 일반회계의 연도별 증감 추이는 계속 증가하고 있고, S시 일반회계의 연도별 증감 추이는 '증가 – 증가 – 감소 – 증가'이므로 J시와 S시의 일반회계의 연도별 증감 추이는 동일하지 않다.

10

정답 ④

제시된 명제를 정리하면 다음과 같다.
• p : 인디 음악을 좋아하는 사람
• q : 독립 영화를 좋아하는 사람
• r : 클래식을 좋아하는 사람
• s : 재즈 밴드를 좋아하는 사람
p → q , r → s, ∼q → ∼s이다. ∼q → ∼s 명제의 대우는 s → q이므로, r → s → q이다. 즉, r → q이다.
따라서 '클래식을 좋아하는 사람은 독립 영화를 좋아한다.'를 유추할 수 있다.

11

정답 ③

B의 발언이 참이라면 C가 범인이고 F도 참이 된다. F는 C 또는 E가 범인이라고 했으므로 C가 범인이라면 E는 범인이 아니고, E의 발언 역시 참이 되어야 한다. 하지만 E의 발언이 참이라면 F가 범인이어야 하므로 모순이다.
따라서 B의 발언이 거짓이며, C 또는 E가 범인이라는 F 역시 범인임을 알 수 있다.

12

정답 ④

WT전략은 외부 환경의 위협 요인을 회피하고 약점을 보완하는 전략을 적용해야 한다. ④는 강점(S)을 강화하는 방법에 대해 이야기하고 있으므로 적절하지 않다.

오답분석
① SO전략은 기회를 활용하면서 강점을 더욱 강화시키는 전략이므로 적절하다.
② WO전략은 외부의 기회를 사용해 약점을 보완하는 전략이므로 적절하다.
③ ST전략은 외부 환경의 위협을 회피하며 강점을 적극 활용하는 전략이므로 적절하다.
⑤ WT전략은 외부 환경의 위협 요인을 회피하고 약점을 보완하는 전략이므로 적절하다.

13

정답 ⑤

하루에 한 번만 이동하므로, 본사 복귀 전 마지막으로 9월 7일에 방문할 발전소는 산청발전소이다. 그러므로 청평발전소, 무주발전소, 예천발전소 간의 방문 순서만 정하면 된다. ①~⑤의 경로에 따른 이동 소요 시간을 계산하면 다음과 같다. 이때 마지막 날 산청발전소에서 본사로의 이동 시간은 ①~⑤ 모든 경우에서 동일하므로 계산에서 제외하여 시간을 절약할 수 있다. 또한 계산상 편의를 위해 '1시간=60분'으로 환산하여 계산하였다.

구분	총 소요 시간
①	55분＋45분＋110분＋35분＝245분
②	55분＋50분＋110분＋80분＝295분
③	125분＋110분＋50분＋65분＝350분
④	125분＋45분＋50분＋35분＝255분
⑤	40분＋50분＋45분＋80분＝215분

따라서 이동 소요 시간이 가장 적은 경로는 ⑤이다.

14 　　정답 ④

제품군별 지급해야 할 보관료는 다음과 같다.
• A제품군 : 300×0.01＝3억 원
• B제품군 : 2,000×20,000＝4천만 원
• C제품군 : 500×80,000＝4천만 원
따라서 S기업이 보관료로 지급해야 할 총금액은 3억 8천만 원(＝3억＋4천만＋4천만)이다.

15 　　정답 ⑤

시차 문제 유형은 시간 차이를 나라별로 따져가며 계산을 해도 되지만, 각 선택지를 기준으로 하나씩 소거해 나가는 것도 방법이다. 이때 모든 나라를 검토하는 것이 아니라 한 나라라도 안 되는 나라가 있으면 답이 될 수 없으므로, 다음 선택지로 넘어간다.
• 헝가리 : 서머타임을 적용해 한국보다 6시간 느리다.
• 호주 : 서머타임을 적용해 한국보다 2시간 빠르다.
• 싱가포르 : 한국보다 1시간 느리다.

오답분석
① 헝가리가 오전 4시로, 업무 시작 전이므로 회의가 불가능하다.
② 헝가리가 오전 5시로, 업무 시작 전이므로 회의가 불가능하다.
③ 헝가리가 오전 7시로, 업무 시작 전이므로 회의가 불가능하다.
④ 헝가리가 오전 8시로, 업무 시작 전이므로 회의가 불가능하다.

16 　　정답 ②

'(A) 비서실 방문'은 브로슈어 인쇄를 위해 미리 파일을 받아야 하므로 '(D) 인쇄소 방문'보다 먼저 이루어져야 한다. '(B) 회의실, 마이크 체크'는 내일 오전 '(E) 업무보고' 전에 준비해야 할 사항이다. '(C) 케이터링 서비스 예약'은 내일 3시 팀장 회의를 위해 준비하는 것이므로 24시간 전인 오늘 3시 이전에 실시하여야 한다.
위 업무 순서를 정리하면 (C) - (A) - (D) - (B) - (E)가 되는데, 여기서 (C)가 (A)보다 먼저 이루어져야 하는 이유는 현재 시각이 2시 50분이기 때문이다. 비서실까지 가는 데 걸리는

시간이 15분이므로 비서실에 갔다 오면 3시가 지난다. 그러므로 케이터링 서비스 예약을 먼저 하는 것이 적절하다.

17 　　정답 ⑤

조직문화는 조직의 안정성을 가져 오므로 많은 조직들은 그 조직만의 독특한 조직문화를 만들기 위해 노력한다.

18 　　정답 ④

뚜껑의 법칙에서 뚜껑은 리더를 의미하며, 뚜껑의 크기로 표현되는 리더의 역량이 조직의 성과를 이끈다는 것을 의미한다. 따라서 리더의 역량이 작다면 부하직원이 아무리 뛰어나도 병목 현상의 문제점이 발생할 수 있는 것이다.

19 　　정답 ②

싱가포르는 중국계(74.1%), 말레이계(13.4%), 인도계(9.2%), 기타(3.3%)의 다민족 국가로 그에 맞는 비즈니스 에티켓을 지켜야 한다. 말레이계, 인도계 등은 이성끼리 악수를 하지 않는 편이며, 싱가포르 현지인은 시간관념이 매우 철저하므로 약속 시간을 엄수하고 일을 진행하기 전 먼저 약속을 잡는 것이 바람직하다.

20 　　정답 ③

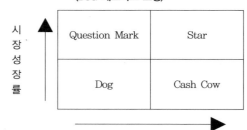

〈BCG 매트릭스 모형〉

• Star(별) : 시장점유율과 성장성이 모두 좋아 전망이 밝은 사업
• Question Mark(물음표) : 시장점유율이 낮아 불안정한 수익을 보이지만, 성장률은 높기 때문에 전망을 쉽게 예측하기 어려운 사업
• Dog(개) : 시장점유율과 성장률이 모두 낮은 사양사업
• Cash Cow(캐시카우) : 시장점유율이 높아 지속적인 수익을 가져다주지만, 시장의 성장가능성은 낮은 사업

PART 1

적성검사

의사소통능력

합격 Cheat Key

의사소통능력을 평가하지 않는 금융권이 없을 만큼 필기시험에서 중요도가 높은 영역이다. 그러므로 의사소통능력은 NCS를 준비하는 수험생이라면 반드시 정복해야 하는 과목이다.

의사소통능력은 문서이해·문서작성과 같은 제시문에 대한 주제 찾기, 내용일치·불일치, 추론하기 등으로 구성되었으며 어법·맞춤법, 한자성어나 속담을 이해하는 문제도 출제되고 있다. 따라서 이러한 분석을 바탕으로 전략을 세우는 것이 매우 중요하다.

1 문제에서 요구하는 바를 먼저 파악하라!

의사소통능력에서 가장 중요한 것은 제한된 시간 안에 빠르고 정확하게 답을 찾아내는 것이다. 그러기 위해서는 우리가 의사소통능력을 공부하는 이유를 잊지 말아야 한다. 우리는 지식을 쌓기 위해 의사소통능력 지문을 보는 것이 아니다. 의사소통능력에서는 지문이 아니라 문제가 주인공이다! 지문을 보기 전에 문제를 먼저 파악해야 한다. 주제 찾기 문제라면 첫 문장과 마지막 문장 또는 접속어를 주목하자! 내용일치 문제라면 지문과 문항의 일치/불일치 여부만 파악한 뒤 빠져 나오자! 지문에 빠져드는 순간 소중한 시험 시간은 속절없이 흘러 버린다!

2 잠재되어 있는 언어능력을 발휘하라!

의사소통능력에는 끝이 없다! 의사소통의 방대함에 포기한 적이 있는가? 세상에 글은 많고 우리가 학습할 수 있는 시간은 한정적이다. 이를 극복할 수 있는 방법은 다양한 글을 접하는 것이다. 실제 시험장에서 어떤 내용의 지문이 나올지 아무도 예측할 수 없다. 따라서 평소에 신문, 소설, 보고서 등 여러 글을 접하는 것이 필요하다. 잠재되어 있는 글에 대한 안목이 시험장에서 빛을 발할 것이다.

3   상황을 가정하라!

업무 수행에 있어 상황에 따른 언어 표현은 중요하다. 같은 말이라도 상황에 따라 다르게 해석될 수 있기 때문이다. 그런 의미에서 자신의 의견을 효과적으로 전달할 수 있는 능력을 평가하는 것은 당연하다. 따라서 다양한 상황에서의 언어표현능력을 함양하기 위한 연습의 과정이 요구된다. 업무를 수행하면서 발생할 수 있는 여러 상황을 가정하고 그에 따른 올바른 언어표현을 정리하는 것이 필요하다.

4   말하는 이의 입장에서 생각하라!

잘 듣는 것 또한 하나의 능력이다. 상대방의 이야기에 귀 기울이고 공감하는 태도는 업무를 수행하는 관계 속에서 필요한 요소이다. 그런 의미에서 다양한 상황에서의 듣는 능력을 평가하는 것이다. 말하는 이가 요구하는 듣는 이의 태도를 파악하고, 이에 따른 판단을 할 수 있도록 언제나 말하는 사람의 입장이 되는 연습이 필요하다.

5   반복만이 살길이다!

학창 시절 외국어를 공부하던 때를 떠올려 보자! 셀 수 없이 많은 표현들을 익히기 위해 얼마나 많은 반복의 과정을 거쳤는가? 의사소통능력 역시 그러하다. 하나의 문제 유형을 마스터하기 위해 가장 중요한 것은 바로 여러 번, 많이 풀어보는 것이다.

01 | 어법 · 맞춤법

| 유형분석 |

- 주어진 문장이나 지문에서 잘못 쓰인 단어 · 표현을 바르게 고칠 수 있는지 평가한다.
- 띄어쓰기, 동의어 · 유의어 · 다의어 또는 관용적 표현 등을 찾는 문제가 출제될 가능성이 있다.

다음 밑줄 친 단어 중 문맥상 쓰임이 옳지 않은 것은?

① 어려운 문제의 답을 <u>맞혀야</u> 높은 점수를 받을 수 있다.
② 공책에 선을 <u>반듯이</u> 긋고 그 선에 맞춰 글을 쓰는 연습을 해.
③ 생선을 간장에 10분 동안 <u>졸이면</u> 요리가 완성된다.
④ 미안하지만 지금은 바쁘니까 <u>이따가</u> 와서 얘기해.
⑤ 그는 손가락으로 남쪽을 <u>가리켰다</u>.

정답 ③

'졸이다'는 '찌개를 졸이다.'와 같이 국물의 양을 적어지게 하는 것을 의미한다. 반면에 '조리다'는 '양념을 한 고기나 생선, 채소 따위를 국물에 넣고 바짝 끓여서 양념이 배어들게 하다.'의 의미를 지닌다. 따라서 ③의 경우 문맥상 '졸이다'가 아닌 '조리다'가 사용되어야 한다.

오답분석
① 맞히다 : 문제에 대한 답을 틀리지 않게 하다.
　맞추다 : 둘 이상의 일정한 대상들을 나란히 놓고 비교하여 살피다.
② 반듯이 : 비뚤어지거나 기울거나 굽지 않고 바르게
　반드시 : 틀림없이 꼭, 기필코
④ 이따 : 조금 지난 뒤에
　있다 : 어느 곳에서 떠나거나 벗어나지 않고 머물다. 또는 어떤 상태를 계속 유지하다.
⑤ 가리키다 : 손가락 따위로 어떤 방향이나 대상을 집어서 보이거나 말하거나 알리다.
　가르치다 : 지식이나 기능, 이치 따위를 깨닫게 하거나 익히게 하다.

유형풀이 Tip

- 일상생활 속에서 자주 틀리는 맞춤법을 자연스럽게 터득할 수 있도록 노력해야 한다.
- 신문, 사설 등 독서 습관을 들여 맞춤법 및 올바른 표현에 대해 숙지해 두어야 한다.

Easy

01 다음 중 밑줄 친 부분과 같은 의미로 쓰인 것은?

> S사는 전 직원을 대상으로 임금피크제를 도입하여 일자리를 만들고 우수한 인력의 낭비를 <u>막았다</u>.

① 어젯밤 태풍에 쓰러진 나무가 도로를 <u>막아</u> 출근길 정체를 빚고 있다.
② 신축 건물이 햇빛을 <u>막아</u> 인근의 태양광발전소가 피해를 봤다면 원인 제공자가 이를 배상해야 한다.
③ 두만강 하구에 위치한 녹둔도는 이순신 장군이 여진족의 침입을 <u>막아</u> 낸 곳이다.
④ 재난은 늘 예고 없이 찾아오지만, 예측하고 준비한다면 충분히 <u>막을</u> 수 있다.
⑤ 무리하게 사업을 확장하던 건설회사는 만기가 돌아온 어음을 <u>막지</u> 못해 결국 부도를 냈다.

02 다음 중 밑줄 친 부분의 띄어쓰기가 옳은 것은?

① 그녀가 <u>사는 데는</u> 회사에서 한참 멀다.
② KTX를 타면 서울과 <u>목포간에</u> 3시간이 걸린다.
③ 드실 수 <u>있는만큼만</u> 가져가 주십시오.
④ 비가 올 것 <u>같은 데</u> 우산을 챙겨가야지.
⑤ 철수가 <u>떠난지가</u> 한 달이 지났다.

03 다음 중 밑줄 친 부분이 맞춤법 규정에 어긋나는 것은?

① 그는 목이 <u>메어</u> 한동안 말을 잇지 못했다.
② 어제는 종일 아이를 <u>치다꺼리</u>하느라 잠시도 쉬지 못했다.
③ <u>왠일</u>로 선물까지 준비했는지 모르겠다.
④ 노루가 나타난 것은 나무꾼이 도끼로 나무를 <u>베고</u> 있을 때였다.
⑤ 그는 입술을 <u>지그시</u> 깨물었다.

02 | 관계유추

| 유형분석 |

- 제시된 단어의 관계를 파악하여 빈칸에 들어갈 단어를 정확하게 유추해낼 수 있는지 평가한다.
- 짝지어진 단어 사이의 관계가 나머지와 다른 것을 찾는 문제 유형이 빈번하게 출제된다.

다음 제시된 단어의 대응 관계에 따라 빈칸에 들어갈 단어로 적절한 것은?

| 능동 : 수동 = ( ) : 자유 |

① 자진   ② 범죄
③ 속박   ④ 권리
⑤ 자립

정답 ③

제시된 단어는 반의 관계이다. '능동'은 스스로 움직이지 않고 다른 것의 작용을 받아 움직임을 뜻하는 '수동'의 반의어이고, '자유'는 어떤 행위나 권리의 행사를 자유로이 하지 못하도록 강압적으로 얽어매거나 제한함을 뜻하는 '속박'의 반의어이다.

유형풀이 Tip

어휘의 상관 관계
1) 동의 관계 : 두 개 이상의 어휘가 소리는 다르나 의미가 같은 경우
2) 유의 관계 : 두 개 이상의 어휘가 소리는 다르나 의미가 비슷한 경우
3) 반의 관계 : 두 개 이상의 어휘의 의미가 서로 대립하는 경우
4) 상하 관계 : 어휘의 의미적 계층 구조에서 한쪽이 의미상 다른 쪽을 포함하거나 다른 쪽에 포함되는 의미 관계
5) 부분 관계 : 한 어휘가 다른 어휘의 부분이 되는 관계
6) 인과 관계 : 원인과 결과의 관계
7) 순서 관계 : 위치의 상하 관계, 시간의 흐름 관계

01   다음 단어의 대응 관계가 나머지와 다른 하나는?

① 시종 : 수미   ② 시비 : 선악

③ 추세 : 형편   ④ 원고 : 피고

⑤ 구속 : 속박

Easy

02   다음 밑줄 친 단어의 관계와 다른 것은?

> 그녀의 <u>안정</u>되고 일관된 주장에 법정 안 사람들은 <u>동요</u>되기 시작했다.

① 사치 : 검소   ② 운영 : 운용

③ 능멸 : 추앙   ④ 활용 : 사장

⑤ 선의 : 악의

03   다음 글의 ㉠ : ㉡과 의미 관계가 같은 것은?

> 우리는 특정한 역사적 시기의 과학적 성과의 한계를 과학적 인식 그 자체의 본성적인 한계로 혼동해서는 안 된다. 왜냐하면 특정한 역사적 시기의 구체적인 과학은 언제나 일정한 한계를 지니고 있지만 과학 그 자체는 하루하루의 실천과 더불어 역사라는 수레를 굴려 나가는 바퀴이며, 역사가 계속되는 한 역사와 더불어 계속 전진하면서 자신의 ㉠한계를 극복해 나갈 것이기 때문이다. 이것은 우리의 실천이 구체적으로는 늘 일정한 ㉡벽에 부딪힐 뿐만 아니라 종종 잘못에 빠지기도 하지만, 그럼에도 불구하고 실천이야말로 우리의 삶을 지탱하고 개선하는 유일한 길이라는 사실과 똑같은 원리라고 볼 수 있다.

① 근면 : 일   ② 음식 : 김치

③ 인간 : 사람   ④ 장애 : 걸림돌

⑤ 신문 : 매체

03 | 한자성어 · 속담

| 유형분석 |

- 실생활에서 활용되는 한자성어나 속담을 이해할 수 있는지 평가한다.
- 제시된 상황과 일치하는 사자성어 또는 속담을 고르거나 한자의 훈음·독음을 맞히는 등 다양한 유형이 출제된다.

다음 상황에 가장 적절한 한자성어는?

> A씨는 업무를 정리하다가 올해 초 진행한 프로젝트에 자신의 실수가 있었음을 알게 되었다. 하지만 자신의 실수를 드러내고 싶지 않았고, 그리 큰 문제라고 생각하지 않은 A씨는 이를 무시하였다. 이후 다른 프로젝트를 진행하면서 지난번 실수와 동일한 실수를 다시 저지르게 되었고, 프로젝트에 큰 피해를 입혔다.

① 유비무환(有備無患)　　　　　　　　② 유유상종(類類相從)

③ 회자정리(會者定離)　　　　　　　　④ 개과불린(改過不吝)

⑤ 개세지재(蓋世之才)

정답 ④

'개과불린(改過不吝)'은 '허물을 고침에 인색하지 말라'는 뜻으로, 잘못된 것이 있으면 고치는 데 주저하지 않고 빨리 바로잡아 반복하지 말라는 의미이다.

오답분석

① 유비무환(有備無患) : 준비가 있으면 근심이 없다.

② 유유상종(類類相從) : 같은 무리끼리 서로 사귄다.

③ 회자정리(會者定離) : 만남이 있으면 헤어짐도 있다.

⑤ 개세지재(蓋世之才) : 세상을 마음대로 다스릴 만한 뛰어난 재기(才氣) 또는 그러한 재기(才氣)를 가진 사람

유형풀이 Tip

- 한자성어나 속담 관련 문제의 경우 일정 수준 이상의 사전지식을 요구하므로, 지원 기업 관련 기사 및 이슈를 틈틈이 찾아보며 한자성어나 속담에 대입해 보면 효과적으로 대처할 수 있다.
- 문제에 제시된 한자성어의 의미를 파악하기 어렵다면, 먼저 알고 있는 한자가 있는지 확인한 후 글의 문맥과 상황에 대입하며 선택지를 하나씩 소거해 나가는 것이 효율적이다.

01 다음 제시된 한자어와 반대의 의미를 가진 한자어는?

> 尊重

① 愛情
② 尊敬
③ 孝道
④ 無視
⑤ 友情

02 다음 빈칸에 들어갈 한자성어로 옳은 것은?

> 바람 잘 날 없는 (주)쾌속유통이 이번에는 '내홍(內訌)'으로 큰 곤란을 겪고 있다. (주)쾌속유통 유쾌속 사장은 '수뢰설'로 일어난 내홍의 관련자 양쪽 모두를 해고하며 위기를 정면 돌파하려 하고 있다. 유쾌속 사장은 회사의 존망을 좌우하는 구조조정을 위해서는 회사 내부 단결이 가장 중요하다고 보고, _____의 결단을 내렸다. 뇌물을 주고받은 것으로 알려진 김 모 부장과 강 모 차장을 경질한 것은 물론, 이들의 비리를 알고도 묵인한 윤 모 전무를 보직 해임하며 기강 확립에 나섰다. 특히 윤 모 전무는 유사장의 최측근이며, 김 모 부장 또한 유사장의 '오른팔'로 잘 알려져 있다.

① 일패도지(一敗塗地)
② 읍참마속(泣斬馬謖)
③ 도청도설(道聽塗說)
④ 원교근공(遠交近攻)
⑤ 신상필벌(信賞必罰)

03 다음 빈칸에 들어갈 속담으로 가장 적절한 것은?

> "계정회가 세간에 이름이 나서 회원들이 많이 불편해하는 기색일세. 이러다가는 회 자체가 깨어지는 게 아닌지 모르겠네."
> "깨어지기야 하겠는가. _____ 나는 이번 일을 오히려 잘된 일루 생각허네."
>
> − 홍성원, 『먼동』

① 쫓아가서 벼락 맞는다고
② 곤장 메고 매품 팔러 간다고
③ 고기도 저 놀던 물이 좋다고
④ 마디가 있어야 새순이 난다고
⑤ 대추나무에 연 걸리듯 한다고

04 | 문장삽입

| 유형분석 |

- 논리적인 흐름에 따라 글을 이해할 수 있는지 평가한다.
- 한 문장뿐 아니라 여러 개의 문장이나 문단을 삽입하는 문제가 출제될 가능성이 있다.

다음 글에서 〈보기〉의 문장이 들어갈 위치로 가장 적절한 곳은?

밥상에 오르는 곡물이나 채소가 국내산이라고 하면 보통 그 종자도 우리나라의 것으로 생각하기 쉽다. (가) 하지만 실상은 벼, 보리, 배추 등을 제외한 많은 작물의 종자를 수입하고 있어 그 자급률이 매우 낮다고 한다. (나) 또한 청양고추 종자는 우리나라에서 개발했음에도 현재는 외국 기업이 그 소유권을 가지고 있다. (다) 국내 채소 종자 시장의 경우 종자 매출액의 50%가량을 외국 기업이 차지하고 있다는 조사 결과도 있다. (라) 이런 상황이 지속될 경우, 우리 종자를 심고 키우기 어려워질 것이고 종자를 수입하거나 로열티를 지급하는 데 지금보다 훨씬 많은 비용이 들어가는 상황도 발생할 수 있다. 또한 전문가들은 세계 인구의 지속적인 증가와 기상 이변 등으로 곡물 수급이 불안정하고, 국제 곡물 가격이 상승하는 상황을 고려할 때, 결국에는 종자 문제가 식량 안보에 위협 요인으로 작용할 수 있다고 지적한다. (마)

> **보기**
> 양파, 토마토, 배 등의 종자 자급률은 약 16%, 포도는 약 1%에 불과하다.

① (가)　　　　　　　　　　② (나)
③ (다)　　　　　　　　　　④ (라)
⑤ (마)

정답 ②

보기의 문장은 우리나라 작물의 낮은 자급률을 보여주는 구체적인 수치이다. 따라서 보기는 우리나라 작물의 낮은 자급률을 이야기하는 '하지만 실상은 벼, 보리, 배추 등을 제외한 많은 작물의 종자를 수입하고 있어 그 자급률이 매우 낮다고 한다.'의 뒤인 (나)에 위치하는 것이 가장 적절하다.

유형풀이 Tip

- 보기를 먼저 읽고, 선택지로 주어진 빈칸의 앞·뒤 문장을 읽어 본다. 그리고 빈칸 부분에 보기를 넣었을 때 그 흐름이 어색하지 않은 위치를 찾는다.
- 보기 문장의 중심이 되는 단어가 빈칸의 앞뒤에 언급되어 있는지 확인하도록 한다.

01 다음 글에서 〈보기〉의 문장이 들어갈 위치로 가장 적절한 곳은?

> (가) 1783년 영국 자연철학자 존 미첼은 빛은 입자라는 생각과 뉴턴의 중력이론을 결합한 이론을 제시하였다. 그는 우선 별들이 어떻게 보일 것인지 사고 실험을 통해 예측하였다.
> 별의 표면에서 얼마간의 초기 속도로 입자를 쏘아 올려 아무런 방해 없이 위로 올라간다고 가정해 보자. (나) 만약에 초기 속도가 충분히 빠르지 않으면 별의 중력은 입자의 속도를 점점 느리게 할 것이며, 결국 그 입자를 별의 표면으로 되돌아가게 할 것이다. 만약 초기 속도가 충분히 빠르면 입자는 중력을 극복하고 별을 탈출할 수 있을 것이다. 이렇게 입자가 별을 탈출할 수 있는 최소한의 초기 속도는 '탈출 속도'라고 불린다.
> (다) 이를 바탕으로 미첼은 '임계 둘레'라는 것도 추론해 냈다. 임계 둘레란 탈출 속도와 빛의 속도를 같게 만드는 별의 둘레를 말한다. 빛 입자는 다른 입자들처럼 중력의 영향을 받는다. 그로 인해 빛은 임계 둘레보다 작은 둘레를 가진 별에서는 탈출할 수 없다. 그런 별에서 약 30만 km/s의 초기 속도로 빛 입자를 쏘아 올렸을 때 입자는 우선 위로 날아갈 것이다. (라) 그런 다음 멈출 때까지 느려지다가, 결국 별의 표면으로 되돌아갈 것이다. 미첼은 임계 둘레를 쉽게 계산할 수 있었다. 태양과 동일한 질량을 가진 별의 임계 둘레는 약 19 km로 계산되었다. (마) 이러한 사고 실험을 통해 미첼은 임계 둘레보다 작은 둘레를 가진 암흑의 별들이 무척 많을 테고, 그 별들에선 빛 입자가 빠져나올 수 없기에 지구에서는 볼 수 없을 것으로 추측했다.

> **보기**
>
> 미첼은 뉴턴의 중력이론을 이용해서 탈출 속도를 계산할 수 있었으며, 그 속도가 별 질량을 별의 둘레로 나눈 값의 제곱근에 비례한다는 것을 유도하였다.

① (가)   ② (나)
③ (다)   ④ (라)
⑤ (마)

02 다음 글에서 〈보기〉의 문단이 들어갈 위치로 가장 적절한 곳은?

정보란 무엇인가? 이 점은 정보화 사회를 맞이하면서 우리가 가장 깊이 생각해 보아야 할 문제이다. 정보는 그냥 객관적으로 주어진 대상인가? 그래서 그것은 관련된 당사자들에게 항상 가치중립적이고 공정한 지식이 되는가? 결코 그렇지 않다. 똑같은 현상에 대해 정보를 만들어내는 방식은 매우 다양할 수 있다. 정보라는 것은 인간에 의해 가공되는 것이고 그 배경에는 언제나 나름대로의 입장과 가치관이 깔려있기 마련이다. (가)

정보화 사회가 되어 정보가 넘쳐나는 듯하지만 사실 우리 대부분은 그 소비자로 머물러 있을 뿐 적극적인 생산의 주체로 나서지 못하고 있다. 이런 상황에서는 우리의 생활을 질적으로 풍요롭게 해주는 정보를 확보하기가 대단히 어렵다. 사실 우리가 일상적으로 구매하고 소비하는 정보란 대부분이 일회적인 심심풀이용이 많다. (나)

또한 정보가 많을수록 좋은 것만은 아니다. 오히려 정보의 과잉은 무기력과 무관심을 낳는다. 네트워크와 각종 미디어와 통신 기기의 회로들 속에서 정보가 기하급수적인 속도의 규모로 증식하고 있는 데 비해, 그것을 수용하고 처리할 수 있는 우리 두뇌의 용량은 진화하지 못하고 있다. 이 불균형은 일상의 스트레스 또는 사회적인 교란으로 표출된다. 정보 그 자체에 집착하는 태도에서 벗어나 무엇이 필요한지를 분별할 수 있는 능력이 배양되어야 한다. (다)

정보는 얼마든지 새롭게 창조될 수 있다. 컴퓨터의 기계적인 언어로 입력되기 전까지의 과정은 인간의 몫이다. 기계가 그것을 대신하기는 불가능하다. 따라서 정보화 시대의 중요한 관건은 컴퓨터에 대한 지식이나 컴퓨터를 다루는 방법이 아니라, 무엇을 담을 것인가에 대한 인간의 창조적 상상력이다. 그것은 마치 전자레인지가 아무리 좋아도 그 자체로 훌륭한 요리를 보장하지는 못하는 것과 마찬가지이다. (라)

정보와 지식 그 자체로는 딱딱하게 굳어있는 물건처럼 존재하는 듯 보인다. 그러나 그것은 커뮤니케이션 속에서 살아 움직이며 진화한다. 끊임없이 새로운 의미가 발생하고 더 고급으로 갱신되어 간다. 따라서 한 사회의 정보화 수준은 그러한 소통의 능력과 직결된다. 정보의 순환 속에서 끊임없이 새로운 정보로 거듭나는 역동성이 없이는 아무리 방대한 데이터베이스라 해도 그 기능에 한계가 있기 때문이다. (마)

보기

한 가지 예를 들어 보자. 어떤 나라에서 발행하는 관광 안내 책자는 정보가 섬세하고 정확하다. 그러나 그 책을 구입해 관광을 간 소비자들은 종종 그 내용의 오류를 발견한다. 그리고 많은 이들이 그것을 그냥 넘기지 않고 수정 사항을 출판사에 보내준다. 출판사는 일일이 현지에 직원을 파견하지 않고도 책자를 개정할 수 있다.

① (가) ② (나)
③ (다) ④ (라)
⑤ (마)

03 다음 글에서 〈보기〉의 문장 ㉠, ㉡이 들어갈 위치로 가장 적절한 곳은?

현대 사회가 다원화되고 복잡해지면서 중앙 정부는 물론, 지방 자치 단체 또한 정책 결정 과정에서 능률성과 효과성을 우선시하는 경향이 커져 왔다. 이로 인해 전문적인 행정 담당자를 중심으로 한 정책 결정이 빈번해지고 있다. 그러나 지방 자치 단체의 정책 결정은 지역 주민의 의사와 무관하거나 배치되어서는 안 된다는 점에서 이러한 정책 결정은 지역 주민의 의사에 보다 부합하는 방향으로 보완될 필요가 있다. (가)

행정 담당자 주도로 이루어지는 정책 결정의 문제점을 극복하기 위해 그동안 지방 자치 단체 자체의 개선 노력이 없었던 것은 아니다. (나) 이 둘은 모두 행정 담당자 주도의 정책 결정을 보완하기 위해 시장 경제의 원리를 부분적으로 받아들였다는 점에서는 공통되지만, 운영 방식에는 차이가 있다. 민간화는 지방 자치 단체가 담당하는 특정 업무의 운영권을 민간 기업에 위탁하는 것으로, 기업 선정을 위한 공청회에 주민들이 참여하는 등의 방식으로 주민들의 요구를 반영하는 것이다. (다) 하지만 민간화를 통해 수용되는 주민들의 요구는 제한적이므로 전체 주민의 이익이 반영되지 못하는 경우가 많고, 민간 기업의 특성상 공익의 추구보다는 기업의 이익을 우선한다는 한계가 있다. 경영화는 민간화와는 달리, 지방 자치 단체가 자체적으로 민간 기업의 운영 방식을 도입하는 것을 말한다. 주민들을 고객으로 대하며 주민들의 요구를 충족하고자 하는 것이다. (라)

이러한 한계를 해소하고 지방 자치 단체의 정책 결정 과정에서 지역 주민 전체의 의견을 보다 적극적으로 반영하기 위해서는 주민 참여 제도의 활성화가 요구된다. 현재 우리나라의 지방 자치 단체가 채택하고 있는 간담회, 설명회 등의 주민 참여 제도는 주민들의 의사를 간접적으로 수렴하여 정책에 반영하는 방식인데, 주민들의 의사를 더욱 직접적으로 반영하기 위해서는 주민 투표, 주민 소환, 주민 발안 등의 직접 민주주의 제도를 활성화하는 방향으로 주민 참여 제도가 전환될 필요가 있다.

보기

㉠ 지역 주민의 요구를 수용하기 위해 도입한 '민간화'와 '경영화'가 대표적인 사례이다.
㉡ 그러나 주민 감시나 주민자치위원회 등을 통한 외부의 적극적인 견제가 없으면 행정 담당자들이 기존의 관행에 따라 업무를 처리하는 경향이 나타나기도 한다.

	㉠	㉡		㉠	㉡
①	(가)	(나)	②	(가)	(다)
③	(나)	(다)	④	(나)	(라)
⑤	(다)	(라)			

05 | 빈칸추론

| 유형분석 |

- 글의 전반적인 흐름을 파악하고 있는지 평가한다.
- 첫 문장, 마지막 문장 또는 글의 중간 등 다양한 위치에 빈칸이 주어질 수 있다.

다음 글의 빈칸에 들어갈 내용으로 가장 적절한 것은?

우리의 생각과 판단은 언어에 의해 결정되는가 아니면 경험에 의해 결정되는가? 언어결정론자들은 우리의 생각과 판단이 언어를 반영하고 있고 실제로 언어에 의해 결정된다고 주장한다. 언어결정론자들의 주장에 따르면 에스키모인들은 눈에 대한 다양한 언어 표현을 갖고 있어서 눈이 올 때 우리가 미처 파악하지 못한 미묘한 차이점들을 찾아낼 수 있다. 또 언어결정론자들은 '노랗다', '샛노랗다', '누르스름하다' 등 노랑에 대한 다양한 우리말 표현들이 있어서 노란색들의 미묘한 차이가 구분되고 그 덕분에 색에 관한 우리의 인지능력이 다른 언어 사용자들보다 뛰어나다고 본다. 이렇듯 언어결정론자들은 사용하는 언어에 의해서 우리의 사고능력이 결정된다고 본다.

정말 그럴까? 모든 색은 명도와 채도에 따라 구성된 스펙트럼 속에 놓이고, 각각의 색은 여러 언어로 표현될 수 있다. 이러한 사실에 비추어보면 우리말이 다른 언어에 비해 보다 풍부한 표현을 갖고 있다고 볼 수 없다. 나아가 _____ 따라서 우리의 생각과 판단은 언어가 아닌 경험에 의해 결정된다고 보는 쪽이 더 설득력 있다.

① 개개인의 언어습득능력과 속도는 모두 다르기 때문에 인지능력에 대한 언어의 영향도 제각기 다르다.
② 언어가 사고능력에 미치는 영향과 경험이 사고능력에 미치는 영향을 계량화하여 비교하기는 곤란한 일이다.
③ 어떤 것을 가리키는 단어가 있을 때에만 우리는 그 단어에 대하여 사고할 수 있다.
④ 더 풍부한 표현을 가진 언어를 사용함에도 불구하고 인지능력이 뛰어나지 못한 경우들도 있다.
⑤ 다양한 우리말 표현들은 다른 언어 사용자들보다 더 뛰어나며, 이는 우리의 생각과 판단에 영향을 미친다.

정답 ④

제시문은 앞부분에서 언어가 사고능력을 결정한다는 언어결정론자들의 주장을 소개하고, 이어지는 문단에서 이에 대하여 반박하면서 우리의 생각과 판단이 언어가 아닌 경험에 의해 결정된다고 결론짓고 있다. 그러므로 빈칸에 들어갈 문장은 언어결정론자들이 내놓은 근거를 반박하면서도 사고능력이 경험에 의해 결정된다는 주장에 위배되지 않는 내용이어야 한다. 따라서 빈칸에 풍부한 표현을 가진 언어를 사용함에도 인지능력이 뛰어나지 못한 경우가 있다는 내용이 들어가는 것이 가장 적절하다.

유형풀이 Tip

- 글을 모두 읽고 풀기에는 시간이 부족하다. 따라서 빈칸의 앞·뒤 문장만을 통해 내용을 파악할 수 있어야 한다.
- 주어진 문장을 각각 빈칸에 넣었을 때 그 흐름이 어색하지 않은지 확인하도록 한다.

01 다음 글의 빈칸에 들어갈 말로 가장 적절한 것은?

죄가 언론 보도의 주요 소재가 되고 있다. 그 이유는 언론이 범죄를 취잿감으로 찾아내기가 쉽고 편의에 따라 기사화할 수 있을 뿐만 아니라, 범죄 보도를 통하여 시청자의 관심을 끌 수 있기 때문이다. 이러한 보도는 범죄에 대한 국민의 알 권리를 충족시키는 공적 기능을 수행하기 때문에 사회적으로 용인되는 경향이 있다. 그러나 지나친 범죄 보도는 범죄자나 범죄 피의자의 초상권을 침해하여 법적·윤리적 문제를 일으키기도 한다.

일반적으로 초상권은 얼굴 및 기타 사회 통념상 특정인임을 식별할 수 있는 신체적 특징을 타인이 함부로 촬영하여 공표할 수 없다는 인격권과 이를 광고 등에 영리적으로 이용할 수 없다는 재산권을 포괄한다. 언론에 의한 초상권 침해의 유형으로는 본인의 동의를 구하지 않은 무단 촬영·보도, 승낙의 범위를 벗어난 촬영·보도, 몰래 카메라를 동원한 촬영·보도 등을 들 수 있다.

법원의 판결로 이어진 대표적인 사례로는 교내에서 불법으로 개인 지도를 하던 대학 교수를 현행범으로 체포하려는 현장을 방송 기자가 경찰과 동행하여 취재하던 중 초상권을 침해한 경우를 들 수 있다. 법원은 '원고의 동의를 구하지 않고, 연습실을 무단으로 출입하여 취재한 것은 원고의 사생활과 초상권을 침해하는 행위'라고 판시했다. 더불어 취재의 자유를 포함하는 언론의 자유는 다른 법익을 침해하지 않는 범위 내에서 인정되며, 비록 취재 당시 원고가 현행범으로 체포되는 상황이라 하더라도, 원고의 연습실과 같은 사적인 장소는 수사 관계자의 동의 없이는 출입이 금지되고, 이를 무시한 취재는 원칙적으로 불법이라고 판결했다.

이 사례는 법원이 언론의 자유와 초상권 침해의 갈등을 어떤 기준으로 판단하는지 보여주고 있다. 또한 이 판결은 사적 공간에서의 취재 활동이 어디까지 허용되는가에 대한 법적 근거를 제시하고 있다. 언론 보도에 노출된 범죄 피의자는 경제적·직업적·가정적 불이익을 당할 뿐만 아니라, 인격이 심하게 훼손되거나 심지어는 생명을 버리기까지도 한다. 따라서 사회적 공기(公器)인 언론은 개인의 초상권을 존중하고 언론 윤리에 부합하는 범죄 보도가 될 수 있도록 신중을 기해야 한다. 범죄 보도가 초래하는 법적·윤리적 논란은 언론계 전체의 신뢰도에 치명적인 손상을 가져올 수도 있다. 이는 범죄가 언론에는 매혹적인 보도 소재이지만, 자칫 _____이/가 될 수도 있음을 의미한다.

① 시금석   ② 부메랑

③ 아킬레스건   ④ 악어의 눈물

⑤ 뜨거운 감자

※ 다음 글의 빈칸에 들어갈 내용으로 가장 적절한 것을 고르시오. [2~3]

02

어느 시대든 사람들은 원인이 무엇인지 알고 있다고 믿었다. 사람들은 그런 앎을 어디서 얻는가? 원인을 안다고 믿는 사람들의 믿음은 어디서 생기는 것일까?

새로운 것, 체험되지 않은 것, 낯선 것은 원인이 될 수 없다. 알려지지 않은 것에서는 위험, 불안정, 걱정, 공포감이 뒤따르기 때문이다. 우리 마음의 불안한 상태를 없애고자 한다면, 우리는 알려지지 않은 것을 알려진 것으로 환원해야 한다. 이러한 환원은 우리 마음을 편하게 해주고 안심시키며 만족을 느끼게 한다. 이 때문에 우리는 이미 알려진 것, 체험된 것, 기억에 각인된 것을 원인으로 설정하게 된다. '왜?'라는 물음의 답으로 나온 것은 그것이 진짜 원인이기 때문에 우리에게 떠오른 것이 아니다. 그것이 우리에게 떠오른 것은 그것이 우리를 안정시켜주고 성가신 것을 없애주며 무겁고 불편한 마음을 가볍게 해주기 때문이다. 따라서 원인을 찾으려는 우리의 본능은 위험, 불안정, 걱정, 공포감 등에 의해 촉발되고 자극받는다.

우리는 '설명이 없는 것보다 설명이 있는 것이 언제나 더 낫다.'고 믿는다. 우리는 특별한 유형의 원인만을 써서 설명을 만들어낸다. _____

그래서 특정 유형의 설명만이 점점 더 우세해지고, 그러한 설명들이 하나의 체계로 모아져 결국 그런 설명이 우리의 사고방식을 지배하게 된다. 기업인은 즉시 이윤을 생각하고, 기독교인은 즉시 원죄를 생각하며 소녀는 즉시 사랑을 생각한다.

① 이것은 우리의 호기심과 모험심을 자극한다.

② 이것은 인과관계에 대한 우리의 지식을 확장시킨다.

③ 이것은 우리가 왜 불안한 심리 상태에 있는지를 설명해 준다.

④ 이것은 낯설고 체험하지 않았다는 느낌을 가장 빠르고 가장 쉽게 제거해 버린다.

⑤ 이것은 새롭고 낯선 것에서 원인을 발견하려는 우리의 본래 태도를 점차 약화시키고 오히려 그 반대의 태도를 우리의 습관으로 굳어지게 한다.

흔히들 과학적 이론이나 가설을 표현하는 엄밀한 물리학적 언어만을 과학의 언어라고 생각한다. 그러나 과학적 이론이나 가설을 검사하는 과정에는 이러한 물리학적 언어 외에 우리의 감각적 경험을 표현하는 일상적 언어도 사용될 수밖에 없다. 그런데 우리의 감각적 경험을 표현하는 일상적 언어에는 과학적 이론이나 가설을 표현하는 물리학적 언어와는 달리 매우 불명료하고 엄밀하게 정의될 수 없는 용어들이 포함되어 있다. 어떤 학자는 이러한 용어들을 '발룽엔'이라고 부른다.

이제 과학적 이론이나 가설을 검사하는 과정에 발룽엔이 개입된다고 해보자. 이 경우 우리는 증거와 가설 사이의 논리적 관계가 무엇인지 결정할 수 없게 될 것이다. 즉, 증거가 가설을 논리적으로 뒷받침하고 있는지 아니면 논리적으로 반박하고 있는지에 대해 미결정적일 수밖에 없다는 것이다. 그 이유는 증거를 표현할 때 포함될 수밖에 없는 발룽엔을 어떻게 해석할 것인지에 따라 증거와 가설 사이의 논리적 관계에 대한 다양한 해석이 나오게 될 것이기 때문이다. 발룽엔의 의미는 본질적으로 불명료할 수밖에 없다. 즉, 발룽엔을 아무리 상세하게 정의하더라도 그것의 의미를 정확하고 엄밀하게 규정할 수는 없다는 것이다.

논리실증주의자들이나 포퍼는 증거와 가설 사이의 관계를 논리적으로 정확하게 판단할 수 있고 이를 통해 가설을 정확히 검사할 수 있다고 생각했다. 그러나 증거와 가설이 상충하면 가설이 퇴출된다는 식의 생각은 너무 단순한 것이다. 증거와 가설의 논리적 관계에 대한 판단을 위해서는 증거가 의미하는 것이 무엇인지 파악하는 것이 선행되어야 하기 때문이다. 따라서 우리가 발룽엔의 존재를 염두에 둔다면, '＿＿＿＿＿＿＿＿＿＿＿＿＿＿＿＿＿＿＿＿'라고 결론지을 수 있다.

① 과학적 가설과 증거의 논리적 관계를 정확하게 판단할 수 있다는 생각은 잘못된 것이다.
② 과학적 가설을 정확하게 검사하기 위해서는 우리의 감각적 경험을 배제해야 한다.
③ 과학적 가설을 검사하기 위한 증거를 표현할 때 발룽엔을 사용해서는 안 된다.
④ 과학적 가설을 표현하는 데에도 발룽엔이 포함될 수밖에 없다.
⑤ 증거가 의미하는 것이 무엇인지 정확히 파악해야 한다.

06 | 내용일치

| 유형분석 |

- 짧은 시간 안에 글의 내용을 정확하게 이해할 수 있는지 평가한다.
- 은행 금융상품 관련 글을 읽고 이해하기, 고객 문의에 답변하기 등의 유형이 빈번하게 출제된다.

다음 글의 내용으로 적절하지 않은 것은?

사람의 눈이 원래 하나였다면 세계를 입체적으로 지각할 수 있었을까? 입체 지각은 대상까지의 거리를 인식하여 세계를 3차원으로 파악하는 과정을 말한다. 입체 지각은 눈으로 들어오는 시각 정보로부터 다양한 단서를 얻어 이루어지는데, 이를 양안 단서와 단안 단서로 구분할 수 있다.

양안 단서는 양쪽 눈이 함께 작용하여 얻어지는 것으로, 양쪽 눈에서 보내오는 시차(視差)가 있는 유사한 상이 대표적이다. 단안 단서는 한쪽 눈으로 얻을 수 있는 것인데, 사람은 단안 단서만으로도 이전의 경험으로부터 추론에 의하여 세계를 3차원으로 인식할 수 있다. 망막에 맺히는 상은 2차원이지만, 그 상들 사이의 깊이의 차이를 인식하게 해 주는 다양한 실마리들을 통해 입체 지각이 이루어진다.

동일한 물체의 크기가 다르게 시야에 들어오면 우리는 더 큰 시각(視角)을 가진 쪽이 더 가까이 있다고 인식한다. 이렇게 물체의 '상대적 크기'는 대표적인 단안 단서이다. 또 다른 단안 단서로는 '직선 원근'이 있다. 우리는 앞으로 뻗은 길이나 레일이 만들어 내는 평행선의 폭이 좁은 쪽이 넓은 쪽보다 멀리 있다고 인식한다. 또 하나의 단안 단서인 '결 기울기'는 같은 대상이 집단적으로 어떤 면에 분포할 때, 시야에 동시에 나타나는 대상들의 연속적인 크기 변화로 얻어진다.

① 세계를 입체적으로 지각하기 위해서는 단서가 되는 다양한 시각 정보가 필요하다.
② 단안 단서에는 물체의 상대적 크기, 직선 원근, 결 기울기 등이 있다.
③ 사고로 한쪽 눈의 시력을 잃은 사람은 입체 지각이 불가능하다.
④ 대상까지의 거리를 인식할 수 있어야 세계를 입체적으로 지각할 수 있다.
⑤ 들판에 만발한 꽃을 보면 앞쪽은 꽃이 크고 뒤로 가면서 작아지는 것처럼 보인다.

정답 ③

사람은 한쪽 눈으로 얻을 수 있는 단안 단서만으로도 이전의 경험으로부터 추론에 의하여 세계를 3차원으로 인식할 수 있다. 즉, 사고로 한쪽 눈의 시력을 잃어도 남은 한쪽 눈에 맺히는 2차원의 상들은 다양한 실마리를 통해 입체 지각이 가능하다.

오답분석

① 첫 번째 문단의 세 번째 문장에 따르면, 입체 지각은 눈으로 들어오는 시각 정보로부터 다양한 단서를 얻어 이루어진다.
② · ⑤ 마지막 문단에서 확인할 수 있다.
④ 첫 번째 문단의 두 번째 문장에 따르면, 입체 지각은 대상까지의 거리를 인식하여 세계를 3차원으로 파악하는 과정이다.

유형풀이 Tip

- 글을 읽기 전에 문제와 선택지를 먼저 읽어보고 글의 주제를 대략적으로 파악해야 한다.
- 선택지를 통해 글에서 찾아야 할 정보가 무엇인지 먼저 인지한 후 글을 읽어야 문제 풀이 시간을 단축할 수 있다.

Easy

01 다음 글의 내용으로 가장 적절한 것은?

> 조선 후기의 대표적인 관료 선발 제도 개혁론인 유형원의 공거제 구상은 능력주의적, 결과주의적 인재 선발의 약점을 극복하려는 의도와 함께 신분적 세습의 문제점도 의식한 것이었다. 중국에서는 17세기 무렵 관료 선발에서 세습과 같은 봉건적인 요소를 부분적으로 재도입하려는 개혁론이 등장했다. 고염무는 관료제의 상층에는 능력주의적 제도를 유지하되, 지방관인 지현들은 어느 정도의 검증 기간을 거친 이후 그 지위를 평생 유지시켜 주고 세습의 길까지 열어놓는 방안을 제안했다. 황종희는 지방의 관료가 자체적으로 관리를 초빙해서 시험한 후에 추천하는 '벽소'와 같은 옛 제도를 되살리는 방법으로 과거제를 보완하자고 주장했다.
>
> 이러한 개혁론은 갑작스럽게 등장한 것이 아니었다. 과거제를 시행했던 국가들에서는 수백 년에 걸쳐 과거제를 개선하라는 압력이 있었다. 시험 방식이 가져오는 부작용들은 과거제의 중요한 문제였다. 치열한 경쟁은 학문에 대한 깊이 있는 학습이 아니라 합격만을 목적으로 하는 형식적 학습을 하게 만들었고, 많은 인재들이 수험 생활에 장기간 매달리면서 재능을 낭비하는 현상도 낳았다. 또한 학습 능력 이외의 인성이나 실무 능력을 평가할 수 없다는 이유로 시험의 익명성에 대한 회의도 있었다.
>
> 과거제의 부작용에 대한 인식은 과거제를 통해 임용된 관리들의 활동에 대한 비판적 시각으로 연결되었다. 능력주의적 태도는 시험뿐 아니라 관리의 업무에 대한 평가에도 적용되었다. 세습적이지 않으면서 몇 년의 임기마다 다른 지역으로 이동하는 관리들은 승진을 위해서 빨리 성과를 낼 필요가 있었기에, 지역 사회를 위해 장기적인 전망을 가지고 정책을 추진하기보다 가시적이고 단기적인 결과만을 중시하는 부작용을 가져왔다. 개인적 동기가 공공성과 상충되는 현상이 나타났던 것이다. 공동체 의식의 약화 역시 과거제의 부정적 결과로 인식되었다. 과거제 출신의 관리들이 공동체에 대한 소속감이 낮고 출세 지향적이기 때문에 세습엘리트나 지역에서 천거된 관리에 비해 공동체에 대한 충성심이 약했던 것이다.

① 과거제 출신의 관리들은 공동체에 대한 소속감이 낮고 출세 지향적이었다.

② 고염무는 관료제의 상층에는 세습제를 실시하고, 지방관에게는 능력주의적 제도를 실시하자는 방안을 제안했다.

③ '벽소'는 과거제를 없애고자 등장한 새로운 제도이다.

④ 과거제는 학습 능력 이외의 인성이나 실무 능력까지 정확하게 평가할 수 있는 제도였다.

⑤ 과거제를 통해 임용된 관리들은 지역 사회를 위해 장기적인 전망을 가지고 정책을 추진하였다.

02 다음 글의 내용으로 적절하지 않은 것은?

미술작품을 연구함에 있어 문헌사료의 중요성은 선사시대 미술연구의 한계를 통해서 절감할 수 있다. 울산의 천전리 암각화의 연구 성과를 예로 든다면 청동기 시대에 새겨졌다는 공통된 의견만 있을 뿐, 암각화의 제작 배경이나 작품의 내용에 대한 해석은 연구자의 주관적인 의견 제시에 그칠 수밖에 없다. 그러므로 고대 미술작품과 관련된 직·간접적인 기록이 존재하지 않는다면 그 작품은 감상의 범주를 벗어나기 어렵다.

미술사 연구의 시작은 작품의 제작 시기를 파악하는 것에서부터 출발한다. 일반적으로 미술사에서는 양식사적 비교 편년에 의해 작품의 제작 시기를 판단하는데, 이때 무엇보다도 중요한 것이 양식 비교의 기준이 되는 작품이 존재해야 한다는 것이다. 비교 편년의 기준이 되는 작품을 흔히 '기준작'이라고 하는데, 기준작의 전제조건은 제작 시기가 작품에 명시되어 있거나, 작품의 제작과 연관된 신뢰할 만한 기록을 보유한 작품이어야 한다는 점에서 기준작의 설정은 기록의 도움을 받을 수밖에 없다. 그러나 기준작의 설정을 전적으로 기록에만 의존하는 것도 곤란하다. 왜냐하면 물질자료와 달리 기록은 상황에 따라 왜곡되거나 윤색될 수도 있고, 후대에 가필되는 경우도 있기 때문이다. 따라서 작품에 명문이 있다 하더라도 기준작으로 삼기 위해서는 그것이 과연 신뢰할 만한 사료인가에 대한 엄정한 사료적 비판이 선행되어야 한다.

예를 들어, 일본 호류지 금당의 금동약사여래좌상 광배의 뒷면에는 스이코 천황과 쇼토쿠 태자가 요메이 천황의 유언에 따라 607년에 조성했다는 명문이 있다. 하지만 일본 학계에서는 이 불상을 7세기 초의 기준작으로 거론하지 않는다. 그 이유는 명문의 서체와 조각양식 및 제작기법 분석을 통해 이 불상이 670년 호류지가 화재로 소실된 이후 재건되면서 새롭게 조성되었다는 견해가 지배적이기 때문이다. 이러한 사례는 기준작의 선정을 위해서 작품과 관련 기록에 대한 엄격한 사료의 비판이 전제되어야 한다는 것을 잘 보여준다.

한국 불교미술사에서 석굴암은 8세기 중엽 신라 불교미술의 기준작으로 확고하게 정착되어 있다. 절대연대가 확인되지 않은 통일신라 시대 불교미술품은 석굴암을 기준으로 이전과 이후로 구분하여 제작 시기를 파악하고 있으며, 석굴암이 8세기 중엽의 기준작으로 설정된 근본적인 원인은 13세기 말에 편찬된 『삼국유사』 제5권의 '불국사 창건기록'에 근거하고 있다.

① 미술작품을 연구함에 있어 문헌사료의 직·간접적인 기록이 중요하다.
② 미술작품의 기록이 존재하지 않는다면, 연구자의 주관적인 의견에서 벗어나기 어렵다.
③ 전적으로 문헌사료의 기록에 의존해 기준작을 설정하는 것이 중요하다.
④ 석굴암은 8세기 중엽 신라 불교미술의 기준작으로 확고하게 정착되었다.
⑤ 금동약사여래좌상은 작품과 관련 기록에 대한 비판이 전제되어야 함을 보여준다.

03 다음은 S은행에서 여신거래 시 활용하는 기본약관의 일부이다. 약관의 내용을 바르게 이해하지 못한 직원은?

제3조 이자 등과 지연배상금

① 이자·보증료·수수료 등(이하 "이자 등"이라고 함)의 이율·계산방법·지급의 시기 및 방법에 관해, 은행은 법령이 허용하는 한도 내에서 정할 수 있으며 채무자가 해당사항을 계약 체결 전에 상품설명서 및 홈페이지 등에서 확인할 수 있도록 합니다.

② 이자 등의 율은 거래계약 시에 다음의 각호 중 하나를 선택하여 적용할 수 있습니다.
　1. 채무의 이행을 완료할 때까지 은행이 그 율을 변경할 수 없음을 원칙으로 하는 것
　2. 채무의 이행을 완료할 때까지 은행이 그 율을 수시로 변경할 수 있는 것

③ 제2항 제1호를 선택한 경우에 채무이행 완료 전에 국가경제·금융사정의 급격한 변동 등으로 계약 당시에 예상할 수 없는 현저한 사정변경이 생긴 때에는 은행은 채무자에 대한 개별통지에 의하여 그 율을 인상·인하할 수 있기로 합니다. 이 경우 변경요인이 없어진 때에는 은행은 없어진 상황에 부합되도록 변경하여야 합니다.

④ 제2항 제2호를 선택한 경우에 이자 등의 율에 관한 은행의 인상·인하는 건전한 금융관행에 따라 합리적인 범위 내에서 이루어져야 합니다.

⑤ 채무자가 은행에 대한 채무의 이행을 지체한 경우에는, 곧 지급하여야 할 금액에 대하여 법령이 정하는 제한 내에서 은행이 정한 율로, 1년을 365일(윤년은 366일)로 보고 1일 단위로 계산한 지체일수에 해당하는 지연배상금을 지급하기로 하되, 금융사정의 변화, 그 밖의 상당한 사유로 인하여 법령에 의하여 허용되는 한도 내에서 율을 변경할 수 있습니다. 다만, 외국환거래에 있어서는 국제관례·상관습 등에 따릅니다.

⑥ 은행이 이자 등과 지연배상금의 계산방법·지급의 시기 및 방법을 변경하는 경우에, 그것이 법령에 의하여 허용되는 한도 내이고 금융사정 및 그 밖의 여신거래에 영향을 미치는 상황의 변화로 인하여 필요한 것일 때에는 변경 후 최초로 이자를 납입하여야 할 날부터 그 변경된 사항이 적용됩니다.

⑦ 제4항, 제5항 및 제6항에 따라 변경하는 경우 은행은 그 변경 기준일로부터 1개월간 모든 영업점 및 은행이 정하는 전자매체 등에 이를 게시하여야 합니다. 다만, 특정 채무자에 대하여 개별적으로 변경하는 경우에는 개별통지를 해야 합니다.

… 생략 …

---

① A사원 : 은행에서 율을 변경할 수 없는 것을 원칙으로 하는 것은 고정금리를, 수시로 변경할 수 있다고 하는 것은 변동금리를 적용한다는 의미이네.

② B주임 : 은행이 율을 변경할 수 없는 조건으로 계약했다고 하더라도 국가경제가 급격하게 변화하면 율을 인상·인하할 수 있구나.

③ C대리 : 지연배상금이라 하면 보통 연체이자를 의미하는데, 1년을 365일로 보고 지체일수에 해당하는 만큼 은행에서 규정한 연체이자율에 의해 지급하도록 하고 있구나.

④ D주임 : 대출 취급 시 적용하는 이자 등과 지연배상금이 변경될 경우에는 변경 기준일로부터 40일간 모든 전자매체 등에 게시해야 하는구나.

⑤ E대리 : 은행이 이자 등을 변경한 경우에는 변경 후 최초로 이자를 납입하여야 하는 날부터 그 변경된 사항이 적용되는구나.

07 | 나열하기

| 유형분석 |

- 글의 논리적인 전개 구조를 파악할 수 있는지 평가한다.
- 첫 문단(단락)이 제시되지 않은 문제가 출제될 가능성이 있다.

다음 문장을 논리적 순서대로 바르게 나열한 것은?

(가) 그렇기 때문에 남녀 고용 평등의 확대를 위해 채용 목표제를 강화할 필요가 있다.
(나) 우리나라 대졸 이상 여성의 고용 비율은 OECD 국가 중 최하위인데 이는 채용 과정에서 여성이 부당한 차별을 받는 경우가 많다는 것을 보여준다.
(다) 우리나라 남녀 전체의 평균 고용 비율 격차는 31.8%p로 남성에 비해 여성의 고용 비율이 현저히 낮다.
(라) 강화된 법규가 준수될 수 있도록 정부의 계도와 감독 기능을 강화해야 할 것이다.
(마) 고용 시 여성에게 일정 비율을 할애하는 것은 남성에 대한 역차별이라는 주장이 있기는 하지만, 남녀 고용 평등이 어느 정도 실현될 때까지 여성에 대한 배려는 불가피하다.

① (나) – (가) – (라) – (다) – (마)
② (나) – (다) – (라) – (가) – (마)
③ (다) – (가) – (마) – (나) – (라)
④ (다) – (나) – (가) – (라) – (마)
⑤ (다) – (라) – (마) – (나) – (가)

정답　③

제시문은 우리나라 여성의 고용 비율이 남성보다 낮기 때문에 여성의 고용에 대한 배려가 필요하다는 내용이다. 따라서 (다) 우리나라는 남성에 비해 여성의 고용 비율이 현저히 낮음 – (가) 남녀 고용 평등의 확대를 위한 채용 목표제의 강화 필요 – (마) 역차별이라는 주장과 현실적인 한계 – (나) 대졸 이상 여성의 고용 비율이 OECD 국가 중 최하위인 대한민국의 현실 – (라) 강화된 법규가 준수될 수 있도록 정부의 계도와 감독 기능을 강화 순으로 나열하는 것이 적절하다.

유형풀이 Tip

- 각 문단에 위치한 지시어와 접속어를 살펴본다. 문두에 접속어가 오거나 문장 중간에 지시어가 나오는 경우 글의 첫 번째 문단이 될 수 없다.
- 각 문단의 첫 문장과 마지막 문장에 집중하면서 글의 순서를 하나씩 맞춰나간다.
- 선택지를 참고하여 문단의 순서를 생각해 보는 것도 시간을 단축하는 좋은 방법이 될 수 있다.

Easy

01 다음 문단을 논리적 순서대로 바르게 나열한 것은?

> (가) 여기에 반해 동양에서는 보름달에 좋은 이미지를 부여한다. 예를 들어, 우리나라의 처녀귀신이나 도깨비는 달빛이 흐린 그믐 무렵에나 활동하는 것이다. 그런데 최근에는 동서양의 개념이 마구 뒤섞여 보름달을 배경으로 악마의 상징인 늑대가 우는 광경이 동양의 영화에 나오기도 한다.
>
> (나) 동양에서 달은 '음(陰)'의 기운을, 해는 '양(陽)'의 기운을 상징한다는 통념이 자리를 잡았다. 그래서 달을 '태음', 해를 '태양'이라고 불렀다. 동양에서는 해와 달의 크기가 같은 덕에 음과 양도 동등한 자격을 갖춘다. 즉, 음과 양은 어느 하나가 좋고 다른 하나는 나쁜 것이 아니라 서로 보완하는 관계를 이루는 것이다.
>
> (다) 옛날부터 형성된 이러한 동서양 간의 차이는 오늘날까지 영향을 끼치고 있다. 동양에서는 달이 밝으면 달맞이를 하는데, 서양에서는 달맞이를 자살 행위처럼 여기고 있다. 특히 보름달은 서양인들에게 거의 공포의 상징과 같은 존재이다. 예를 들어, 13일의 금요일에 보름달이 뜨게 되면 사람들이 외출조차 꺼린다.
>
> (라) 하지만 서양의 경우는 다르다. 서양에서 낮은 신이, 밤은 악마가 지배한다는 통념이 자리를 잡았다. 따라서 밤의 상징인 달에 좋지 않은 이미지를 부여하게 되었다. 이는 해와 달의 명칭을 보면 알 수 있다. 라틴어로 해를 'Sol', 달을 'Luna'라고 하는데 정신병을 뜻하는 단어 'Lunacy'의 어원이 바로 'Luna'이다.

① (나) – (가) – (라) – (다)

② (나) – (다) – (가) – (라)

③ (나) – (라) – (다) – (가)

④ (다) – (나) – (라) – (가)

⑤ (다) – (라) – (가) – (나)

02

먼저 고전학파에서는 시장에서 임금이나 물가 등의 가격 변수가 완전히 탄력적으로 작용하기 때문에 경기적 실업을 자연스럽게 해소될 수 있는 일시적 현상으로 본다.

(가) 이렇게 실질임금이 상승하게 되면 경기적 실업으로 인해 실업 상태에 있던 노동자들은 노동 시장에서 일자리를 적극적으로 찾으려고 하고, 이로 인해 노동의 초과공급이 발생하게 된다. 그래서 노동자들은 노동 시장에서 경쟁하게 되고 이러한 경쟁으로 인해 명목임금은 탄력적으로 하락하게 된다. 명목임금의 하락은 실질임금의 하락으로 이어지게 되고 실질임금은 경기가 침체되기 이전과 동일한 수준으로 돌아간다.

(나) 이들에 의하면 노동자들이 받는 화폐의 액수를 의미하는 명목임금이 변하지 않은 상태에서 경기 침체로 인해 물가가 하락하게 되면 명목임금을 물가로 나눈 값, 즉 임금의 실제 가치를 의미하는 실질임금은 상승하게 된다. 예를 들어 물가가 10% 정도 하락하게 되면 명목임금으로 구매할 수 있는 재화의 양이 10% 정도 늘어날 수 있고, 이는 물가가 하락하기 전보다 실질임금이 10% 정도 상승했다는 의미이다.

(다) 결국 기업에서는 명목임금이 하락한 만큼 노동의 수요량을 늘릴 수 있게 되므로 노동의 초과공급은 사라지고 실업이 자연스럽게 해소된다. 따라서 고전학파에서는 인위적 개입을 통해 경기적 실업을 감소시키려는 정부의 역할에 반대한다.

① (가) – (나) – (다) 　　　　② (가) – (다) – (나)
③ (나) – (가) – (다) 　　　　④ (다) – (가) – (나)
⑤ (다) – (나) – (가)

둘 이상의 기업이 자본과 조직 등을 합하여 경제적으로 단일한 지배 체제를 형성하는 것을 '기업 결합'이라고 한다. 기업은 이를 통해 효율성 증대나 비용 절감, 국제 경쟁력 강화와 같은 긍정적 효과들을 기대할 수 있다. 하지만 기업이 속한 사회에는 간혹 역기능이 나타나기도 하는데, 시장의 경쟁을 제한하거나 소비자의 이익을 침해하는 경우가 그러하다. 가령, 시장 점유율이 각각 30%와 40%인 경쟁 기업들이 결합하여 70%의 점유율을 갖게 될 경우, 경쟁이 제한되어 지위를 남용하거나 부당하게 가격을 인상할 수 있는 것이다. 이 때문에 정부는 기업 결합의 취지와 순기능을 보호하는 한편, 시장과 소비자에게 끼칠 폐해를 가려내어 이를 차단하기 위한 법적 조치들을 강구하고 있다. 하지만 기업 결합의 위법성을 섣불리 판단해서는 안 되므로 여러 단계의 심사 과정을 거치도록 하고 있다.

(가) 문제는 어떻게 시장을 확정할 것인지인데, 대개는 한 상품의 가격이 오른다고 가정할 때 소비자들이 이에 얼마나 민감하게 반응하며 다른 상품으로 옮겨 가는지를 기준으로 한다.

(나) 반면에 결합이 성립된다면 정부는 그것이 영향을 줄 시장의 범위를 획정함으로써, 그 결합이 동일 시장 내 경쟁자 간에 이루어진 수평 결합인지, 거래 단계를 달리하는 기업 간의 수직 결합인지, 이 두 결합 형태가 아니면서 특별한 관련이 없는 기업 간의 혼합 결합인지를 규명하게 된다.

(다) 이 심사는 기업 결합의 성립 여부를 확인하는 것부터 시작한다. 여기서는 해당 기업 간에 단일 지배 관계가 형성되었는지가 관건이다.

(라) 그 민감도가 높을수록 그 상품들은 서로에 대해 대체재, 즉 소비자에게 같은 효용을 줄 수 있는 상품에 가까워진다. 이 경우 생산자들이 동일 시장 내의 경쟁자일 가능성도 커진다.

(마) 예컨대 주식 취득을 통한 결합의 경우, 취득 기업이 피취득 기업을 경제적으로 지배할 정도의 지분을 확보하지 못하면 결합의 성립이 인정되지 않고 심사도 종료된다.

이런 분석에 따라 시장의 범위가 정해지면 그 결합이 시장의 경쟁을 제한하는지를 판단하게 된다. 하지만 설령 그럴 우려가 있는 것으로 판명되더라도 곧바로 위법으로 보지는 않는다. 정부가 당사자들에게 결합의 장점이나 불가피성에 관해 항변할 기회를 부여하여 그 타당성을 검토한 후에, 비로소 시정 조치 부과 여부를 최종 결정하게 된다.

① (가) – (다) – (나) – (마) – (라)

② (가) – (라) – (나) – (다) – (마)

③ (다) – (라) – (나) – (가) – (마)

④ (다) – (라) – (마) – (나) – (가)

⑤ (다) – (마) – (나) – (가) – (라)

08 | 주제 · 제목 찾기

| 유형분석 |

- 글의 목적이나 핵심 주장을 정확하게 구분할 수 있는지 평가한다.
- 문단별 주제·화제, 글쓴이의 주장·생각, 표제와 부제 등 다양한 유형으로 출제될 수 있다.

다음 글의 제목으로 가장 적절한 것은?

많은 경제학자는 제도의 발달이 경제 성장의 중요한 원인이라고 생각해 왔다. 예를 들어 재산권 제도가 발달하면 투자나 혁신에 대한 보상이 잘 이루어져 경제 성장에 도움이 된다는 것이다. 그러나 이를 입증하기는 쉽지 않다. 제도의 발달 수준과 소득 수준 사이에 상관관계가 있다 하더라도, 제도는 경제 성장에 영향을 줄 수 있지만 경제 성장으로부터 영향을 받을 수도 있으므로 그 인과관계를 판단하기 어렵기 때문이다.

① 경제 성장과 소득 수준
② 경제 성장과 제도 발달
③ 경제 성장과 투자 혁신
④ 소득 수준과 제도 발달
⑤ 소득 수준과 투자 수준

정답 ②

제시문은 재산권 제도의 발달에 따른 경제 성장을 예로 들어 제도의 발달과 경제 성장의 상관관계에 대해 설명하고 있다. 더불어 제도가 경제 성장에 영향을 줄 수는 있지만, 동시에 경제 성장으로부터 영향을 받을 수도 있다는 점에서 그 인과관계를 판단하기 어렵다는 한계점을 제시하고 있다. 따라서 글의 제목으로 적절한 것은 '경제 성장과 제도 발달'이다.

유형풀이 Tip

- 글의 중심이 되는 내용은 주로 글의 맨 앞이나 맨 뒤에 위치한다. 따라서 글의 첫 문단과 마지막 문단을 먼저 확인한다.
- 첫 문단과 마지막 문단에서 실마리가 잡히지 않은 경우 그 문단을 뒷받침해 주는 부분을 읽어가면서 제목이나 주제를 파악해 나간다.

01 다음 글의 중심 내용으로 가장 적절한 것은?

> 쇼펜하우어에 따르면 우리가 살고 있는 세계의 진정한 본질은 의지이며 그 속에 있는 모든 존재는 맹목적인 삶에의 의지에 의해서 지배당하고 있다. 쇼펜하우어는 우리가 일상적으로 또는 학문적으로 접근하는 세계는 단지 표상의 세계일뿐이라고 주장하는데, 인간의 이성은 단지 이러한 표상의 세계만을 파악할 수 있을 뿐이다. 그에 따르면 존재하는 세계의 모든 사물들은 우선적으로 표상으로서 드러나게 된다. 시간과 공간 그리고 인과율에 의해서 파악되는 세계가 나의 표상인데, 이러한 표상의 세계는 오직 나에 의해서, 즉 인식하는 주관에 의해서만 파악되는 세계이다. 쇼펜하우어에 따르면 이러한 주관은 모든 현상의 세계, 즉 표상의 세계에서 주인의 역할을 하는 '나'이다.
> 이러한 주관을 이성이라고 부를 수도 있는데 이성은 표상의 세계를 이끌어가는 주인공의 역할을 하는 것이다. 그러나 쇼펜하우어는 여기서 한발 더 나아가 표상의 세계에서 주인의 역할을 하는 주관 또는 이성은 의지의 지배를 받는다고 주장한다. 즉, 쇼펜하우어는 이성에 의해서 파악되는 세계의 뒤편에는 참된 본질적 세계인 의지의 세계가 있으므로 표상의 세계는 제한적이며 표면적인 세계일 뿐, 결코 이성에 의해서 또는 주관에 의해서 결코 파악될 수 없다고 주장한다. 오히려 그는 그동안 인간이 진리를 파악하는 데 최고의 도구로 칭송받던 이성이나 주관을 의지에 끌려다니는 피지배자일 뿐이라고 비판한다.

① 세계의 본질로서 의지의 세계
② 표상 세계의 극복과 그 해결 방안
③ 의지의 세계와 표상의 세계 간의 차이
④ 세계의 주인으로서 주관의 표상 능력
⑤ 표상 세계 안에서의 이성의 역할과 한계

02 다음 글의 주제로 가장 적절한 것은?

> 금융당국은 은행의 과점체제를 해소하고, 은행과 비은행의 경쟁을 촉진시키는 방안으로 은행의 고유 전유물이었던 통장을 보험 및 카드 업계로의 도입을 검토하겠다고 밝혔다.
>
> 이는 전자금융거래법을 개정해 대금결제업, 자금이체업, 결제대행업 등 모든 전자금융업 업무를 관리하는 종합지급결제사업자를 제도화하여 비은행에 도입한다는 것으로, 이를 통해 비은행권은 간편결제・송금 외에도 은행 수준의 보편적 지급결제 서비스가 가능해지는 것이다.
>
> 특히 금융당국이 은행업 경쟁촉진 방안으로 검토 중인 은행업 추가 인가나 소규모 특화은행 도입 등 여러 방안 중에서 종합지급결제사업자 제도를 중점으로 검토 중인 이유는 은행의 유효경쟁을 촉진시킴으로써 은행의 과점 이슈를 가장 빠르게 완화할 수 있을 것으로 판단되기 때문이다.
>
> 이는 소비자 측면에서도 기대효과가 있는데 은행 계좌가 없는 금융소외계층은 종합지급결제사업자 제도를 통해 금융 서비스를 제공받을 수 있고, 기존 방식에서 각 은행에 지불하던 지급결제 수수료가 절약돼 그만큼 보험료가 인하될 가능성도 기대해 볼 수 있기 때문이다. 보험사 및 카드사 측면에서도 기존 방식에서는 은행을 통해 진행했던 방식이 해당 제도가 확립된다면 직접 처리할 수 있게 되어 방식이 간소화될 수 있다는 장점이 있다.
>
> 하지만 이 또한 현실적으로 많은 문제들이 제기되는데, 그중 하나가 소비자보호 사각지대의 발생이다. 비은행권은 은행권과 달리 예금보험제도가 적용되지 않을 뿐더러 은행권에 비해 규제 수준이 상대적으로 낮기 때문에 금융소비자 보호 등 리스크 관리가 우려되기 때문이다. 또한 종합지급결제업 자체가 사실상 은행업과 크게 다르지 않기 때문에 은행권의 극심한 반발도 예상된다.

① 은행의 과점체제 해소를 위한 방안
② 종합지급결제사업자 제도의 득과 실
③ 은행의 권리를 침해하는 비은행 업계
④ 은행과 비은행 경쟁 속 소비자의 실익
⑤ 비은행권 규제 방안 및 제도의 필요성

03 다음 글의 중심 화제로 가장 적절한 것은?

경제학에서는 한 재화나 서비스 등의 공급이 기업에 집중되는 양상에 따라 시장 구조를 크게 독점시장, 과점시장, 경쟁시장으로 구분하고 있다. 소수의 기업이 공급의 대부분을 차지할수록 독점시장에 가까워지고, 다수의 기업이 공급을 나누어 가질수록 경쟁시장에 가까워진다. 이렇게 시장 구조를 구분하기 위해서 사용하는 지표 중의 하나가 바로 '시장집중률'이다.

시장집중률을 이해하기 위해서는 먼저 '시장점유율'에 대한 이해가 있어야 한다. 시장점유율이란 시장 안에서 특정 기업이 차지하고 있는 비중을 의미하는데, 생산량·매출액 등을 기준으로 측정할 수 있다. Y기업의 시장점유율을 생산량 기준으로 측정한다면 '(Y기업의 생산량)÷(시장 내 모든 기업의 생산량의 총합)×100'으로 나타낼 수 있다.

시장점유율이 시장 내 한 기업의 비중을 나타내주는 수치라면, 시장집중률은 시장 내 일정 수의 상위 기업들이 차지하는 비중을 나타내 주는 수치, 즉 일정 수의 상위 기업의 시장점유율을 합한 값이다. 몇 개의 상위 기업을 기준으로 삼느냐는 나라마다 자율적으로 결정하고 있는데, 우리나라에서는 상위 3대 기업의 시장점유율을 합한 값을, 미국에서는 상위 4대 기업의 시장점유율을 합한 값을 시장집중률로 채택하여 사용하고 있다.

이렇게 산출된 시장집중률을 통해 시장 구조를 구분해 볼 수 있는데, 시장집중률이 높으면 그 시장은 공급이 소수의 기업에 집중되어 있는 독점시장으로 구분하고, 시장집중률이 낮으면 공급이 다수의 기업에 의해 분산되어 있는 경쟁시장으로 구분한다. 한국개발연구원에서는 어떤 산업에서의 시장집중률이 80% 이상이면 독점시장, 60% 이상 ~ 80% 미만이면 과점시장, 60% 미만이면 경쟁시장으로 구분하고 있다.

시장집중률을 측정하는 기준에는 여러 가지가 있기 때문에 어느 것을 기준으로 삼느냐에 따라 측정 결과에 차이가 생기며, 이에 대한 경제학적인 해석도 달라진다. 어느 시장의 시장집중률을 '생산량' 기준으로 측정했을 때 A, B, C기업이 상위 3대 기업이고 시장집중률이 80%로 측정되었다고 하더라도, '매출액' 기준으로 측정했을 때는 D, E, F기업이 상위 3대 기업이 되고 시장집중률이 60%가 될 수도 있다. 이처럼 시장집중률은 시장 구조를 구분하는 데 매우 유용한 지표이며, 이를 통해 시장 내의 공급이 기업에 집중되는 양상을 파악해 볼 수 있다.

① 시장 구조의 변천사
② 시장집중률의 개념과 의의
③ 독점시장과 경쟁시장의 비교
④ 우리나라 시장점유율의 특성
⑤ 상위 3대 기업의 시장집중률

09 | 비판·반박하기

| 유형분석 |

- 글의 주장과 논점을 파악하고, 이에 대립하는 내용을 판단할 수 있는지 평가한다.
- 서로 상반되는 주장 두 개를 제시하고, 하나의 관점에서 다른 하나를 비판·반박하는 문제 유형이 출제될 수 있다.

다음 글에서 도출한 결론을 반박하는 주장으로 가장 적절한 것은?

> 인터넷은 국경 없이 누구나 자유롭게 정보를 주고받을 수 있는 훌륭한 매체이다. 하지만 최근 급속도로 늘고 있는 성인 인터넷 방송처럼 오히려 청소년에게 해로운 매체가 될 수 있다는 사실은 선진국에서도 동감하고 있다. 그러므로 인터넷 등급제를 만들어 유해한 환경으로부터 청소년들을 보호하고, 이를 어긴 사업자는 엄격한 처벌로 다스려야만 한다.

① 인터넷 등급제를 만들어 규제를 하는 것도 완전한 방법은 아니기 때문에 유해한 인터넷 내용에는 원천적으로 접속할 수 없도록 조치를 취해야 한다.
② 인터넷 등급제는 정보에 대한 책임을 일방적으로 사업자에게만 지우는 조치로, 잘못하면 국민의 표현의 자유와 알 권리를 침해할 수 있다.
③ 인터넷 등급제는 미니스커트나 장발 규제와 같은 구태의연한 조치이다.
④ 청소년들 스스로가 정보의 유해를 가릴 수 있는 식견을 마련할 수 있도록 가능한 한 많은 정보를 접해야 한다. 그러므로 인터넷 등급제는 좋은 방법이 아니다.
⑤ 인터넷 등급제는 IT 강국으로서의 대한민국의 입지를 위축시킬 수 있으므로 실행하지 않는 것이 옳다.

정답 ②

언론매체에 대한 사전 검열은 항상 표현의 자유와 개인의 알 권리를 침해할 가능성을 배제할 수 없다는 논지로 반박을 전개하는 것이 가장 적절하다.

유형풀이 Tip

- 대립하는 두 의견의 쟁점을 찾은 후, 제시문 또는 보기에서 양측 주장의 근거를 찾아 각 주장에 연결하며 답을 찾는다.
- 문제의 난도를 높이기 위해 글의 후반부에 주장을 뒷받침할 수 있는 근거를 제시하고 선택지에 그 근거에 대한 반박을 실어 놓는 경우도 있다. 하지만 주의할 점은 제시문의 '주장'에 대한 반박을 찾는 것이지, 이를 뒷받침하기 위해 제시된 '근거'에 대한 반박을 찾는 것이 아니라는 것이다.

Easy

01 다음 글에 대한 반박으로 가장 적절한 것은?

> 인간은 사회 속에서만 자신을 더 나은 존재로 느낄 수 있기 때문에 자신을 사회화하고자 한다. 인간은 사회 속에서만 자신의 자연적 소질을 실현할 수 있는 것이다. 그러나 인간은 자신을 개별화하거나 고립시키려는 성향도 강하다. 이는 자신의 의도에 따라서만 행동하려는 반사회적인 특성을 의미한다. 그리고 저항하려는 성향이 자신뿐만 아니라 다른 사람에게도 있다는 사실을 알기 때문에, 그 자신도 곳곳에서 저항에 부딪히게 되리라 예상한다.
>
> 이러한 저항을 통하여 인간은 모든 능력을 일깨우고, 나태해지려는 성향을 극복하며 명예욕이나 지배욕, 소유욕 등에 따라 행동하게 된다. 그리하여 동시대인들 가운데에서 자신의 위치를 확보하게 된다. 이렇게 하여 인간은 야만의 상태에서 벗어나 문화를 이룩하기 위한 진정한 진보의 첫걸음을 내딛게 된다. 이때부터 모든 능력이 점차 계발되고 아름다움을 판정하는 능력도 형성된다. 나아가 자연적 소질에 의해 도덕성을 어렴풋하게 느끼기만 하던 상태에서 벗어나, 지속적인 계몽을 통하여 구체적인 실천 원리를 명료하게 인식할 수 있는 성숙한 단계로 접어든다. 그 결과 자연적인 감정을 기반으로 결합된 사회를 도덕적인 전체로 바꿀 수 있는 사유 방식이 확립된다.
>
> 인간에게 이러한 반사회성이 없다면, 인간의 모든 재능은 꽃피지 못하고 만족감과 사랑으로 가득 찬 목가적인 삶 속에서 영원히 묻혀 버리고 말 것이다. 그리고 양처럼 선량한 기질의 사람들은 가축 이상의 가치를 자신의 삶에 부여하기 힘들 것이다. 자연 상태에 머물지 않고 스스로의 목적을 성취하기 위해 자연적 소질을 계발하여 창조의 공백을 메울 때, 인간의 가치는 상승되기 때문이다.

① 사회성만으로도 충분히 목가적 삶을 영위할 수 있다.
② 반사회성만으로는 자신의 재능을 계발하기 어렵다.
③ 인간은 타인과의 갈등을 통해서도 사회성을 기를 수 있다.
④ 인간은 사회성만 가지고도 자신의 재능을 키워나갈 수 있다.
⑤ 인간의 자연적인 성질은 사회화를 방해한다.

02 다음 글에 대한 비판으로 가장 적절한 것은?

"향후 은행 서비스(Banking)는 필요하지만 은행(Bank)은 필요 없을 것이다." 최근 4차 산업혁명으로 대변되는 빅데이터, 사물인터넷, AI, 블록체인 등 신기술이 금융업을 강타하면서 빌 게이츠의 20년 전 예언이 화두로 부상했다. 모든 분야에서 초연결화, 초지능화가 진행되고 있는 4차 산업혁명이 데이터 주도 경제를 열어가면서 데이터에 기반을 둔 금융업에도 변화의 물결이 밀려들고 있다. 이미 전통적인 은행, 증권, 보험, 카드업 등 전 분야에서 금융기술기업인 소위 '핀테크(Fintech)'가 출현하면서 금융서비스의 가치 사슬이 해체되기 시작한 것이다. 이전에는 상상조차 하지 못했던 IT 등 이종 업종의 금융업 진출도 활발하게 이루어지면서 전통 금융회사들을 위협하고 있다.
빅데이터, 사물인터넷, 인공지능, 블록체인 등 새로운 기술로 무장한 4차 산업혁명으로 인해 온라인 플랫폼을 통한 크라우드 펀딩 등 P2P 금융의 출현, 로보 어드바이저에 의한 저렴한 자산관리서비스의 등장, 블록체인 기술 기반의 송금 등 다양한 가치 거래의 탈중계화가 진행되면서 금융 중계, 자산 관리, 위험 관리, 지급 결제 등 금융의 본질적인 요소들이 변화하고 있는 것은 아닌지 의구심이 일어나고 있는 것이다. 혹자는 이들 변화의 종점에 금융의 정체성(Identity) 상실이 기다리고 있다며 금융업 종사자의 입장에서 보면 우울한 전망마저 내놓고 있다. 금융도 디지털카메라의 등장으로 사라진 필름회사 코닥과 같은 비운을 피하기 어렵다며 금융의 종말(The Demise of Banking), 은행의 해체(Unbundling the Banks), 탈중계화, 플랫폼 혁명(Platform Revolution) 등 다양한 화두가 미디어의 전면에 등장하고 있다.

① 가치 거래의 탈중계화는 금융 거래의 보안성에 심각한 위협 요인으로 작용할 것이다.
② 금융 발전의 미래를 위해 금융업에 있어 인공지능의 도입을 막아야 한다.
③ 기술 발전은 금융업에 있어 효율성 향상이라는 제한적인 틀에서 크게 벗어나지 못했다.
④ 로보어드바이저에 의한 자산관리서비스는 범죄에 악용될 위험이 크다.
⑤ 금융의 종말을 방지하기 위해서라도 핀테크 도입의 법적인 제도 마련이 필요하다.

03 다음을 읽고 〈보기〉의 밑줄 친 주장에 대해 반박하려고 할 때, 그 논거로 적절하지 않은 것은?

> 기자 : 교수님, 영국에서 탄생한 복제 양과 우리의 복제 송아지의 차이점은 무엇이라고 생각하시는 지요.
>
> 교수 : 두 가지 차원에서 이야기할 수 있습니다. 지금까지는 생명을 복제하기 위해서 반드시 생식 세포를 이용해야 한다는 것이 정설이었습니다. 그런데 복제 양은 생식 세포가 아닌 일반 체 세포, 그중에서도 젖샘 세포를 이용했습니다. 이는 노화 등의 이유로 생식 세포가 죽은 개체 들로 체세포를 통해 복제가 가능하다는 얘기가 됩니다. 체세포를 통한 복제는 기존 생물학 적 개념을 완전히 바꾼 것입니다. 반면 산업적 측면에서는 문제가 있습니다. 동물 복제는 순수 발생학적 관심 못지않게 경제적으로도 중요합니다. 생산력이 뛰어난 가축을 적은 비용 으로 복제 생산해야 한다는 것입니다. 이 점에서는 체세포를 통한 복제는 아직 한계가 있습 니다. 경제적인 측면에서는 생식 세포를 이용한 복제가 훨씬 효과적입니다.
>
> 기자 : 이런 복제 기술들이 인간에게도 적용이 가능한가요?
>
> 교수 : 기술적으로는 그렇습니다. 그러나 인간에게 적용했을 때는 기존 인간관계의 근간을 파괴하 는 사회 문제를 발생시킬 것입니다. 또 생명체 복제 기술의 적용 영역을 확대하다 보면, 자 의로 또는 적용 과정에서 우연히 인체에 치명적이거나 통제 불능한 생물체가 만들어질 가능 성도 있습니다. 이것을 생물 재해라고 합니다. 생명공학에 종사하는 학자들은 이 두 가지 문제들을 늘 염두에 두어야 합니다. 물론 아직까지는 이런 문제들이 발생하지 않았지만, 어 느 국가 또는 특정 집단이 복제 기술을 악용할 위험성을 배제할 수는 없습니다.

보기

미국 위스콘신 생명 윤리 연구 센터의 아서더스 박사는 '인간에게 동물 복제 기술을 적용하면 왜 안 되는지에 대한 논리적 이유가 없다.'고 하면서 인간 복제를 규제한다 하더라도 대단한 재력가나 권력가는 이를 충분히 피해갈 것이라고 말했다.

① 사람들 사이의 신뢰가 무너질 수 있다.
② 범죄 집단에 악용될 위험이 있다.
③ 인구가 폭발적으로 증가할 염려가 있다.
④ 통제 불능한 인간을 만들어낼 수 있다.
⑤ 치료법이 없는 바이러스가 만들어질 수도 있다.

10 | 추론하기

| 유형분석 |

- 문맥을 통해 글에 명시적으로 드러나 있지 않은 내용을 유추할 수 있는지 평가한다.
- 글 뒤에 이어질 내용 찾기, 글을 뒷받침할 수 있는 근거 찾기 등 다양한 유형으로 출제될 수 있다.

다음 글을 읽고 ㉠의 사례가 아닌 것은?

㉠닻내림 효과란 닻을 내린 배가 크게 움직이지 않듯 처음 접한 정보가 기준점이 돼 판단에 영향을 미치는 일종의 편향(왜곡) 현상을 말한다. 즉, 사람들이 어떤 판단을 하게 될 때 초기에 접한 정보에 집착해, 합리적 판단을 내리지 못하는 현상을 일컫는 행동경제학 용어이다. 대부분의 사람은 제시된 기준을 그대로 받아들이지 않고, 기준점을 토대로 약간의 조정 과정을 거치기는 하나, 그런 조정 과정이 불완전하므로 최초 기준점에 영향을 받는 경우가 많다.

① 연봉 협상 시 본인의 적정 기준보다 더 높은 금액을 제시한다.
② 원래 1만 원이던 상품에 2만 원의 가격표를 붙이고 50% 할인한 가격에 판매한다.
③ 명품 매장에서 최고가 상품들의 가격표를 보이게 진열하여 다른 상품들이 그다지 비싸지 않은 것처럼 느끼게 만든다.
④ 홈쇼핑에서 '이번 시즌 마지막 세일', '오늘 방송만을 위한 한정 구성' '매진 임박' 등의 표현을 사용하여 판매한다.
⑤ '온라인 정기구독 연간 $25'와 '온라인 및 오프라인 정기구독 연간 $125' 사이에 '오프라인 정기구독 연간 $125'의 항목을 넣어 판촉한다.

정답 ④

④는 밴드왜건 효과(편승효과)의 사례로, 밴드왜건 효과란 유행에 따라 상품을 구입하는 소비현상을 뜻하는 경제용어이다. 기업은 이러한 현상을 충동구매 유도 마케팅 전략으로 활용하고, 정치계에서는 특정 유력 후보를 위한 선전용으로 활용한다.

유형풀이 Tip

글에 명시적으로 드러나 있지 않은 부분을 추론하여 답을 도출해야 하는 유형이기 때문에 자신의 주관적인 판단보다는 제시된 글에 대한 이해를 기반으로 문제를 풀어야 한다.
추론하기 문제는 다음 두 가지 유형으로 구분할 수 있다.
1) 세부적인 내용을 추론하는 유형 : 주어진 선택지를 먼저 읽고 지문을 읽으면서 답이 아닌 선택지를 지워나가는 방법이 효율적이다.
2) 글쓴이의 주장 / 의도를 추론하는 유형 : 글에 나타난 주장 · 근거 · 논증 방식을 파악하는 유형으로, 주장의 타당성을 평가하여 글쓴이의 관점을 이해하며 읽는다.

01 다음 글을 읽고 추론한 내용으로 적절하지 않은 것은?

> 태양 빛은 흰색으로 보이지만 실제로는 다양한 파장의 가시광선이 혼합되어 나타난 것이다. 프리즘을 통과시키면 흰색 가시광선은 파장에 따라 붉은빛부터 보랏빛까지의 무지갯빛으로 분해된다. 가시광선의 파장 범위는 390 ~ 780nm* 정도인데 보랏빛이 가장 짧고 붉은빛이 가장 길다. 빛의 진동수는 파장과 반비례하므로 진동수는 보랏빛이 가장 크고 붉은빛이 가장 작다. 태양 빛이 대기층에 입사하여 산소나 질소 분자와 같은 공기 입자(직경 0.1 ~ 1nm 정도), 먼지 미립자, 에어로졸**(직경 1 ~ 100,000nm 정도) 등과 부딪치면 여러 방향으로 흩어지는데, 이러한 현상을 산란이라 한다. 산란은 입자의 직경과 빛의 파장에 따라 '레일리(Rayleigh) 산란'과 '미(Mie) 산란'으로 구분된다. 레일리 산란은 입자의 직경이 파장의 1/10보다 작은 경우에 일어나는 산란을 말하는데, 그 세기는 파장의 네제곱에 반비례한다. 대기의 공기 입자는 직경이 매우 작아 가시광선 중 파장이 짧은 빛을 주로 산란시키며, 파장이 짧을수록 산란의 세기가 강하다. 따라서 맑은 날에는 주로 공기 입자에 의한 레일리 산란이 일어나서 보랏빛이나 파란빛이 강하게 산란되는 반면, 붉은빛이나 노란빛은 약하게 산란된다. 산란되는 세기로는 보랏빛이 가장 강하겠지만, 우리 눈은 보랏빛보다 파란빛을 더 잘 감지하기 때문에 하늘은 파랗게 보이는 것이다. 만약 태양 빛이 공기 입자보다 큰 입자에 의해 레일리 산란이 일어나면 공기 입자만으로는 산란이 잘되지 않던 긴 파장의 빛까지 산란되어 하늘의 파란빛은 상대적으로 옅어진다.
>
> 미 산란은 입자의 직경이 파장의 1/10보다 큰 경우에 일어나는 산란을 말하는데, 주로 에어로졸이나 구름 입자 등에 의해 일어난다. 이때 산란의 세기는 파장이나 입자 크기에 따른 차이가 거의 없다. 구름이 흰색으로 보이는 것은 미 산란으로 설명된다. 구름 입자(직경 20,000nm 정도)처럼 입자의 직경이 가시광선의 파장보다 매우 큰 경우에는 모든 파장의 빛이 고루 산란된다. 이 산란된 빛이 동시에 우리 눈에 들어오면 모든 무지갯빛이 혼합되어 구름이 하얗게 보인다. 이처럼 대기가 없는 달과 달리 지구는 산란 효과에 의해 파란 하늘과 흰 구름을 볼 수 있다.
>
> *nm(나노미터) : 물리학적 계량 단위(1nm=10^{-9}m)
> **에어로졸 : 대기에 분산된 고체 또는 액체 입자

① 가시광선의 파란빛은 보랏빛보다 진동수가 작다.

② 프리즘으로 분해한 태양 빛을 다시 모으면 흰색이 된다.

③ 파란빛은 가시광선 중에서 레일리 산란의 세기가 가장 크다.

④ 빛의 진동수가 2배가 되면 레일리 산란의 세기는 16배가 된다.

⑤ 달의 하늘에서는 공기 입자에 의한 태양 빛의 산란이 일어나지 않는다.

02 다음 글을 읽고 추론한 내용으로 가장 적절한 것은?

비자발적인 행위는 강제나 무지에서 비롯된 행위이다. 반면에 자발적인 행위는 그것의 실마리가 행위자 자신 안에 있다. 행위자 자신 안에 행위의 실마리가 있는 경우에는 행위를 할 것인지 말 것인지가 행위자 자신에게 달려 있다.

욕망이나 분노에서 비롯된 행위들을 모두 비자발적이라고 할 수는 없다. 그것들이 모두 비자발적이라면 인간 아닌 동물 중 어떤 것도 자발적으로 행위를 하는 게 아닐 것이며, 아이들조차 그럴 것이기 때문이다. 우리가 욕망하는 것 중에는 마땅히 욕망해야 할 것이 있는데, 그러한 욕망에 따른 행위는 비자발적이라고 할 수 없다. 실제로 우리는 어떤 것들에 대해서는 마땅히 화를 내야 하며 건강이나 배움과 같은 것은 마땅히 욕망해야 한다. 따라서 욕망이나 분노에서 비롯된 행위를 모두 비자발적인 것으로 보아서는 안 된다.

합리적 선택에 따르는 행위는 모두 자발적인 행위지만 자발적인 행위의 범위는 더 넓다. 왜냐하면 아이들이나 동물들도 자발적으로 행위를 하긴 하지만 합리적 선택에 따라 행위를 하지는 못하기 때문이다. 또한 욕망이나 분노에서 비롯된 행위는 어떤 것도 합리적 선택을 따르는 행위가 아니다. 이성이 없는 존재는 욕망이나 분노에 따라 행위를 할 수 있지만, 합리적 선택에 따라 행위를 할 수는 없기 때문이다. 또 자제력이 없는 사람은 욕망 때문에 행위를 하지만 합리적 선택에 따라 행위를 하지는 않는다. 반대로 자제력이 있는 사람은 합리적 선택에 따라 행위를 하지, 욕망 때문에 행위를 하지는 않는다.

① 욕망에 따른 행위는 모두 자발적인 것이다.
② 자제력이 있는 사람은 자발적으로 행위를 한다.
③ 자제력이 없는 사람은 비자발적으로 행위를 한다.
④ 자발적인 행위는 모두 합리적 선택에 따른 것이다.
⑤ 마땅히 욕망해야 할 것을 하는 행위는 모두 합리적 선택에 따른 것이다.

03 다음 글의 뒤에 이어질 내용으로 가장 적절한 것은?

최근 화제가 되고 있는 무인 항공기 드론은 카메라, 센서, 통신시스템 등이 탑재돼 있고 무선 전파로 조종이 가능하며, 그 무게는 25g부터 1,200kg까지 다양하다. 처음에는 군사용으로 만들어졌지만 최근엔 고공 촬영이나 배달에도 활용되며, 값싼 키덜트 제품으로도 사랑받고 있다.

군사용 무인항공기로 개발된 드론은 2000년대 초반에 등장했다. 초창기에는 공군의 미사일폭격 연습 대상으로 쓰였는데, 점차 정찰기와 공격기로 용도가 확장됐다. 조종사가 탑승하지 않아도 운행이 가능하므로 2000년대 중반부터 미국에서는 드론이 폭격 등을 위한 군사용 무기로 적극 활용되었다. 군 외에도 전 세계의 여러 기업들이 최근 드론 기술 개발에 심혈을 기울이고 있다. 아마존은 2013년 12월 택배직원이 하던 일을 드론이 대신하는 배송 시스템 '프라임 에어'를 공개했으며, 이를 위해 드론을 개발하는 연구원을 대거 고용했다. 또한, 글로벌 기업 외에 신문·방송업계나 영화제작사 등에서도 드론에 많은 관심을 보이고 있다. 언론사에서는 이른바 '드론 저널리즘'을 표방하며 스포츠 중계부터 재해 현장 촬영, 탐사보도까지 드론을 활발히 사용하고 있다. 드론에 카메라를 탑재하여 그동안 지리적인 한계나 안전상의 이유로 가지 못했던 장소를 생생하게 렌즈에 담을 수 있고, 과거에 활용하던 항공촬영에 비해 비용을 아낄 수 있다는 장점이 있다.

드론에 대한 관심은 배달 업계에서도 나타나고 있다. 영국 도미노피자는 2014년 6월 드론을 이용해 피자를 배달하는 모습을 유튜브에 공개했다. 도미노피자는 법적 규제가 완화되면, 몇 년 안에 드론을 실제 배달 서비스에 쓸 계획이라고 한다.

최근엔 개인을 겨냥한 드론도 나오고 있다. RC마니아나 키덜트족을 공략한 제품이 주로 출시되고 있으며, 셀카를 찍을 수 있는 드론도 등장하고 있다. 이처럼 일반 소비자층을 겨냥한 드론은 앞으로 꾸준히 늘어날 것으로 보인다. 국내에서도 방위산업체나 중소기업, 택배업체 등 최근 드론에 관심을 보이고 있는 이들이 많지만 아직까지는 드론이 항공기로 분류되어 있고, 법도 기존 군사용이나 공적인 업무로 사용하던 것 중심으로 제정돼 있어 여러 가지로 제약이 따른다. 따라서 드론을 상업용으로 확장하여 사용하려면 관련 규정 및 법이 개정되어야 할 필요가 있다. 이러한 상황은 비단 한국뿐 아니라 북미나 유럽 지역에서도 비슷하게 나타나고 있다.

드론은 유용한 것은 사실이나 장점만 있는 것은 아니다. 드론에 위험물질을 넣어 테러에 악용할 수도 있고, 해킹을 당할 수도 있다. 또한, 촬영용 드론이 많아질수록 사생활 침해 위협도 늘어난다.

① 일상생활에서 사용되는 드론의 사례
② 국내 드론의 개발 진척 상황
③ 드론의 군사적 활용 사례
④ 드론의 단점과 장점
⑤ 드론 사용과 관련한 법적 제한의 필요성

CHAPTER 02

수리능력

합격 Cheat Key

수리능력은 사칙연산·통계·확률의 의미를 정확하게 이해하고 이를 업무에 적용하는 능력으로, 기초연산과 기초통계, 도표분석 및 작성의 문제 유형으로 출제된다. 수리능력 역시 채택하지 않는 금융권이 거의 없을 만큼 필기시험에서 중요도가 높은 영역이다.

난이도가 높은 금융권의 시험에서는 도표분석, 즉 자료해석 유형의 문제가 많이 출제되고 있고, 응용수리 역시 꾸준히 출제하는 기업이 많기 때문에 기초연산과 기초통계에 대한 공식의 암기와 자료해석능력을 기를 수 있는 꾸준한 연습이 필요하다.

1 응용수리능력의 공식은 반드시 암기하라!

응용수리능력은 지문이 짧지만, 풀이 과정이 긴 문제도 자주 볼 수 있다. 그렇기 때문에 응용수리능력의 공식을 반드시 암기하여 문제의 상황에 맞는 공식을 적절하게 적용하여 답을 도출해야 한다. 따라서 문제에서 묻는 것을 정확하게 파악하여 그에 맞는 공식을 적절하게 적용하는 꾸준한 노력과 공식을 암기하는 연습이 필요하다.

2 통계에서의 사건이 동시에 발생하는지 개별적으로 발생하는지 구분 하라!

통계에서는 사건이 개별적으로 발생했을 때, 경우의 수는 합의 법칙, 확률은 덧셈정리를 활용하여 계산하며, 사건이 동시에 발생했을 때, 경우의 수는 곱의 법칙, 확률은 곱셈정리를 활용하여 계산한다. 특히 기초통계능력에서 출제되는 문제 중 순열과 조합의 계산 방법이 필요한 문제도 다수이므로 순열(순서대로 나열)과 조합(순서에 상관없이 나열)의 차이점을 숙지하는 것 또한 중요하다. 통계 문제에서의 사건 발생 여부만 잘 판단하여도 계산과 공식을 적용하기가 수월하므로 문제의 의도를 잘 파악하는 것이 중요하다.

3 **자료의 해석은 자료에서 즉시 확인할 수 있는 지문부터 확인하라!**

대부분의 수험생들이 어려워하는 영역이 수리영역 중 도표분석, 즉 자료해석능력이다. 자료는 표 또는 그래프로 제시되고, 쉬운 지문은 증가 혹은 감소 추이, 간단한 사칙연산으로 풀이가 가능한 문제 등이 있고, 자료의 조사기간 동안 전년 대비 증가율 혹은 감소율이 가장 높은 기간을 찾는 문제들도 있다. 따라서 일단 증가·감소 추이와 같이 눈으로 확인이 가능한 지문을 먼저 확인한 후 복잡한 계산이 필요한 지문을 확인하는 방법으로 문제를 풀이한다면, 시간을 조금이라도 아낄 수 있다. 특히 그래프와 같은 경우에는 그래프에 대한 특징을 알고 있다면, 그래프의 길이 혹은 높낮이 등으로 대강의 수치를 빠르게 확인이 가능하므로 이에 대한 숙지도 필요하다. 또한 여러 가지 보기가 주어진 문제 역시 지문을 잘 확인하고 문제를 풀이한다면 불필요한 계산을 생략할 수 있으므로 항상 지문부터 확인하는 습관을 들이기를 바란다.

4 **도표작성능력에서 지문에 작성된 도표의 제목을 반드시 확인하라!**

도표작성은 하나의 자료 혹은 보고서와 같은 수치가 표현된 자료를 도표로 작성하는 형식으로 출제되는데, 대체로 표보다는 그래프를 작성하는 형태로 많이 출제된다. 지문을 살펴보면 각 지문에서 주어진 도표에도 소제목이 있는 경우가 대부분이다. 이때, 자료의 수치와 도표의 제목이 일치하지 않는 경우 함정이 존재하는 문제일 가능성이 높으므로 도표의 제목을 반드시 확인하는 것이 중요하다. 도표작성의 경우 대부분 비율 계산이 많이 출제되는데, 도표의 제목과는 다른 수치로 작성된 도표가 존재하는 경우가 있다. 그렇기 때문에 지문에서 작성된 도표의 소제목을 먼저 확인하는 연습을 하여 간단하지 않은 비율 계산을 두 번 하는 일이 없도록 해야 한다.

01 | 기초연산

| 유형분석 |

- 사칙연산을 활용하여 크고 복잡한 수를 정확하게 계산할 수 있는지 평가한다.
- 괄호연산을 올바른 순서대로 적용하여 주어진 식을 풀이할 수 있는지 평가한다.

다음 식을 계산한 값으로 옳은 것은?

$$27 \times \frac{12}{9} \times \frac{1}{3} \times \frac{3}{2}$$

① 8   ② 14

③ 18   ④ 20

⑤ 21

정답 ③

$$27 \times \frac{12}{9} \times \frac{1}{3} \times \frac{3}{2} = 3 \times 12 \times \frac{1}{3} \times \frac{3}{2} = 3 \times 6 = 18$$

유형풀이 Tip

1) 사칙연산 : +, −, ×, ÷
   왼쪽을 기준으로 순서대로 계산하되 ×와 ÷를 먼저 계산한 뒤 +와 −를 계산한다.
   예 $1+2-3\times4\div2$
   → $1+2-12\div2$
   → $1+2-6$
   → $3-6=-3$
2) 괄호연산 : ( ), { }, [ ]
   소괄호 ( ) → 중괄호 { } → 대괄호 [ ]의 순서대로 계산한다.
   예 $[\{(1+2)\times3-4\}\div5]\times6=\{(3\times3-4)\div5\}\times6$
   → $\{(9-4)\div5\}\times6=(5\div5)\times6=1\times6=6$
3) 곱셈공식
   다항식의 곱들을 공식화한 것으로, 중간 단계의 복잡한 계산을 생략하고 바로 답을 도출하기 위해 사용한다.
   - $a^b \times a^c \div a^d = a^{b+c-d}$
   - $ab \times cd = ac \times bd = ad \times bc$
   - $a^2 - b^2 = (a+b)(a-b)$
   - $(a+b)(a^2-ab+b^2) = a^3 + b^3$
   - $(a-b)(a^2+ab+b^2) = a^3 - b^3$

※ 다음 식을 계산한 값으로 옳은 것을 고르시오. [1~3]

Easy

01

$$(59,378 - 36,824) \div 42$$

① 532　　　　　　　　　② 537

③ 582　　　　　　　　　④ 597

⑤ 602

02

$$(48+48+48+48) \times \frac{11}{6} \div \frac{16}{13}$$

① 286　　　　　　　　　② 289

③ 314　　　　　　　　　④ 332

⑤ 358

03

$$(5^2 \times 4^2 \times 6^2) \div 12^2$$

① 40　　　　　　　　　② 60

③ 80　　　　　　　　　④ 100

⑤ 120

02 | 수열추리

| 유형분석 |

- 나열된 수의 규칙을 찾아 해결하는 문제이다.
- 등차·등비수열 등 다양한 수열 규칙에 대한 사전 학습이 요구된다.

일정한 규칙으로 수를 나열할 때, 빈칸에 들어갈 수로 알맞은 것은?

3 5 10 17 29 48 ( )

① 55   ② 60

③ 71   ④ 79

⑤ 81

정답 ④

n을 자연수라 하면 $(n+1)$항의 값에 n항의 값을 더하고 $+2$를 한 값인 $(n+2)$항이 되는 수열이다.

따라서 (   )$=48+29+2=79$이다.

유형풀이 Tip

- 수열을 풀이할 때는 다음과 같은 규칙이 적용되는지를 순차적으로 판단한다.
  1) 각 항에 일정한 수를 사칙연산($+$, $-$, $\times$, $\div$)하는 규칙
  2) 홀수 항, 짝수 항 규칙
  3) 피보나치 수열과 같은 계차를 이용한 규칙
  4) 군수열을 활용한 규칙
  5) 항끼리 사칙연산을 하는 규칙

주요 수열 규칙

구분	내용
등차수열	앞의 항에 일정한 수를 더해 이루어지는 수열
등비수열	앞의 항에 일정한 수를 곱해 이루어지는 수열
피보나치수열	앞의 두 항의 합이 그 다음 항의 수가 되는 수열
건너뛰기 수열	두 개 이상의 수열 또는 규칙이 일정한 간격을 두고 번갈아가며 적용되는 수열
계차수열	앞의 항과 차가 일정하게 증가하는 수열
군수열	일정한 규칙성으로 몇 항씩 묶어 나눈 수열

※ 일정한 규칙으로 수를 나열할 때, 빈칸에 들어갈 알맞은 수를 고르시오. [1~3]

01

$$\frac{1}{3} \qquad \frac{6}{10} \qquad (\ \ ) \qquad \frac{16}{94} \qquad \frac{21}{283}$$

① $\dfrac{10}{31}$ ② $\dfrac{11}{31}$

③ $\dfrac{10}{47}$ ④ $\dfrac{11}{47}$

⑤ $\dfrac{10}{49}$

Easy

02

| 2 | 12 | 32 | 72 | 152 | 312 | 632 | ( ) |

① 1,252 ② 1,262

③ 1,264 ④ 1,272

⑤ 1,281

03

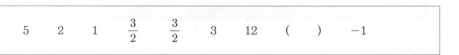

$$5 \qquad 2 \qquad 1 \qquad \frac{3}{2} \qquad \frac{3}{2} \qquad 3 \qquad 12 \qquad (\ \ ) \qquad -1$$

① $\dfrac{10}{3}$ ② $\dfrac{11}{3}$

③ $\dfrac{13}{3}$ ④ 3

⑤ 4

03 | 문자추리

│ 유형분석 │

- 나열된 문자의 규칙을 찾아 해결하는 문제이다.
- 문자열에 해당하는 한글 자·모, 알파벳을 순서에 따라 맞춰 본 후 풀이하면 시간을 절약할 수 있다.

일정한 규칙으로 문자를 나열할 때, 빈칸에 들어갈 문자로 알맞은 것은?

| E   I   O   W   G   (   ) |

① J   ② M
③ P   ④ S
⑤ Z

정답 ④

다음과 같이 알파벳에 따라 숫자로 변환하면, 앞의 항에 +4, +6, +8, +10, +12를 하는 수열임을 알 수 있다.

E	I	O	W	G	(S)
5	9	15	23	33(=26+7)	45(=26+19)

유형풀이 Tip

- 한글 자음, 한글 모음, 알파벳이 숫자로 제시되는 경우 각각의 주기를 갖는다. 이를 고려하여 풀이에 활용한다.
  - 한글 자음 : +14
  - 한글 모음 : +10 또는 +21(이중모음 포함 시)
  - 알파벳 : +26

한글 자음의 숫자 변환

ㄱ	ㄴ	ㄷ	ㄹ	ㅁ	ㅂ	ㅅ	ㅇ	ㅈ	ㅊ	ㅋ	ㅌ	ㅍ	ㅎ
1	2	3	4	5	6	7	8	9	10	11	12	13	14
ㄱ	ㄴ	ㄷ	ㄹ	ㅁ	ㅂ	ㅅ	ㅇ	ㅈ	ㅊ	ㅋ	ㅌ	ㅍ	ㅎ
15	16	17	18	19	20	21	22	23	24	25	26	27	28

알파벳의 숫자 변환

A	B	C	D	E	F	G	H	I	J	K	L	M
1	2	3	4	5	6	7	8	9	10	11	12	13
N	O	P	Q	R	S	T	U	V	W	X	Y	Z
14	15	16	17	18	19	20	21	22	23	24	25	26

※ 일정한 규칙으로 문자를 나열할 때, 빈칸에 들어갈 알맞은 문자를 고르시오. **[1~3]**

01

	E	C	J	H	P	N	( )	

① W   ② Y
③ F   ④ U
⑤ Z

Easy

02

	ㄹ	ㄷ	ㅁ	ㄴ	ㅂ	( )

① ㄱ   ② ㄴ
③ ㄷ   ④ ㄹ
⑤ ㅍ

03

	S	ㅎ	十	G	ㅁ	( )

① 一   ② 二
③ 三   ④ 四
⑤ 五

PART 1

04 | 응용수리

| 유형분석 |

- (거리)=(속력)×(시간), (속력)=$\dfrac{(거리)}{(시간)}$, (시간)=$\dfrac{(거리)}{(속력)}$
- 기차와 터널의 길이, 물과 같이 속력이 있는 장소 등 추가적인 거리·속력·시간에 관한 조건과 결합하여 난도 높은 문제로 출제된다.

A사원은 회사 근처 카페에서 거래처와 미팅을 갖기로 했다. 처음에는 4km/h로 걸어가다가 약속 시간에 늦을 것 같아서 10km/h로 뛰어서 24분 만에 미팅 장소에 도착했다. 회사에서 카페까지의 거리가 2.5km일 때, A사원이 뛴 거리는?

① 0.6km ② 0.9km

③ 1.2km ④ 1.5km

⑤ 1.7km

정답 ④

총거리와 총시간이 주어져 있으므로 걸은 거리와 뛴 거리 또는 걸은 시간과 뛴 시간을 미지수로 잡을 수 있다.
미지수를 잡기 전에 문제에서 묻는 것을 정확하게 파악해야 나중에 답을 구할 때 헷갈리지 않는다.
문제에서 A사원이 뛴 거리를 물어보았으므로 거리를 미지수로 놓는다.
A사원이 회사에서 카페까지 걸어간 거리를 $x$km, 뛴 거리를 $y$km라고 하면,
회사에서 카페까지의 거리는 2.5km이므로 걸어간 거리 $x$km와 뛴 거리 $y$km를 합하면 2.5km이다.
$x+y=2.5$ … ㉠

A사원이 회사에서 카페까지 24분이 걸렸으므로 걸어간 시간$\left(\dfrac{x}{4}\text{시간}\right)$과 뛰어간 시간$\left(\dfrac{y}{10}\text{시간}\right)$을 합치면 24분이다.

이때 속력은 시간 단위이므로 '분'으로 바꾸어 계산한다.

$\dfrac{x}{4}\times 60+\dfrac{y}{10}\times 60=24$

→ $5x+2y=8$ … ㉡

㉠과 ㉡을 연립하여 ㉡−(2×㉠)을 하면 $x=1$이고, 구한 x의 값을 ㉠에 대입하면 $y=1.5$이다.
따라서 A사원이 뛴 거리는 $y$km이므로 1.5km이다.

유형풀이 Tip

- 미지수를 정할 때에는 문제에서 묻는 것을 정확하게 파악해야 한다.
- 속력과 시간의 단위를 처음부터 정리하여 계산하면 실수 없이 풀이할 수 있다.
  예 1시간=60분=3,600초
  예 1km=1,000m=100,000cm

Easy

01 현민이와 형빈이가 둘레가 1.5km인 공원 산책길을 걷고자 한다. 같은 출발점에서 동시에 출발하여 서로 반대 방향으로 걷기 시작하였다. 현민이는 60m/min, 형빈이는 90m/min의 속력으로 걸을 때, 두 사람이 만나는 것은 출발한 지 몇 분 후인가?

① 4분 후   ② 5분 후

③ 6분 후   ④ 8분 후

⑤ 10분 후

Hard

02 농도가 9%인 A소금물 300g과 농도가 11.2%인 B소금물 250g을 합쳐서 C소금물을 만들었다. C소금물을 20% 덜어내고 10g의 소금을 추가했을 때, 만들어진 소금물의 농도는?

① 12%   ② 13%

③ 14%   ④ 15%

⑤ 16%

03 S보험회사에 재직 중인 A사원이 혼자 보험안내 자료를 정리하는 데 15일이 걸리고 B사원과 같이 하면 6일 만에 끝낼 수 있다고 할 때, B사원 혼자 자료를 정리하는 데 걸리는 기간은?

① 8일   ② 9일

③ 10일   ④ 11일

⑤ 12일

04 S은행은 주 5일 평일에만 근무하는 것이 원칙이며, 재작년의 휴일 수는 105일이었다. 작년은 재작년과 같은 날만큼 쉬었으며 윤년이었다고 한다. 올해 S은행의 휴일 수는 총 며칠인가?(단, 휴일은 주말을 뜻한다)

① 103일   ② 104일

③ 105일   ④ 106일

⑤ 107일

05 S씨는 가격이 250만 원인 컴퓨터를 이달 초에 먼저 50만 원을 지불하고 남은 금액은 12개월 할부로 구매하고자 한다. 이자는 월이율 0.5%로 1개월마다 복리로 적용할 때 남은 금액을 한 달 후부터 일정한 금액으로 갚는다면, 매달 얼마씩 갚아야 하는가?(단, $1.005^{12}=1.062$로 계산하고, 십 원 단위에서 반올림한다)

① 168,700원
② 169,500원
③ 170,600원
④ 171,300원
⑤ 172,200원

06 서로 다른 소설책 7권과 시집 5권이 있다. 이 중에서 소설책 3권과 시집 2권을 선택하는 경우의 수는?

① 350가지
② 360가지
③ 370가지
④ 380가지
⑤ 390가지

07 흰색 탁구공 7개와 노란색 탁구공 5개가 들어있는 주머니에서 4개의 탁구공을 동시에 꺼낼 때, 흰색 탁구공이 노란색 탁구공보다 많을 확률은?

① $\dfrac{10}{33}$
② $\dfrac{14}{33}$
③ $\dfrac{17}{33}$
④ $\dfrac{20}{33}$
⑤ $\dfrac{23}{33}$

08 수인이는 베트남 여행을 위해 환전하기로 하였다. 다음은 S환전소의 환전 당일 환율 및 수수료를 나타낸 자료이다. 수인이가 한국 돈으로 베트남 현금 1,670만 동을 환전한다고 할 때, 수수료까지 포함하여 필요한 돈은 얼마인가?(단, 모든 계산 과정에서 구한 값의 십 원 단위 미만은 절사한다)

〈S환전소 환율 및 수수료〉

• 베트남 환율 : 483원/만 동
• 수수료 : 0.5%
• 우대사항 : 50만 원 이상 환전 시 70만 원까지 수수료 0.4%로 인하 적용
　　　　　　100만 원 이상 환전 시 총금액 수수료 0.4%로 인하 적용

① 808,840원　　　　　　　　② 808,940원

③ 809,840원　　　　　　　　④ 809,940원

⑤ 810,040원

Hard

09 S은행 콜센터에 근무 중인 귀하에게 B고객으로부터 금융 상품 해지 건이 접수되었다. 상담 결과 B고객은 1년 전에 M예금에 가입하였으나 불가피한 사정으로 해당 예금 상품을 해지할 계획이며, 해지할 경우 만기 시 받을 수 있는 금액과 중도해지 환급금의 차이가 얼마인지 문의하였다. B고객의 M예금 가입내역이 다음과 같을 때 귀하가 B고객에게 안내할 금액은?(단, 이자 소득에 대한 세금은 고려하지 않는다)

〈B고객의 M예금 가입내역〉

• 가입기간 : 5년
• 가입금액 : 100만 원
• 이자지급방식 : 만기일시지급, 단리식
• 기본금리 : 연 3.0%
• 우대금리 : 0.2%p(중도인출 및 해지 시에는 적용하지 않음)
• 중도해지이율(연 %, 세전)
　- 3개월 미만 : 0.2
　- 6개월 미만 : 0.3
　- 12개월 미만 : (기본금리)×10%
　- 18개월 미만 : (기본금리)×30%
　- 24개월 미만 : (기본금리)×40%
• 예금자 보호 여부 : 해당

① 103,000원　　　　　　　　② 126,000원

③ 151,000원　　　　　　　　④ 184,000원

⑤ 190,000원

05 | 자료계산

| 유형분석 |

- 문제에 주어진 조건과 정보를 활용하여 빈칸에 알맞은 수를 계산해낼 수 있는지 평가한다.

다음은 시·군지역의 성별 비경제활동 인구에 대해 조사한 자료이다. 빈칸 (가), (다)에 들어갈 수가 바르게 연결된 것은?(단, 인구수는 백의 자리에서 반올림하고, 비중은 소수점 첫째 자리에서 반올림한다)

〈성별 비경제활동 인구〉

(단위 : 천 명, %)

구분	총계	남자	비중	여자	비중
시지역	7,800	2,574	(가)	5,226	(나)
군지역	1,149	(다)	33.5	(라)	66.5

	(가)	(다)			(가)	(다)
①	30	385		②	30	392
③	33	378		④	33	385
⑤	33	392				

정답 ④

- (가) : $\dfrac{2,574}{7,800} \times 100 = 33\%$
- (다) : $1,149 \times 0.335 = 385$천 명

유형풀이 Tip

- 빈칸이 여러 개인 경우 계산이 간단한 한두 개의 빈칸의 값을 먼저 찾고, 역으로 대입하여 풀이 시간을 단축한다.
- 금융권 NCS 수리능력의 경우 마지막 자리까지 정확하게 계산하는 것을 요구한다. 따라서 선택지에 주어진 값의 차이가 크지 않다면 어림값을 활용하는 것이 오히려 풀이 속도를 지연시킬 수 있으므로 주의해야 한다.

Easy

01 다음은 S은행의 지역별 지점 수 증감과 관련한 자료이다. 2019년에 지점 수가 두 번째로 많은 지역의 지점 수는 몇 개인가?

〈지역별 지점 수 증감〉

(단위 : 개)

구분	2019년 대비 2020년 증감 수	2020년 대비 2021년 증감 수	2021년 대비 2022년 증감 수	2022년 지점 수
서울	2	2	-2	17
경기	2	1	-2	14
인천	-1	2	-5	10
부산	-2	-4	3	10

① 10개   ② 12개
③ 14개   ④ 16개
⑤ 18개

02 다음은 폐기물협회에서 제공하는 전국 폐기물 발생 현황 자료이다. 빈칸 (가), (나)에 들어갈 수가 바르게 연결된 것은?(단, 소수점 둘째 자리에서 반올림한다)

〈전국 폐기물 발생 현황〉

(단위 : 톤 / 일, %)

구분		2019년	2020년	2021년	2022년	2023년	2024년
총계	발생량	359,296	357,861	365,154	373,312	382,009	382,081
	증감률	6.6	-0.4	2.0	2.2	2.3	0.02
의료 폐기물	발생량	52,072	50,906	49,159	48,934	48,990	48,728
	증감률	3.4	-2.2	-3.4	(가)	0.1	-0.5
사업장 배출시설계 폐기물	발생량	130,777	123,604	137,875	137,961	146,390	149,815
	증감률	13.9	(나)	11.5	0.1	6.1	2.3
건설 폐기물	발생량	176,447	183,351	178,120	186,417	186,629	183,538
	증감률	2.6	3.9	-2.9	4.7	0.1	-1.7

    (가)   (나)
①   -0.5   -5.5
②   -0.5   -4.5
③   -0.6   -5.5
④   -0.6   -4.5
⑤   -0.7   -5.5

03 2024년 상반기 S은행 상품기획팀 입사자 수는 2023년 하반기에 비해 20% 감소하였으며, 2024년 상반기 인사팀 입사자 수는 2023년 하반기 마케팅팀 입사자 수의 2배이고, 영업팀 입사자는 2023년 하반기보다 30명이 늘었다. 2024년 상반기 마케팅팀의 입사자 수는 2024년 상반기 인사팀의 입사자 수와 같다. 2024년 상반기 전체 입사자가 2023년 하반기 대비 25% 증가했을 때, 2023년 하반기 대비 2024년 상반기 인사팀 입사자 수의 증감률은?

〈S은행 입사자 수〉

(단위 : 명)

구분	마케팅	영업	상품기획	인사	합계
2023년 하반기 입사자 수	50		100		320

① -15% 　　　　　② 0%

③ 15% 　　　　　④ 25%

⑤ 30%

04 다음은 2024년 G시 5개 구 주민의 돼지고기 소비량에 대한 자료이다. 〈조건〉을 이용하여 변동계수가 3번째로 큰 구를 구하면?

〈5개 구 주민의 돼지고기 소비량 통계〉

(단위 : kg)

구분	평균(1인당 소비량)	표준편차
A구	( )	5
B구	( )	4
C구	30	6
D구	12	4
E구	( )	8

※ (변동계수)$=\dfrac{(표준편차)}{(평균)}\times100$

조건
- A구의 1인당 소비량과 B구의 1인당 소비량을 합하면 C구의 1인당 소비량과 같다.
- A구의 1인당 소비량과 D구의 1인당 소비량을 합하면 E구 1인당 소비량의 2배와 같다.
- E구의 1인당 소비량은 B구의 1인당 소비량보다 6kg 더 많다.

① A구 　　　　　② B구

③ C구 　　　　　④ D구

⑤ E구

05 다음은 실업자 및 실업률 추이에 대한 자료이다. 2023년 11월의 실업률은 2024년 2월 대비 얼마나 증감했는가?(단, 소수점 첫째 자리에서 반올림한다)

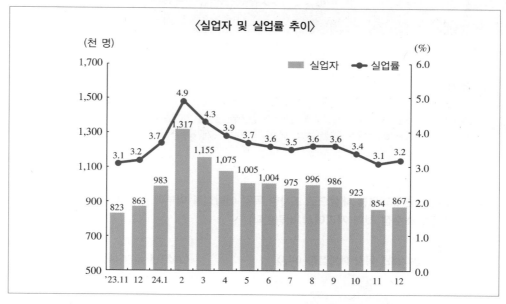

① − 37%

② − 36%

③ − 35%

④ + 37%

⑤ + 39%

06 | 자료추론

| 유형분석 |

- 문제에 주어진 상황과 정보를 적절하게 활용하여 잘못된 내용을 찾아낼 수 있는지 평가한다.
- 비율·증감폭·증감률·수익(손해)율 등의 계산을 요구하는 문제가 출제된다.

다음은 S회사 직원 250명을 대상으로 조사한 독감 예방접종 여부에 대한 자료이다. 이에 대한 설명으로 옳은 것은?(단, 소수점 첫째 자리에서 버림한다)

〈부서별 직원 현황〉

(단위 : %)

구분	총무부서	회계부서	영업부서	제조부서	합계
비율	16	12	28	44	100

※ 제시된 것 외의 부서는 없다.
※ 2023년과 2024년 부서별 직원 현황은 변동이 없다.

① 2023년의 독감 예방접종자가 모두 2024년에도 예방접종을 했다면, 2023년에는 예방접종을 하지 않았지만 2024년에 예방접종을 한 직원은 총 54명이다.

② 2023년 대비 2024년에 예방접종을 한 직원의 수는 49% 이상 증가했다.

③ 위의 2024년 독감 예방접종 여부 그래프가 2023년의 예방접종을 하지 않은 직원들을 대상으로 2024년의 독감 예방접종 여부를 조사한 자료라고 한다면, 2023년과 2024년 모두 예방접종을 하지 않은 직원은 총 65명이다.

④ 위의 2023년과 2024년의 독감 예방접종 여부 그래프가 총무부서에 대한 자료라고 한다면, 총무부서 직원 중 예방접종을 한 직원은 2023년 대비 2024년에 약 7명 증가했다.

⑤ 제조부서를 제외한 모든 부서에서는 직원들이 모두 2024년에 예방접종을 했다고 할 때, 제조부서 직원 중 예방접종을 한 직원의 비율은 2%이다.

정답 ④

총무부서 직원은 총 $250 \times 0.16 = 40$명이다. 2023년과 2024년의 독감 예방접종 여부 그래프가 총무부서에 대한 자료라고 한다면, 총무부서 직원 중 2023년과 2024년의 예방접종자 수의 비율 차는 $56 - 38 = 18$%p이다.

따라서 $40 \times 0.18 = 7.2$이므로 2023년 대비 2024년에 약 7명 증가했다.

오답분석

① 2023년 독감 예방접종자 수는 $250 \times 0.38 = 95$명, 2024년 독감 예방접종자 수는 $250 \times 0.56 = 140$명이므로, 2023년에는 예방접종을 하지 않았지만, 2024년에는 예방접종을 한 직원은 총 $140 - 95 = 45$명이다.

② 2023년의 예방접종자 수는 95명이고, 2024년의 예방접종자 수는 140명이다. 따라서 $\frac{140 - 95}{95} \times 100 \fallingdotseq 47$% 증가했다.

③ 2024년의 독감 예방접종 여부 그래프가 2023년의 예방접종을 하지 않은 직원들을 대상으로 2024년의 독감 예방접종 여부를 조사한 자료라고 한다면, 2023년과 2024년 모두 예방접종을 하지 않은 직원은 총 $250 \times 0.62 \times 0.44 \fallingdotseq 68$명이다.

⑤ 제조부서를 제외한 직원은 $250 \times (1 - 0.44) = 140$명이고, 2024년에 예방접종을 한 직원은 $250 \times 0.56 = 140$명이다. 따라서 제조부서 직원 중 예방접종을 한 직원은 없다.

유형풀이 Tip

[증감률(%)] : $\dfrac{\text{(비교값)} - \text{(기준값)}}{\text{(기준값)}} \times 100$

예 S은행의 작년 신입사원 수는 500명이고, 올해는 700명이다. S은행의 전년 대비 올해 신입사원 수의 증가율은?

$\dfrac{700 - 500}{500} \times 100 = \dfrac{200}{500} \times 100 = 40\%$ → 전년 대비 40% 증가하였다.

예 S은행의 올해 신입사원 수는 700명이고, 내년에는 350명을 채용할 예정이다. S은행의 올해 대비 내년 신입사원 수의 감소율은?

$\dfrac{350 - 700}{700} \times 100 = -\dfrac{350}{700} \times 100 = -50\%$ → 올해 대비 50% 감소할 것이다.

01 다음은 국민연금 수급자 급여 실적에 대한 자료이다. 이에 대한 설명으로 옳은 것은?

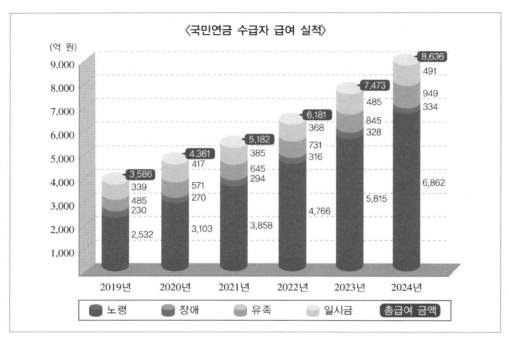

〈국민연금 수급자 급여 실적〉

① 유족연금 지급액은 매년 가장 낮다.

② 2020 ~ 2024년까지 모든 항목의 연금 지급액은 매년 증가하고 있다.

③ 2019년 대비 지급 총액이 처음으로 2배를 넘어선 해는 2021년이다.

④ 노령연금 대비 유족연금 비율은 2019년이 2020년보다 높다.

⑤ 2019년에 비해 2024년 증가율이 가장 크게 상승한 분야는 유족연금이다.

02 다음은 청년층 고용동향에 대한 자료이다. 이에 대한 설명으로 옳지 않은 것은?

〈청년층(15 ~ 26세) 고용률 및 실업률〉

※ 실업률 : $\dfrac{(실업자\ 수)}{(경제활동인구)} \times 100$

※ 고용률 : $\dfrac{(취업자\ 수)}{(생산가능인구)} \times 100$

〈청년층(15 ~ 26세) 고용동향〉

(단위 : 천 명, %)

구분	2017년	2018년	2019년	2020년	2021년	2022년	2023년	2024년
생산가능인구	9,920	9,843	9,855	9,822	9,780	9,680	9,589	9,517
경제활동인구	4,836	4,634	4,530	4,398	4,304	4,254	4,199	4,156
경제활동참가율	48.8	47.1	46.0	44.8	44.0	43.9	43.8	43.7

※ 생산가능인구 : 만 15세 이상 인구
※ 경제활동인구 : 만 15세 이상 인구 중 취업자와 실업자

※ 경제활동참가율 : $\dfrac{(경제활동인구)}{(생산가능인구)} \times 100$

① 2018 ~ 2020년까지 청년층 고용률과 실업률의 전년 대비 증감 추이는 동일하다.
② 전년과 비교했을 때, 2018년에 경제활동인구가 가장 많이 감소했다.
③ 생산가능인구는 매년 감소하고 있다.
④ 고용률 대비 실업률 비율이 가장 높았던 해는 2021년이다.
⑤ 경제활동참가율은 매년 감소하고 있다.

03 다음은 민간 분야 사이버 침해사고 발생 현황에 대한 자료이다. 이에 대한 〈보기〉의 설명 중 옳지 않은 것을 모두 고르면?

〈민간 분야 사이버 침해사고 발생 현황〉

(단위 : 건)

구분	2021년	2022년	2023년	2024년
홈페이지 변조	650	900	600	390
스팸릴레이	100	90	80	40
기타 해킹	300	150	170	165
단순 침입시도	250	300	290	175
피싱 경유지	200	430	360	130
전체	1,500	1,870	1,500	900

보기
㉠ 단순 침입시도 분야의 침해사고는 매년 스팸릴레이 분야의 침해사고 건수의 2배 이상이다.
㉡ 2021년 대비 2024년 침해사고 건수가 50% 이상 감소한 분야는 2개이다.
㉢ 2023년 전체 침해사고 건수 중 홈페이지 변조 분야의 침해사고 건수가 차지하는 비중은 35% 이상이다.
㉣ 2022년 대비 2024년은 모든 분야의 침해사고 건수가 감소하였다.

① ㉠, ㉡
② ㉠, ㉣
③ ㉡, ㉢
④ ㉡, ㉣
⑤ ㉢, ㉣

Hard

04 다음은 2024년 하반기 USD, EUR, JPY 100 환율을 나타낸 자료이다. 통화별 환율을 고려한 설명으로 옳은 것은?

〈2024년 하반기 월별 원/달러, 원/유로, 원/100엔 환율〉

환율＼월	7월	8월	9월	10월	11월	12월
원/달러	1,110.00	1,112.00	1,112.00	1,115.00	1,122.00	1,125.00
원/유로	1,300.50	1,350.00	1,450.00	1,380.00	1,400.00	1,470.00
원/100엔	1,008.00	1,010.00	1,050.00	1,050.00	1,075.00	1,100.00

① 8월부터 11월까지 원/달러 환율과 원/100엔 환율의 전월 대비 증감 추이는 동일하다.
② 유로/달러 환율은 11월이 10월보다 낮다.
③ 한국에 있는 A가 유학을 위해 학비로 준비한 원화를 9월에 환전한다면 미국보다 유럽으로 가는 것이 경제적으로 더 이득이다.
④ 12월 원/100엔 환율은 7월 대비 10% 이상 상승하였다.
⑤ 일본에 있는 B가 한국에 송금을 한다면, 11월보다는 7월에 하는 것이 더 경제적이다.

05 다음은 S기업의 금융 구조조정 자금 총지원 현황에 대한 자료이다. 이에 대한 〈보기〉의 설명 중 옳은 것을 모두 고르면?

〈금융 구조조정 자금 총지원 현황〉

(단위 : 억 원)

구분	은행	증권사	보험사	제2금융	저축은행	협동조합	소계
출자	222,039	99,769	159,198	26,931	1	0	507,938
출연	139,189	4,143	31,192	7,431	4,161	0	186,116
부실자산 매입	81,064	21,239	3,495	0	0	0	105,798
보험금 지급	0	113	0	182,718	72,892	47,402	303,125
대출	0	0	0	0	5,969	0	5,969
총계	442,292	125,264	193,885	217,080	83,023	47,402	1,108,946

보기

㉠ 출자 부문에서 은행이 지원받은 금융 구조조정 자금은 증권사가 지원받은 금융 구조조정 자금의 3배 이상이다.
㉡ 보험금 지급 부문에서 지원된 금융 구조조정 자금 중 저축은행이 지원받은 금액의 비중은 20%를 초과한다.
㉢ 제2금융에서 지원받은 금융 구조조정 자금 중 보험금 지급 부문으로 지원받은 금액이 차지하는 비중은 80% 이상이다.
㉣ 부실자산 매입 부문에서 지원된 금융 구조조정 자금 중 은행이 지급받은 금액의 비중은 보험사가 지급받은 금액 비중의 20배 이상이다.

① ㉠
② ㉡, ㉣
③ ㉢, ㉣
④ ㉠, ㉡, ㉢
⑤ ㉡, ㉢, ㉣

07 | 자료변환

| 유형분석 |

- 그래프의 형태별 특징을 파악하고, 다양한 종류로 변환하여 표현할 수 있는지 평가한다.
- 수치를 일일이 확인하기보다 증감 추이를 먼저 판단한 후 그래프 모양이 크게 차이 나는 곳의 수치를 확인하는 것이 효율적이다.

다음 중 2020 ~ 2024년 S기업의 매출표를 그래프로 나타낸 것으로 옳은 것은?

〈S기업 매출표〉

(단위 : 억 원)

구분	2020년	2021년	2022년	2023년	2024년
매출액	1,485	1,630	1,410	1,860	2,055
매출원가	1,360	1,515	1,280	1,675	1,810
판관비	30	34	41	62	38

※ (영업이익)=(매출액)−[(매출원가)+(판관비)]
※ (영업이익률)=[(영업이익)÷(매출액)]×100

① 2020 ~ 2024년 영업이익

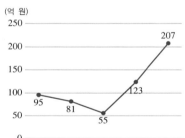

② 2020 ~ 2024년 영업이익

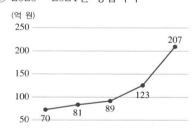

③ 2020 ~ 2024년 영업이익률

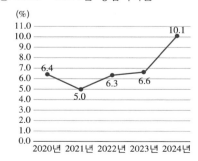

④ 2020 ~ 2024년 영업이익률

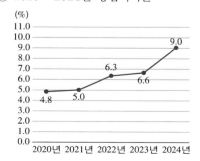

⑤ 2020 ~ 2024년 영업이익률

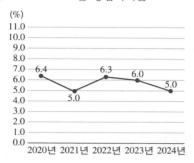

정답 ③

연도별 영업이익과 영업이익률은 다음과 같다.

(단위 : 억 원)

구분	2020년	2021년	2022년	2023년	2024년
매출액	1,485	1,630	1,410	1,860	2,055
매출원가	1,360	1,515	1,280	1,675	1,810
판관비	30	34	41	62	38
영업이익	95	81	89	123	207
영업이익률	6.4%	5.0%	6.3%	6.6%	10.1%

따라서 제시된 자료를 바르게 변환한 것으로 옳은 것은 ③이다.

유형풀이 Tip

그래프의 종류

종류	내용
선 그래프	시간적 추이(시계열 변화)를 표시하고자 할 때 적합 예 연도별 매출액 추이 변화
막대 그래프	수량 간의 대소관계를 비교하고자 할 때 적합 예 영업소별 매출액
원 그래프	내용의 구성비를 분할하여 나타내고자 할 때 적합 예 제품별 매출액 구성비
층별 그래프	합계와 각 부분의 크기를 백분율로 나타내고 시간적 변화를 보고자 할 때 적합 예 상품별 매출액 추이
점 그래프	지역분포를 비롯한 기업 등의 평가나 위치, 성격을 표시하고자 할 때 적합 예 광고비율과 이익률의 관계
방사형 그래프	다양한 요소를 비교하고자 할 때 적합 예 매출액의 계절변동

01 다음은 S국 국회의원의 SNS 이용자 수 현황을 나타낸 자료이다. 이를 이용하여 작성한 그래프로 옳지 않은 것은?(단, 소수점 둘째 자리에서 반올림한다)

〈S국 국회의원의 SNS 이용자 수 현황〉

(단위 : 명)

구분	정당	당선 횟수별				당선 유형별		성별	
		초선	2선	3선	4선 이상	지역구	비례대표	남자	여자
여당	A	82	29	22	12	126	19	123	22
야당	B	29	25	13	6	59	14	59	14
	C	7	3	1	1	7	5	10	2
합계		118	57	36	19	192	38	192	38

① 국회의원의 여야별 SNS 이용자 수

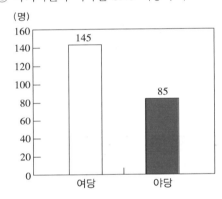

② 남녀 국회의원의 여야별 SNS 이용자 구성비

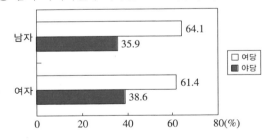

③ 야당 국회의원의 당선 횟수별 SNS 이용자 구성비

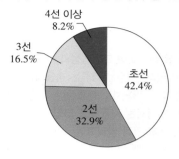

④ 2선 이상 국회의원의 정당별 SNS 이용자 수

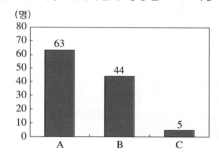

⑤ 여당 국회의원의 당선 유형별 SNS 이용자 구성비

02 다음 보고서의 내용을 보고 그래프로 나타낼 때 옳지 않은 것은?

〈보고서〉

2020 ~ 2024년까지 시도별 등록된 자동차의 제반사항을 파악하여 교통행정의 기초자료로 쓰기 위해 매년 전국을 대상으로 자동차 등록 통계를 시행하고 있다. 자동차 종류는 승용차, 승합차, 화물차, 특수차이며 등록할 때 사용목적에 따라 자가용, 영업용, 관용차로 분류된다. 그중 관용차는 정부(중앙, 지방)기관이나 국립 공공기관 등에 소속되어 운행되는 자동차를 말한다.
자가용으로 등록한 자동차 종류 중에서 매년 승용차의 수가 가장 많았으며, 2020년 16.5백만 대, 2021년 17.1백만 대, 2022년 17.6백만 대, 2023년 18백만 대, 2024년 18.1백만 대로 2021년부터 전년 대비 증가하는 추세이다. 다음으로 화물차가 많았고, 승합차, 특수차 순으로 등록 수가 많았다. 가장 등록 수가 적은 특수차의 경우 2020년에 2만 대였고, 2022년까지 4천 대씩 증가했으며 2023년 3만 대, 2024년에는 전년 대비 700대가 많아졌다.
관용차로 등록된 승용차 및 화물차 수는 각각 2021년부터 3만 대를 초과했으며 승합차의 경우 2020년 20,260대, 2021년 21,556대, 2022년 22,540대, 2023년 23,014대, 2024년에 22,954대가 등록되었고, 특수차는 매년 2,500대 이상 등록되고 있는 현황이다.
특수차가 가장 많이 등록되는 영업용에서 2020년 57,277대, 2021년 59,281대로 6만 대 미만이었지만, 2022년에는 60,902대, 2023년 62,554대, 2024년에 62,946대였으며, 승합차는 매년 약 12.5만 대를 유지하고 있다. 승용차와 화물차는 2021 ~ 2024년까지 전년 대비 영업용으로 등록되는 자동차 수가 계속 증가하는 추세이다.

① 자가용으로 등록된 연도별 특수차 수

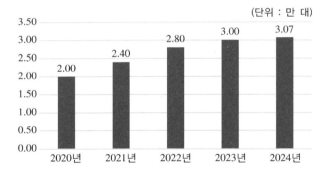

② 자가용으로 등록된 연도별 승용차 수

③ 영업용으로 등록된 연도별 특수차 수

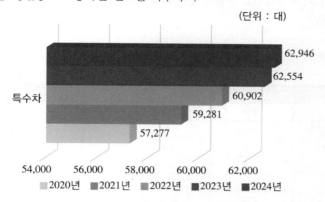

④ 2021 ~ 2024년 영업용으로 등록된 특수차의 전년 대비 증가량

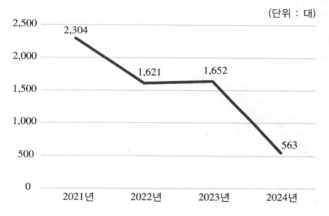

⑤ 관용차로 등록된 연도별 승합차 수

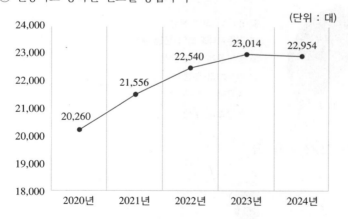

03 다음은 S지역의 연도별 아파트 분쟁신고 현황에 대한 자료이다. 〈보기〉 중 이를 그래프로 바르게 변환한 것을 모두 고르면?

〈연도별 아파트 분쟁신고 현황〉

(단위 : 건)

구분	2021년	2022년	2023년	2024년
관리비 회계 분쟁	220	280	340	350
입주자대표회의 운영 분쟁	40	60	100	120
정보공개 관련 분쟁	10	20	10	30
하자처리 분쟁	20	10	10	20
여름철 누수 분쟁	80	110	180	200
층간소음 분쟁	430	520	860	1,280

 보기

㉠ 연도별 층간소음 분쟁 현황

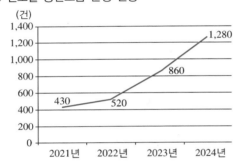

㉡ 2022년 아파트 분쟁신고 현황

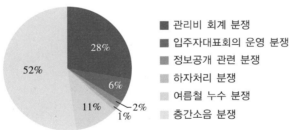

- 관리비 회계 분쟁
- 입주자대표회의 운영 분쟁
- 정보공개 관련 분쟁
- 하자처리 분쟁
- 여름철 누수 분쟁
- 층간소음 분쟁

㉢ 전년 대비 아파트 분쟁신고 증가율

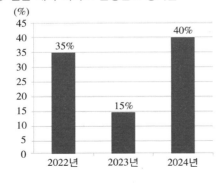

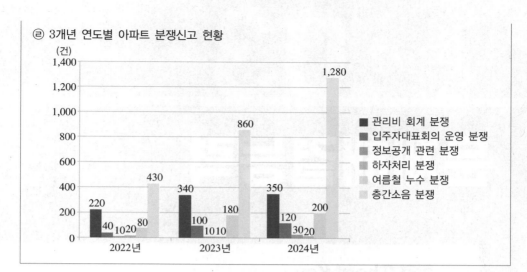

ⓔ 3개년 연도별 아파트 분쟁신고 현황

(건)

범례:
- 관리비 회계 분쟁
- 입주자대표회의 운영 분쟁
- 정보공개 관련 분쟁
- 하자처리 분쟁
- 여름철 누수 분쟁
- 층간소음 분쟁

2022년: 220, 40, 10, 20, 80, 430
2023년: 340, 100, 10, 10, 180, 860
2024년: 350, 120, 30, 20, 200, 1,280

① ㉠, ㉡
② ㉠, ㉢
③ ㉡, ㉢
④ ㉡, ㉣
⑤ ㉢, ㉣

문제해결능력

합격 Cheat Key

문제해결능력은 업무를 수행하면서 여러 가지 문제 상황이 발생하였을 때, 창의적이고 논리적인 사고를 통하여 이를 올바르게 인식하고 적절히 해결하는 능력을 말한다. 하위능력으로는 사고력과 문제처리능력이 있다.

문제해결능력은 NCS 기반 채용을 진행하는 대다수의 금융권에서 채택하고 있다. 하지만 많은 수험생들은 다른 영역에 몰입하고 문제해결능력은 집중하지 않는 실수를 하고 있다. 다른 영역보다 더 많은 노력이 필요할 수는 있지만 그렇기에 차별화를 할 수 있는 득점 영역이므로 포기하지 말고 꾸준하게 노력해야 한다.

1 질문의 의도를 정확하게 파악하라!

문제해결능력은 문제에서 무엇을 묻고 있는지 정확하게 파악하여 먼저 풀이 방향을 설정하는 것이 가장 효율적인 방법이다. 특히 조건이 주어지고 답을 찾는 창의적·분석적인 문제가 주로 출제되고 있기 때문에 처음에 정확한 풀이 방향이 설정되지 않는다면 시간만 허비하고 결국 문제도 풀지 못하게 되므로 첫 번째로 출제의도 파악에 집중해야 한다.

2 　중요한 정보는 반드시 표시하라!

위에서 말한 출제의도를 정확히 파악하기 위해서는 문제의 중요한 정보는 반드시 표시나 메모를 하여 하나의 조건, 단서도 잊고 넘어가는 일이 없도록 해야 한다. 실제 시험에서는 시간의 압박과 긴장감으로 정보를 잘못 적용하거나 잊어버리는 실수가 많이 발생하므로 사전에 충분한 연습이 필요하다. 가령 명제 문제의 경우 주어진 명제와 그 명제의 대우를 본인이 한눈에 파악할 수 있도록 기호화, 도식화하여 메모하면 흐름을 이해하기가 더 수월하다. 이를 통해 자신만의 풀이 순서와 방향, 기준 또한 생길 것이다.

3 　반복 풀이를 통해 취약 유형을 파악하라!

길지 않은 한정된 시간 동안 모든 문제를 다 푸는 것은 조금은 어려울 수도 있다. 따라서 고득점을 할 수 있는 효율적인 문제 풀이 방법을 찾아야 한다. 이때, 반복적인 문제 풀이를 통해 자신이 취약한 유형을 파악하는 것이 중요하다. 취약 유형 파악은 종료 시간이 임박했을 때 빛을 발할 것이다. 풀 수 있는 문제부터 빠르게 풀고 취약한 유형은 나중에 푸는 효율적인 문제 풀이를 통해 최대한의 고득점을 하는 것이 중요하다. 그러므로 본인의 취약 유형을 파악하기 위해서는 많은 문제를 풀어봐야 한다.

4 　타고나는 것이 아니므로 열심히 노력하라!

대부분의 수험생들이 문제해결능력은 공부해도 실력이 늘지 않는 영역이라고 생각한다. 하지만 그렇지 않다. 문제해결능력이야말로 노력을 통해 충분히 고득점이 가능한 영역이다. 정확한 질문 의도 파악, 취약한 유형의 반복적인 풀이, 빈출유형 파악 등의 방법으로 충분히 실력을 향상시킬 수 있다. 자신감을 갖고 공부하기 바란다.

01 | 명제

| 유형분석 |

- 연역추론을 활용해 주어진 문장을 치환하여 성립하지 않는 내용을 찾는 문제이다.

다음 명제가 모두 참일 때, 반드시 참인 명제는?

- 재현이가 춤을 추면 서현이나 지훈이가 춤을 춘다.
- 재현이가 춤을 추지 않으면 종열이가 춤을 춘다.
- 종열이가 춤을 추지 않으면 지훈이도 춤을 추지 않는다.
- 종열이는 춤을 추지 않았다.

① 재현이만 춤을 추었다.   ② 서현이만 춤을 추었다.

③ 지훈이만 춤을 추었다.   ④ 재현이와 서현이 모두 춤을 추었다.

⑤ 아무도 춤을 추지 않았다.

정답 ④

먼저 이름의 첫 글자만 이용하여 명제를 도식화한다. 재 ○ → 서 or 지 ○, 재 × → 종 ○, 종 × → 지 ×, 종 ×
세 번째, 네 번째 명제에 의해 종열이와 지훈이는 춤을 추지 않았다. 종 × → 지 ×
또한, 두 번째 명제의 대우(종 × → 재 ○)에 의해 재현이가 춤을 추었다.
마지막으로 첫 번째 명제에 따라 서현이가 춤을 추었다. 따라서 '재현이와 서현이 모두 춤을 추었다.'는 반드시 참이다.

유형풀이 Tip

- 명제 유형의 문제에서는 항상 '명제의 역은 성립하지 않지만, 대우는 항상 성립한다.'
- 단어의 첫 글자나 알파벳을 이용하여 명제를 도식화한 후 명제의 대우를 활용하여 각 명제들을 연결하여 답을 찾는다.
  예 채식주의자라면 고기를 먹지 않을 것이다.
    → (역) 고기를 먹지 않으면 채식주의자이다.
    → (이) 채식주의자가 아니라면 고기를 먹을 것이다.
    → (대우) 고기를 먹는다면 채식주의자가 아닐 것이다.

명제의 역, 이, 대우
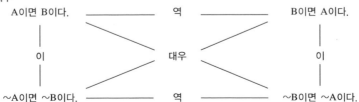

※ 다음 명제가 모두 참일 때, 빈칸에 들어갈 명제로 가장 적절한 것을 고르시오. [1~2]

Easy

01

> • 하루에 두 끼를 먹는 어떤 사람도 뚱뚱하지 않다.
> • 아침을 먹는 모든 사람은 하루에 두 끼를 먹는다.
> • 따라서 _____

① 하루에 세 끼를 먹는 사람이 있다.

② 아침을 먹는 모든 사람은 뚱뚱하지 않다.

③ 뚱뚱하지 않은 사람은 하루에 두 끼를 먹는다.

④ 하루에 한 끼를 먹는 사람은 뚱뚱하지 않다.

⑤ 아침을 먹는 어떤 사람은 뚱뚱하다.

02

> • 축산산업이 발전하면 소득이 늘어난다.
> • 해외 수입이 줄어들면 축산산업이 발전한다.
> • 따라서 _____

① 해외 수입이 줄어들면 소득이 줄어든다.

② 해외 수입이 늘어나면 소득이 늘어난다.

③ 축산산업이 발전하지 않으면 소득이 늘어난다.

④ 축산산업이 발전하면 소득이 줄어든다.

⑤ 해외 수입이 줄어들면 소득이 늘어난다.

※ 다음 명제가 모두 참일 때, 반드시 참인 명제를 고르시오. [3~4]

03

> • A가 외근을 나가면 B도 외근을 나간다.
> • A가 외근을 나가면 D도 외근을 나간다.
> • D가 외근을 나가면 E도 외근을 나간다.
> • C가 외근을 나가지 않으면 B도 외근을 나가지 않는다.
> • D가 외근을 나가지 않으면 C도 외근을 나가지 않는다.

① B가 외근을 나가면 A도 외근을 나간다.
② D가 외근을 나가면 C도 외근을 나간다.
③ A가 외근을 나가면 E도 외근을 나간다.
④ C가 외근을 나가지 않으면 D도 외근을 나가지 않는다.
⑤ B가 외근을 나가지 않으면 D도 외근을 나가지 않는다.

04

> • 등산을 하는 사람은 심폐지구력이 좋다.
> • 심폐지구력이 좋은 어떤 사람은 마라톤 대회에 출전한다.
> • 자전거를 타는 사람은 심폐지구력이 좋다.
> • 자전거를 타는 어떤 사람은 등산을 한다.

① 등산을 하는 어떤 사람은 마라톤 대회에 출전한다.
② 자전거를 타는 어떤 사람은 마라톤 대회에 출전한다.
③ 마라톤 대회에 출전하는 사람은 등산을 하지 않는다.
④ 심폐지구력이 좋은 어떤 사람은 등산을 하고 자전거도 탄다.
⑤ 심폐지구력이 좋은 사람 중 등산을 하고 자전거를 타고, 마라톤 대회에 출전하는 사람은 없다.

05 아마추어 야구 리그에서 활동하는 A ~ D팀은 빨간색, 노란색, 파란색, 보라색 중에서 매년 상징하는 색을 바꾸고 있다. 다음 〈조건〉을 참고할 때, 반드시 참인 것은?

> **조건**
> • 하나의 팀은 하나의 상징색을 갖는다.
> • 이전에 사용했던 상징색을 다시 사용할 수는 없다.
> • A팀과 B팀은 빨간색을 사용한 적이 있다.
> • B팀과 C팀은 보라색을 사용한 적이 있다.
> • D팀은 노란색을 사용한 적이 있고, 파란색을 선택하였다.

① A팀은 파란색을 사용한 적이 있어 다른 색을 골라야 한다.
② A팀의 상징색은 노란색이 될 것이다.
③ C팀은 파란색을 사용한 적이 있을 것이다.
④ C팀의 상징색은 빨간색이 될 것이다.
⑤ D팀은 보라색을 사용한 적이 있다.

Hard

06 S은행의 부산 지점에서 근무 중인 A과장, B대리, C대리, D대리, E사원은 2명 또는 3명으로 팀을 이루어 세종특별자치시, 서울특별시, 광주광역시, 인천광역시 네 지역으로 출장을 가야 한다. 지역별로 출장을 가는 팀을 구성한 결과가 다음 〈조건〉과 같을 때, 항상 참이 되는 것은?(단, 모든 직원은 1회 이상 출장을 가며, 지역별 출장일은 서로 다르다)

> **조건**
> • A과장은 네 지역으로 모두 출장을 간다.
> • B대리는 광역시가 아닌 모든 지역으로 출장을 간다.
> • C대리와 D대리가 함께 출장을 가는 경우는 단 한 번뿐이다.
> • 광주광역시에는 E사원을 포함한 2명의 직원이 출장을 간다.
> • 한 지역으로만 출장을 가는 사람은 E사원뿐이다.

① B대리는 D대리와 함께 출장을 가지 않는다.
② B대리는 C대리와 함께 출장을 가지 않는다.
③ C대리는 서울특별시로 출장을 가지 않는다.
④ D대리는 세종특별자치시로 출장을 가지 않는다.
⑤ D대리는 E사원과 함께 출장을 가지 않는다.

02 | 참·거짓

| 유형분석 |

• 주어진 문장을 토대로 논리적으로 추론하여 참 또는 거짓을 구분하는 문제이다.

이번 학기에 4개의 강좌 A ~ D가 새로 개설되는데, 강사 갑 ~ 무 중 4명이 한 강좌씩 맡으려 한다. 배정 결과를 궁금해 하는 5명은 다음 〈조건〉과 같이 예측했다. 배정 결과를 보니 이들의 진술 중 1명의 진술만이 거짓이고 나머지는 참임이 드러났을 때, 바르게 추론한 것은?

조건

• 갑 : 을이 A강좌를 담당하고 병은 강좌를 담당하지 않을 것이다.
• 을 : 병이 B강좌를 담당할 것이다.
• 병 : 정은 D강좌가 아닌 다른 강좌를 담당할 것이다.
• 정 : 무가 D강좌를 담당할 것이다.
• 무 : 을의 말은 거짓일 것이다.

① 갑은 A강좌를 담당한다.　　　　　　② 을은 C강좌를 담당한다.
③ 병은 강좌를 담당하지 않는다.　　　　④ 정은 D강좌를 담당한다.
⑤ 무는 B강좌를 담당한다.

정답 ③

을과 무의 진술이 모순되므로 둘 중 1명은 참, 다른 1명은 거짓이다. 여기서 을의 진술이 참일 경우 갑의 진술도 거짓이 되어 2명이 거짓을 진술한 것이 되므로 문제의 조건에 위배된다. 그러므로 을의 진술이 거짓, 무의 진술이 참이다. 따라서 A강좌는 을이, B와 C강좌는 각각 갑과 정 중 1명이, D강좌는 무가 담당하고, 병은 강좌를 담당하지 않는다.

유형풀이 Tip

참·거짓 유형의 90% 이상은 다음 두 가지 방법으로 풀 수 있다.
주어진 진술을 빠르게 훑으며 다음 두 가지 중 어떤 경우에 해당하는지 확인한 후 문제를 풀어나간다.
1) 2명 이상의 발언 중 한쪽이 진실이면 다른 한쪽이 거짓인 경우
　① A가 진실이고 B가 거짓인 경우, B가 진실이고 A가 거짓인 경우 두 가지로 나눌 수 있다.
　② 두 가지 경우에서 각 발언의 진위 여부를 판단한다.
　③ 주어진 조건과 비교한다(범인의 숫자가 맞는지, 진실 또는 거짓을 말한 인원수가 조건과 맞는지 등).
2) 2명 이상의 발언 중 한쪽이 진실이면 다른 한쪽도 진실인 경우와 한쪽이 거짓이면 다른 한쪽도 거짓인 경우
　① A와 B가 모두 진실인 경우, A와 B가 모두 거짓인 경우 두 가지로 나눌 수 있다.
　② 두 가지 경우에서 각 발언의 진위 여부를 판단하여 범인을 찾는다.
　③ 주어진 조건과 비교한다(범인의 숫자가 맞는지, 진실 또는 거짓을 말한 인원수가 조건과 맞는지 등).

Easy

01   5명의 취업준비생 갑 ~ 무가 S그룹에 지원하여 1명이 합격하였다. 취업준비생들은 다음과 같이 이야기하였으며, 이들 중 1명이 거짓말을 한다고 할 때, 합격한 사람은?

- 갑 : 을은 합격하지 않았다.
- 을 : 합격한 사람은 정이다.
- 병 : 내가 합격하였다.
- 정 : 을의 말은 거짓말이다.
- 무 : 나는 합격하지 않았다.

---

① 갑   ② 을
③ 병   ④ 정
⑤ 무

02   체육 수업으로 인해 한 학급의 학생들이 모두 교실을 비운 사이 도난 사건이 발생했다. 담임 선생님은 체육 수업에 참여하지 않은 A ~ E 5명과 상담을 진행하였고, 이들은 다음과 같이 진술하였다. 이들 중 2명의 학생은 거짓말을 하고 있으며, 거짓말을 하는 학생 중 1명이 범인이라고 할 때, 범인은?

- A : 저는 그 시간에 교실에 간 적이 없어요. 저는 머리가 아파 양호실에 누워있었어요.
- B : A의 말은 사실이에요. 제가 넘어져서 양호실에 갔었는데, A가 누워있는 것을 봤어요.
- C : 저는 정말 범인이 아니에요. A가 범인이에요.
- D : B의 말은 모두 거짓이에요. B는 양호실에 가지 않았어요.
- E : 사실 저는 C가 다른 학생의 가방을 열어 물건을 훔치는 것을 봤어요.

---

① A   ② B
③ C   ④ D
⑤ E

03 S회사는 제품 하나를 생산하기 위해서 원료 분류, 제품 성형, 제품 색칠, 포장의 단계를 거친다. 어느 날 제품에 문제가 발생해 직원들을 불러 책임을 물었다. 직원 중 한 사람은 거짓을 말하고 세 사람은 진실을 말할 때, 거짓을 말한 직원과 실수가 발생한 단계를 바르게 짝지어진 것은?(단, A는 원료 분류, B는 제품 성형, C는 제품 색칠, D는 포장 단계에서 일하며, 실수는 한 곳에서만 발생했다)

> • A : 나는 실수하지 않았다.
> • B : 포장 단계에서 실수가 일어났다.
> • C : 제품 색칠에서는 절대로 실수가 일어날 수 없다.
> • D : 원료 분류 과정에서 실수가 있었다.

① A – 원료 분류   ② A – 포장
③ B – 포장   ④ D – 포장
⑤ D – 제품 성형

Hard

04 A ~ D 4명은 한 판의 가위바위보를 한 후 그 결과에 대해 다음과 같이 각각 두 가지의 진술을 하였다. 두 가지의 진술 중 하나는 반드시 참이고, 하나는 반드시 거짓이라고 할 때, 항상 참인 것은?

> • A : C는 B를 이길 수 있는 것을 냈고, B는 가위를 냈다.
> • B : A는 C와 같은 것을 냈지만, A가 편 손가락의 수는 나보다 적었다.
> • C : B는 바위를 냈고, 그 누구도 같은 것을 내지 않았다.
> • D : A, B, C 모두 참 또는 거짓을 말한 순서가 동일하다. 이 판은 승자가 나온 판이었다.

① B와 같은 것을 낸 사람이 있다.
② 보를 낸 사람은 1명이다.
③ D는 혼자 가위를 냈다.
④ B가 기권했다면 가위를 낸 사람이 지는 판이다.
⑤ 바위를 낸 사람은 2명이다.

05 A ~ E 5명의 사원이 강남, 여의도, 상암, 잠실, 광화문 5개 지역에 각각 출장을 가며 다음과 같은 대화를 나누었다. 이들 중 1명은 거짓을 말하고 4명은 진실을 말하고 있을 때, 반드시 거짓인 것은?

- A : B는 상암으로 출장을 가지 않는다.
- B : D는 강남으로 출장을 간다.
- C : B는 진실을 말하고 있다.
- D : C는 거짓말을 하고 있다.
- E : C는 여의도, A는 잠실로 출장을 간다.

① A는 광화문으로 출장을 가지 않는다.
② B는 여의도로 출장을 가지 않는다.
③ C는 강남으로 출장을 가지 않는다.
④ D는 여의도로 출장을 가지 않는다.
⑤ E는 상암으로 출장을 가지 않는다.

Hard

06 S기업이 해외공사에 사용될 설비를 구축할 업체 두 곳을 선정하려고 한다. 구축해야 할 설비는 중동, 미국, 서부, 유럽에 2개씩 총 8개이며, 경쟁업체는 A ~ C업체이다. 다음 주어진 정보가 참 또는 거짓이라고 할 때, 〈보기〉 중 참을 말하는 직원을 모두 고르면?

〈정보〉
- A업체는 최소한 3개의 설비를 구축할 예정이다.
- B업체는 중동, 미국, 서부, 유럽에 설비를 하나씩 구축할 예정이다.
- C업체는 중동지역 2개, 유럽지역 2개의 설비를 구축할 예정이다.

보기
- 이사원 : A업체가 참일 경우, B업체는 거짓이 된다.
- 김주임 : B업체가 거짓일 경우, A업체는 참이 된다.
- 장대리 : C업체가 참일 경우, A업체도 참이 된다.

① 김주임   ② 이사원
③ 장대리   ④ 김주임, 장대리
⑤ 이사원, 김주임

03 | 순서추론

| 유형분석 |

- 조건을 토대로 순서·위치 등을 추론하여 배열·배치하는 문제이다.
- 방·숙소 배정하기, 부서 찾기, 날짜 찾기, 테이블 위치 찾기 등 다양한 유형의 문제가 출제된다.

A ~ E 5명이 다음 〈조건〉과 같이 일렬로 나란히 자리에 앉는다고 할 때, 바르게 추론한 것은?(단, 자리의 순서는 왼쪽을 기준으로 첫 번째 자리로 한다)

조건

- D는 A의 바로 왼쪽에 앉는다.
- B와 D 사이에 C가 있다.
- A는 마지막 자리가 아니다.
- A와 B 사이에 C가 있다.
- B는 E의 바로 오른쪽에 앉는다.

① D는 두 번째 자리에 앉을 수 있다.   ② E는 네 번째 자리에 앉을 수 있다.
③ C는 두 번째 자리에 앉을 수 있다.   ④ C는 A의 왼쪽에 앉을 수 있다.
⑤ C는 E의 오른쪽에 앉을 수 있다.

정답 ②

첫 번째 조건에서 D는 A의 바로 왼쪽에 앉으며, 마지막 조건에서 B는 E의 바로 오른쪽에 앉으므로 'D - A', 'E - B'를 각각 한 묶음으로 생각할 수 있다. 두 번째 조건에서 C는 세 번째 자리에 앉아야 하며, 세 번째 조건에 의해 'D - A'는 각각 첫 번째, 두 번째 자리에 앉아야 한다. 이를 표로 정리하면 다음과 같다.

첫 번째 자리	두 번째 자리	세 번째 자리	네 번째 자리	다섯 번째 자리
D	A	C	E	B

따라서 'E는 네 번째 자리에 앉을 수 있다.'를 추론할 수 있다.

오답분석

① D는 첫 번째 자리에 앉는다.
③ C는 세 번째 자리에 앉는다.
④ C는 A의 바로 오른쪽에 앉는다.
⑤ C는 E의 바로 왼쪽에 앉는다.

유형풀이 Tip

- 주어진 명제를 자신만의 방법으로 도식화하여 빠르게 문제를 해결한다.
- 경우의 수가 여러 개인 명제보다 1 ~ 2개인 명제를 먼저 도식화하면, 그만큼 경우의 수가 줄어들어 문제를 빠르게 해결할 수 있다.

Easy

01 S은행 직원 A ~ D 4명은 각각 다른 팀에 근무하며, 각 팀은 2층, 3층, 4층, 5층에 위치하고 있다. 다음 〈조건〉을 참고할 때, 항상 참인 것은?

> **조건**
> • A ~ D 4명 중 2명은 부장, 1명은 과장, 1명은 대리이다.
> • 대리의 사무실은 B보다 높은 층에 있다.
> • B는 과장이다.
> • A는 대리가 아니다.
> • A의 사무실이 가장 높다.

① 부장 중 1명은 반드시 2층에 근무한다.
② A는 부장이다.
③ 대리는 4층에 근무한다.
④ B는 2층에 근무한다.
⑤ C는 대리보다 높은 층에 근무한다.

02 S기업 마케팅부 직원 A ~ J 10명이 점심식사를 하러 가서, 다음 〈조건〉에 따라 6인용 원형 테이블 2개에 각각 4명, 6명씩 나눠 앉았다고 할 때, 항상 거짓인 것은?(단, 좌우 방향은 테이블을 바라보고 앉은 상태를 기준으로 한다)

> **조건**
> • A와 I는 빈자리 하나만 사이에 두고 앉아 있다.
> • C와 D는 1명을 사이에 두고 앉아 있다.
> • F의 양 옆 중 오른쪽 자리만 비어 있다.
> • E는 C나 D의 옆자리가 아니다.
> • H의 바로 옆에 G가 앉아 있다.
> • H는 J와 마주보고 앉아 있다.

① A와 B는 같은 테이블에 앉아 있다.
② H와 I는 다른 테이블에 앉아 있다.
③ C와 G는 마주보고 앉아 있다.
④ A의 양 옆은 모두 빈자리이다.
⑤ D의 옆에 J가 앉아 있다.

03 S은행의 사내 체육대회에서 A ~ F 6명은 키가 큰 순서에 따라 2명씩 1팀, 2팀, 3팀으로 나뉘어 배치된다. 다음 〈조건〉에 따라 배치된다고 할 때, 키가 가장 큰 사람은?

> **조건**
> • A ~ F 6명의 키는 서로 다르다.
> • 2팀의 B는 A보다 키가 작다.
> • D보다 키가 작은 사람은 4명이다.
> • A는 1팀에 배치되지 않는다.
> • E와 F는 한 팀에 배치된다.

① A   ② B
③ C   ④ D
⑤ E

Hard

04 주차장에 이부장, 박과장, 김대리 세 사람의 차가 나란히 주차되어 있는데, 순서는 알 수 없다. 다음 중 1명의 말이 거짓이라고 할 때, 주차장에 주차된 순서로 알맞은 것은?

> • 이부장 : 내 옆에는 박과장 차가 세워져 있더군.
> • 박과장 : 제 옆에 김대리 차가 있는 걸 봤어요.
> • 김대리 : 이부장님 차가 가장 왼쪽에 있어요.
> • 이부장 : 김대리 차는 가장 오른쪽에 주차되어 있던데.
> • 박과장 : 저는 이부장님 옆에 주차하지 않았어요.

① 김대리 – 이부장 – 박과장

② 박과장 – 김대리 – 이부장

③ 박과장 – 이부장 – 김대리

④ 이부장 – 박과장 – 김대리

⑤ 이부장 – 김대리 – 박과장

05 S사의 회장실, 응접실, 탕비실과 재무회계팀, 홍보팀, 법무팀, 연구개발팀, 인사팀의 위치가 다음 〈조건〉과 같을 때, 인사팀의 위치는?

	A	B	C	D	회의실 1
출입문	복도				
	E	F	G	H	회의실 2

조건

- A ~ H에는 빈 곳 없이 회장실, 응접실, 탕비실, 모든 팀 중 하나가 위치해 있다.
- 회장실은 출입문과 가장 가까운 위치에 있다.
- 회장실 맞은편은 응접실이다.
- 재무회계팀은 회장실 옆에 있고, 응접실 옆에는 홍보팀이 있다.
- 법무팀은 항상 홍보팀 옆에 있다.
- 연구개발팀은 회의실 2와 같은 줄에 있다.
- 탕비실은 법무팀 맞은편에 있다.

① B
② C
③ D
④ G
⑤ H

06 S은행에 재직 중인 김대리는 10월에 1박 2일로 할머니댁을 방문하려고 한다. 다음 〈조건〉을 참고할 때, 김대리가 할머니댁을 방문하는 날짜로 가능한 날은?

조건

- 10월은 1일부터 31일까지이며, 1일은 목요일, 9일은 한글날이다.
- 10월 1일은 추석이며, 추석 다음 날부터 5일간 제주도 여행을 가고, 돌아오는 날이 휴가 마지막 날이다.
- 김대리는 이틀까지 휴가 외에 연차를 더 쓸 수 있다.
- 김대리는 셋째 주 화요일부터 4일간 외부 출장이 있으며, 그다음 주 수요일과 목요일은 프로젝트 발표가 있다.
- 제주도 여행에서 돌아오는 마지막 날이 있는 주가 첫째 주이다.
- 주말 및 공휴일에는 할머니댁에 가지 않는다.
- 휴가에는 가지 않고 따로 연차를 쓰고 방문할 것이다.

① 3 ~ 4일
② 6 ~ 7일
③ 12 ~ 13일
④ 21 ~ 22일
⑤ 27 ~ 28일

04 | 문제처리

| 유형분석 |

- 상황과 정보를 토대로 조건에 적절한 것을 찾는 문제이다.
- 자원관리능력 영역과 결합한 계산 문제가 출제될 가능성이 있다.

다음은 S은행에서 진행할 예정인 이벤트 포스터이다. 해당 이벤트를 고객에게 추천하기 위해 사전에 확인한 사항으로 적절하지 않은 것은?

〈S은행 가족사랑 패키지 출시 기념 이벤트〉

▲ 이벤트 기간 : 2024년 10월 1일(화) ~ 31일(목)
▲ 세부내용

구분	응모요건	경품
가족사랑 통장·적금·대출 신규 가입고객	① 가족사랑 통장 신규 ② 가족사랑 적금 신규 ③ 가족사랑 대출 신규	가입고객 모두에게 OTP 또는 보안카드 무료 발급
가족사랑 고객	가족사랑 통장 가입 후 다음 중 1가지 이상 충족 ① 급여이체 신규 ② 가맹점 결제대금 이체 신규 ③ 신용(체크)카드 결제금액 20만 원 이상 ④ 가족사랑 대출 신규(1천만 원 이상)	• 여행상품권(200만 원, 1명) • 최신 핸드폰(3명) • 한우세트(300명) • 연극 티켓 2매(전 고객)
국민행복카드 가입고객	국민행복카드 신규＋당행 결제계좌 등록 (동 카드로 임신 출산 바우처 결제 1회 이상 사용)	어쩌다 엄마(도서, 500명)

▲ 당첨자 발표 : 2024년 11월 중순, 홈페이지 공지 및 영업점 통보
 - 제세공과금은 S은행이 부담하며, 본 이벤트는 당행의 사정으로 변경 또는 중단될 수 있습니다.
 - 당첨고객은 추첨일 현재 대상상품 유지고객에 한하며, 당첨자 명단은 추첨일 기준 금월 중 S은행 홈페이지에서 확인하실 수 있습니다.
 - 기타 자세한 내용은 인터넷 홈페이지(www.Sbank.com)를 참고하시거나 가까운 영업점, 고객센터(0000-0000)에 문의하시기 바랍니다.
※ 유의사항 : 상기 이벤트 당첨자 중 핸드폰 등 연락처 불능, 수령 거절 등의 고객 사유로 1개월 이상 경품 미수령 시 당첨이 취소될 수 있습니다.

① 가족사랑 패키지 출시 기념 이벤트는 10월 한 달 동안 진행되는구나.

② 가족사랑 대출을 신규로 가입했을 경우에 OTP나 보안카드를 무료로 발급받을 수 있구나.

③ 가족사랑 통장을 신규로 가입한 후, 급여이체를 설정하면 OTP가 무료로 발급되고 연극 티켓도 받을 수 있구나.

④ 2024년 11월에 이벤트 당첨자를 발표하는데, 별도의 통보가 없으니 영업점을 방문하시라고 설명해야겠구나.

⑤ 경품 미수령 시 당첨이 취소될 수 있으므로 가족사랑 이벤트 관련 안내 시 연락처를 정확하게 기재하라고 안내해야겠구나.

정답 ④

당첨자 명단은 S은행 홈페이지에서 확인할 수 있다고 명시되어 있다.

오답분석

① '이벤트 기간'에서 확인할 수 있다.

② '세부내용' 내 '가족사랑 통장·적금·대출 신규 가입고객'의 '경품'란에서 확인할 수 있다.

③ '세부내용' 내 '가족사랑 고객'의 '응모요건'란에서 확인할 수 있다.

⑤ '유의사항'에서 확인할 수 있다.

유형풀이 Tip

- 문제에서 묻는 것을 파악한 후, 필요한 상황과 정보를 활용하여 문제를 풀어간다.
- 전체적으로 적용되는 공통 조건과 추가로 적용되는 조건이 동시에 제시될 수 있다. 따라서 공통 조건이 무엇인지 먼저 판단한 후 경우에 따라 추가 조건을 고려하여 풀이한다.
- 추가 조건은 표 하단에 작은 글자로 제시될 수 있으며, 문제를 해결하는 데 중요한 변수가 될 수 있으므로 유의한다.

Easy

01　A고객은 3일 후 떠날 3주간의 제주도 여행에 대비하여 가족 모두 여행자 보험에 가입하고자 S은행에 방문하였다. 이에 담당자가 A고객에게 여행자 보험 상품을 추천하고자 할 때, 설명으로 적절하지 않은 것은?(단, A고객 가족의 나이는 만 14세, 17세, 45세, 51세, 75세이다)

〈S은행 여행자 보험〉

- 가입연령 : 만 1 ~ 79세(인터넷 가입 만 19 ~ 70세)
- 납입방법 : 일시납
- 납입기간 : 일시납
- 보험기간 : 2일 ~ 최대 1개월
- 보장내용

구분	보험금 지급사유	지급금액
상해사망 및 후유장해	여행 중 사고로 상해를 입고 그 직접적인 결과로 사망하거나 후유장해 상태가 되었을 때	- 사망 시 가입금액 전액 지급 - 후유장해 시 장해 정도에 따라 가입금액의 30 ~ 100% 지급
질병사망	여행 중 발생한 질병으로 사망 또는 장해지급률 80% 이상의 후유장해가 남았을 경우	가입금액 전액 지급
휴대품 손해	여행 중 우연한 사고로 휴대품이 도난 또는 파손되어 손해를 입은 경우	가입금액 한도 내에서 보상하되 휴대품 1개 또는 1쌍에 대하여 20만 원 한도로 보상(단, 자기부담금 1만 원 공제)

- 유의사항
  - 보험계약 체결일 기준 만 15세 미만자의 경우 사망은 보장하지 않음
  - 보장금액과 상해, 질병 의료실비에 관한 보장내용은 홈페이지 참조

---

① 고객님, 가족 모두 가입하시려면 반드시 은행에 방문해 주셔야 합니다.
② 고객님, 만 14세 자녀의 경우 본 상품에 가입하셔도 사망보험금은 지급되지 않습니다.
③ 고객님, 여행 도중 귀중품을 분실하셨을 경우에 분실물의 수량과 관계없이 최대 20만 원까지 보상해 드립니다.
④ 고객님, 후유장해 시 보험금은 장해 정도에 따라 차등 지급됩니다.
⑤ 고객님, 보험 가입 시 보험금은 한 번만 납입하시면 됩니다.

02 다음은 S교통카드의 환불방법에 대한 자료이다. S교통카드사에 근무하고 있는 J사원이 다음 자료를 통해 고객들에게 환불규정을 설명하고자 할 때, 적절하지 않은 것은?

<S교통카드 잔액환불 안내>

환불처		환불금액	환불방법	환불수수료	비고
편의점	A편의점	2만 원 이하	환불처에 방문하여 환불수수료를 제외한 카드잔액 전액을 현금으로 환불받음	500원	
	B편의점	3만 원 이하			
	C편의점				
	D편의점				
	E편의점				
지하철	역사 내 N교통카드 서비스 센터	5만 원 이하	환불처에 방문하여 환불수수료를 제외한 카드잔액 전액 또는 일부 금액을 현금으로 환불받음 ※ 한 카드당 한 달에 최대 50만 원까지 환불 가능	500원 ※ 기본운임료(1,250원) 미만 잔액은 수수료 없음	
은행 ATM	A은행	20만 원 이하	본인 명의의 해당 은행 계좌로 환불수수료를 제외한 잔액 이체 ※ 환불 불가 카드 : 모바일 S교통카드, Y사 플러스카드	500원	카드값 환불 불가
	B은행	50만 원 이하			
	C은행				
	D은행				
	E은행				
	F은행				
모바일 (P사, Q사, R사)			1인 월 3회, 최대 50만 원까지 환불 가능 : 10만 원 초과 환불은 월 1회, 연 5회 가능 ※ App에서 환불신청 가능하며 고객명의 계좌로 환불수수료를 제외한 금액이 입금	500원 ※ 기본운임료(1,250원) 미만 잔액은 수수료 없음	
S교통카드 본사		50만 원 이하	• 1인 1일 최대 50만 원까지 환불 가능 • 5만 원 이상 환불 요청 시 신분확인 (이름, 생년월일, 연락처) ※ 10만 원 이상 고액 환불의 경우 내방 당일 카드잔액 차감 후 익일 18시 이후 계좌로 입금(주말, 공휴일 제외) ※ 지참서류 : 통장사본, 신분증	월 누적 50만 원까지 수수료 없음 (50만 원 초과 시 수수료 1%)	

※ 잔액이 5만 원을 초과하는 경우 S교통카드 본사로 내방하시거나, S교통카드 잔액환불 기능이 있는 ATM에서 해당 은행 계좌로 환불이 가능합니다(단, 모바일 S교통카드, Y사 플러스카드는 ATM에서 환불이 불가능함).
※ ATM 환불은 주민번호 기준으로 월 50만 원까지 가능하며, 환불금액은 해당 은행의 본인명의 계좌로 입금됩니다.
　- 환불접수처 : S교통카드 본사, 지하철 역사 내 S교통카드 서비스센터, 은행 ATM, 편의점 등
　　단, 부분환불 서비스는 S교통카드 본사, 지하철 역사 내 S교통카드 서비스센터에서만 가능합니다.
　- 부분환불 금액 제한 : 부분환불 요청금액 1만 원 이상 ~ 5만 원 이하만 가능(이용 건당 수수료는 500원임)

① 카드 잔액이 4만 원이고 환불요청금액이 2만 원일 경우 지하철 역사 내 S교통카드 서비스센터에서 환불이 가능하다.

② 모바일에서 환불 시 카드 잔액이 40만 원일 경우 399,500원을 환불받을 수 있다.

③ 카드 잔액 30만 원을 환불할 경우 A은행을 제외한 은행 ATM에서 299,500원 환불받을 수 있다.

④ 환불금액이 13만 원일 경우 S교통카드 본사 방문 시 수수료 없이 전액 환불받을 수 있다.

⑤ 카드 잔액 17만 원을 S교통카드 본사에 방문해 환불한다면 당일 카드잔액을 차감하고 즉시 계좌로 이체받을 수 있다.

03 다음은 직장인 월복리 적금에 대한 자료이다. 이 상품을 고객에게 잘못 설명한 것은?

〈가입 현황〉

성별		연령대		신규금액		계약기간	
여성	63%	20대	20%	5만 원 이하	21%	1년 이하	60%
		30대	31%	10 ~ 50만 원	36%	1 ~ 2년	17%
남성	37%	40대	28%	50 ~ 100만 원	22%	2 ~ 3년	21%
		기타	21%	기타	21%	기타	0%

※ 현재 이 상품을 가입 중인 고객의 계좌 수 : 138,736개

〈상품 정보〉

상품특징	급여이체 및 교차거래 실적에 따라 우대금리를 제공하는 직장인재테크 월복리 적금상품
가입대상	만 18세 이상 개인(단, 개인사업자 제외)
가입기간	1년 이상 ~ 3년 이내(월 단위)
가입금액	초입금 및 매회 입금 1만 원 이상(원 단위), 1인당 분기별 3백만 원 이내, 계약기간 3/4 경과 후 적립할 수 있는 금액은 이전 적립누계액의 1/2 이내
적립방법	자유적립식
금리안내	기본금리＋우대금리 최대 0.8%p 기본금리 : 신규가입일 당시의 직장인 월복리 적금 고시금리
우대금리	가입기간 동안 1회 이상 당행에 건별 50만 원 이상 급여를 이체한 고객 중 • 가입기간 중 '3개월 이상' 급여이체 0.3%p • 당행의 주택청약종합저축(청약저축 포함) 또는 적립식펀드 중 '1개 이상' 가입 0.2%p • 당행 신용·체크카드의 결제실적이 100만 원 이상 0.2%p • 인터넷 또는 스마트 뱅킹으로 본 적금에 가입 시 0.1%p
이자지급방식	월복리식(단, 중도해지이율 및 만기 후 이율은 단리 계산)
가입 / 해지안내	비과세종합저축으로 가입 가능
예금자보호	있음

① 고객님처럼 여성분이 가장 많이 가입하는 상품으로 주로 1년 단기로 가입합니다.
② 인터넷 뱅킹이나 스마트 뱅킹으로 이 적금에 가입하신 후, 급여를 3개월 이상 이체하시면 0.4%p 의 금리를 더 받으실 수 있어요.
③ 아쉽게도 중도해지를 하시면 복리가 아닌 단리로 이율이 계산됩니다.
④ 기간 1년으로 가입한 고객님은 지금이 8개월째이기 때문에 이전 적립누계액의 반이 넘는 금액은 적립할 수 없습니다.
⑤ 기본금리는 가입한 시점에 따라 다를 수 있습니다.

04 S회사는 창립 10주년을 맞이하여 전 직원 단합대회를 준비하고 있다. 이를 위해 사장 B는 여행상품한 가지를 선정할 계획을 갖고 있는데, 직원 투표 결과를 참고하여 결정하려고 한다. 직원 투표결과와 여행상품별 1인당 비용은 다음과 같다. 추가로 행사를 위한 부서별 고려 사항을 참고하여선택할 경우 〈보기〉 중 옳은 것을 모두 고르면?

〈여행상품별 직원 투표 결과〉

상품내용		투표 결과					
구분	1인당 비용(원)	총무팀	영업팀	개발팀	홍보팀	공장 1	공장 2
A상품	500,000	2	1	2	0	15	6
B상품	750,000	1	2	1	1	20	5
C상품	600,000	3	1	0	1	10	4
D상품	1,000,000	3	4	2	1	30	10
E상품	850,000	1	2	0	2	5	5

〈여행상품별 혜택 정리〉

구분	날짜	장소	식사제공	차량지원	편의시설	체험시설
A상품	5/10 ~ 5/11	해변	O	O	×	×
B상품	5/10 ~ 5/11	해변	O	O	O	×
C상품	6/7 ~ 6/8	호수	O	O	O	×
D상품	6/15 ~ 6/17	도심	O	×	O	O
E상품	7/10 ~ 7/13	해변	O	O	O	×

〈부서별 고려 사항〉

• 총무팀 : 행사 시 차량 지원 가능함
• 영업팀 : 6월 초순에 해외 바이어와 가격 협상 회의 일정
• 공장 1 : 3일 연속 공장 비가동 시 품질 저하 예상됨
• 공장 2 : 7월 중순 공장 이전 계획 있음

보기

㉠ 총 여행상품 비용은 1억 500만 원이 필요하다.
㉡ 가장 인기가 높은 여행 상품은 B이다.
㉢ 공장 1은 여행상품 선택에 가장 큰 영향력을 발휘했다.

① ㉠
② ㉠, ㉡
③ ㉠, ㉢
④ ㉡, ㉢
⑤ ㉠, ㉡, ㉢

05 | 환경분석

| 유형분석 |

• 상황에 대한 환경 분석을 통해 주요 과제 및 해결 방안을 도출하는 문제이다.
• SWOT 분석뿐 아니라 3C 분석을 활용하는 문제가 출제될 수 있으므로, 해당 분석 도구에 대한 사전 학습이 요구된다.

S금융그룹의 SWOT 분석 결과가 다음과 같을 때, 분석 결과에 대응하는 전략과 그 내용이 바르게 연결된 것은?

〈S금융그룹 SWOT 분석 결과〉

S(강점)	W(약점)
• 탄탄한 국내시장 지배력 • 뛰어난 위기관리 역량 • 우수한 자산건전성 지표 • 수준 높은 금융 서비스	• 은행과 이자수익에 편중된 수익구조 • 취약한 해외 비즈니스와 글로벌 경쟁력 • 낙하산식 경영진 교체와 관치금융 우려 • 외화 자금 조달 리스크
O(기회)	**T(위협)**
• 해외 금융시장 진출 확대 • 기술 발달에 따른 핀테크의 등장 • IT 인프라를 활용한 새로운 수익 창출 • 계열사 간 협업을 통한 금융 서비스	• 새로운 금융 서비스의 등장 • 은행의 영향력 약화 가속화 • 글로벌 금융사와의 경쟁 심화 • 비용 합리화에 따른 고객 신뢰 저하

① SO전략 : 해외 비즈니스TF팀 신설로 상반기 해외 금융시장 진출 대비
② ST전략 : 금융 서비스를 다방면으로 확대해 글로벌 금융사와의 경쟁에서 우위 차지
③ WO전략 : 국내의 탄탄한 시장점유율을 기반으로 핀테크 사업 진출
④ WT전략 : 국내 금융사의 우수한 자산건전성 지표를 홍보하여 고객 신뢰 회복
⑤ WT전략 : 해외 금융시장 진출을 확대하여 안정적인 외화 자금 조달을 통한 위기관리

정답 ②

수준 높은 금융 서비스를 통해 글로벌 금융사와의 경쟁에서 우위를 차지하는 것은 강점을 이용해 글로벌 금융사와의 경쟁 심화라는 위협을 극복하는 ST전략이다.

오답분석

① 해외 비즈니스TF팀을 신설해 해외 금융시장 진출을 확대하는 것은 글로벌 경쟁력이 낮다는 약점을 극복하고 해외 금융시장 진출 확대라는 기회를 활용하는 WO전략이다.
③ 탄탄한 국내 시장점유율이 국내 금융그룹의 핀테크 사업 진출의 기반이 되는 것은 강점을 통해 기회를 살리는 SO전략이다.
④ 우수한 자산건전성 지표를 홍보하여 고객 신뢰를 회복하는 것은 강점으로 위협을 극복하는 ST전략이다.
⑤ 외화 자금 조달 리스크가 약점이므로 기회를 통해 약점을 보완하는 WO전략이다.

유형풀이 Tip

SWOT 분석

기업의 내부 환경과 외부 환경을 분석하여 강점(Strength), 약점(Weakness), 기회(Opportunity), 위협(Threat) 요인을 규정하고 이를 토대로 경영전략을 수립하는 기법으로, 미국의 경영컨설턴트인 알버트 험프리(Albert Humphrey)에 의해 고안되었다. SWOT 분석의 가장 큰 장점은 기업의 내부·외부 환경 변화를 동시에 파악할 수 있다는 것이다. 기업의 내부 환경을 분석하여 강점과 약점을 찾아내며, 외부 환경 분석을 통해서는 기회와 위협을 찾아낸다. SWOT 분석은 외부로부터의 기회는 최대한 살리고 위협은 회피하는 방향으로 자신의 강점은 최대한 활용하고 약점은 보완한다는 논리에 기초를 두고 있다. SWOT 분석에 의한 경영전략은 다음과 같이 정리할 수 있다.

Strength 강점 기업 내부 환경에서의 강점	S	W	Weakness 약점 기업 내부 환경에서의 약점
Opportunity 기회 기업 외부 환경으로부터의 기회	O	T	Threat 위협 기업 외부 환경으로부터의 위협

3C 분석

고객(Customer)	경쟁사(Competitor)	자사(Company)
• 주 고객군은 누구인가? • 그들은 무엇에 열광하는가? • 그들의 정보 습득 / 교환은 어디에서 일어나는가?	• 경쟁사는 어떤 회사가 있는가? • 경쟁사의 핵심역량은 무엇인가? • 잠재적인 경쟁사는 어디인가?	• 자사의 핵심역량은 무엇인가? • 자사의 장단점은 무엇인가? • 자사의 다른 사업과 연계되는가?

Easy

01 다음은 SWOT 분석에 대한 설명과 유전자 관련 업무를 수행 중인 S사의 SWOT 분석 자료이다. 이를 참고하여 〈보기〉 중 빈칸 (가), (나)에 들어갈 내용이 바르게 연결된 것은?

> SWOT 분석은 기업의 내부 환경과 외부 환경을 분석하여 강점(Strength), 약점(Weakness), 기회(Opportunity), 위협(Threat) 요인을 규정하고 이를 토대로 경영전략을 수립하는 기법으로, 미국의 경영컨설턴트인 알버트 험프리(Albert Humphrey)에 의해 고안되었다.
> • 강점(Strength) : 내부 환경(자사 경영자원)의 강점
> • 약점(Weakness) : 내부 환경(자사 경영자원)의 약점
> • 기회(Opportunity) : 외부 환경(경쟁, 고객, 거시적 환경)에서 비롯된 기회
> • 위협(Threat) : 외부 환경(경쟁, 고객, 거시적 환경)에서 비롯된 위협
>
> 〈S사 SWOT 분석 결과〉
>
> | 강점(Strength) | 약점(Weakness) |
> | --- | --- |
> | • 유전자 분야에 뛰어난 전문가로 구성
• _____(가) | • 유전자 실험의 장기화 |
> | 기회(Opportunity) | 위협(Threat) |
> | • 유전자 관련 업체 수가 적음
• _____(나) | • 고객들의 실험 부작용에 대한 두려움 인식 |

> **보기**
> ㉠ 투자 유치의 어려움
> ㉡ 특허를 통한 기술 독점 가능
> ㉢ 점점 증가하는 유전자 의뢰
> ㉣ 높은 실험 비용

	(가)	(나)
①	㉠	㉢
②	㉠	㉣
③	㉡	㉠
④	㉡	㉢
⑤	㉡	㉣

02 귀하의 회사에서 A제품을 개발하여 중국 시장에 진출하고자 한다. 귀하의 상사가 3C 분석 결과를 건네며, 사업 계획에 반영하고 향후 해결해야 할 회사의 전략 과제가 무엇인지 정리하여 보고하라는 지시를 내렸다. 다음 중 회사에서 해결해야 할 전략 과제로 적절하지 않은 것은?

<A제품 중국 시장 진출 3C 분석>

Customer	Competitor	Company
• 전반적인 중국 시장은 매년 10% 성장 • 중국 시장 내 보조배터리 제품의 규모는 급성장 중임 • 20 ~ 30대 젊은 층이 중심 • 온라인 구매가 약 80% 이상 • 인간공학 지향	• 중국기업들의 압도적인 시장점유 • 중국기업들 간의 치열한 가격경쟁 • A/S 및 사후관리 취약 • 생산 및 유통망 노하우 보유	• 국내시장 점유율 1위 • A/S 등 고객서비스 부문 우수 • 해외 판매망 취약 • 온라인 구매시스템 미흡(보안, 편의 등) • 높은 생산원가 구조 • 높은 기술개발력

① 중국 시장의 판매유통망 구축
② 온라인 구매시스템 강화
③ 고객서비스 부문 강화
④ 원가 절감을 통한 가격경쟁력 강화
⑤ 인간공학을 기반으로 한 제품 개발 강화

03 다음은 국내 여행업계에서 선도적 위치에 있다고 평가받는 S사에 대한 SWOT 분석 자료를 정리한 것이다. 빈칸 ㉠에 들어갈 요인으로 가장 적절한 것은?

<S사의 SWOT 분석 결과>

강점(Strength)	• 국내 여행업계의 전통적인 강자라는 위상 • 전국 6,000개 이상의 대리점, 850개 이상의 전문 판매점, 300여 개 이상의 전 세계 협력업체 등 강력한 네트워크
약점(Weakness)	• 아웃바운드 자유 여행(FIT) 부문은 저가 여행사들과의 치열한 마케팅 전쟁 부담
기회(Opportunity)	• 내국인이 무비자로 입국 가능한 국가의 증가 • 코로나19 종식 이후 해외 출국자 수 및 국내·해외 여행 수요 증가 추세 • _____㉠_____
위협(Threat)	• 숙박 예약 온라인 플랫폼(OTA) 시장의 성장 • 중국·일본 및 북한 등 주변국 국가와의 정치적·경제적·군사적 갈등

① 자회사들의 수년간 누적된 적자
② 관광 분야 예산 확대 등 정부의 여행 산업 육성 정책
③ 여행사를 이용하지 않는 자유 여행(FIT) 수요 증가 경향
④ 온라인 플랫폼(OTA) 기업들의 본격적인 여행업 진출
⑤ 높은 고객만족도지수 등 고객과의 소통이 원활한 기업이라는 평가

CHAPTER 04

자원관리능력

합격 Cheat Key

자원관리능력은 현재 NCS 기반 채용을 진행하는 많은 금융권에서 핵심 영역으로 자리 잡아, 일부를 제외한 대부분의 시험에서 출제 영역으로 꼽히고 있다. 전체 문항수의 10~15% 비중으로 출제되고 있고, 난이도가 상당히 높기 때문에 NCS를 치를 수험생이라면 반드시 준비해야 할 필수 과목이다.

실제 시험 기출 키워드를 살펴보면 비용 계산, 해외파견 지원금 계산, 주문 제작 단가 계산, 일정 조율, 일정 선정, 행사 대여 장소 선정, 최단 거리 구하기, 시차 계산, 소요 시간 구하기, 해외파견 근무 기준에 부합한 또는 부합하지 않는 직원 고르기 등 크게 자원계산, 자원관리 문제유형이 출제된다. 대표유형을 바탕으로 응용되는 방식의 문제가 출제되고 있기 때문에 비슷한 유형을 계속해서 풀어보면서 감을 익히는 것이 중요하다.

1 시차를 먼저 계산하자!

시간자원관리 문제의 대표유형 중 시차를 계산하여 일정에 맞는 항공권을 구입하거나 회의시간을 구하는 문제에서는 각각의 나라 시간을 한국 시간으로 전부 바꾸어 계산하는 것이 편리하다. 조건에 맞는 나라들의 시간을 전부 한국 시간으로 바꾸고 한국 시간과의 시차만 더하거나 빼면 시간을 단축하여 풀 수 있다.

2 선택지를 활용하자!

예산자원관리 문제의 대표유형에서는 계산을 해서 값을 요구하는 문제들이 있다. 이런 문제유형에서는 문제 선택지를 먼저 본 후 자리 수가 몇 단위로 끝나는지 확인한다. 예를 들어 412,300원, 426,700원, 434,100원, 453,800원인 선택지가 있다고 할 때, 이 선택지는 100원 단위로 끝나기 때문에 제시된 조건에서 100원 단위로 나올 수 있는 항목을 찾아 그 항목만 계산하여 시간을 단축시키는 방법이 있다. 또한 일일이 계산하는 문제가 많다. 예를 들어 640,000원, 720,000원, 810,000원 등의 수를 이용해 푸는 문제가 있다고 할 때, 만 원 단위를 절사하고 계산하여 64, 72, 81처럼 요약하여 적는 것도 시간을 단축하는 방법이다.

3 최적의 값을 구하는 문제인지 파악하자!

물적자원관리 문제의 대표유형에서는 제한된 자원 내에서 최대의 만족 또는 이익을 얻을 수 있는 방법을 강구하는 문제가 출제된다. 이때, 구하고자 하는 값을 , 로 정하고 연립방정식을 이용해, 값을 구한다. 최소 비용으로 목표생산량을 달성하기 위한 업무 및 인력 할당, 정해진 시간 내에 최대 이윤을 낼 수 있는 업체 선정, 정해진 인력으로 효율적 업무 배치 등을 구하는 문제에서 사용되는 방법이다.

4 각 평가항목을 비교해보자!

인적자원관리 문제의 대표유형에서는 각 평가항목을 비교하여 기준에 적합한 인물을 고르거나, 저렴한 업체를 선정하거나, 총점이 높은 업체를 선정하는 문제가 출제된다. 이런 문제를 해결할 때는 평가항목에서 가격이나 점수 차이에 영향을 많이 미치는 항목을 찾아 지우면 1~2개의 선택지를 삭제하고 3~4개의 선택지만 계산하여 시간을 단축할 수 있다.

5 문제의 단서를 이용하자!

자원관리능력은 계산 문제가 많기 때문에, 복잡한 계산은 딱 떨어지게끔 조건을 제시하는 경우가 많다. 단서를 보고 부합하지 않는 선택지를 1~2개 먼저 소거한 뒤 계산을 하는 것도 시간을 단축하는 방법이다.

01 | 시간계획

| 유형분석 |

- 시간 자원과 관련된 다양한 정보를 활용하여 풀어가는 문제이다.
- 대체로 교통편 정보나 국가별 시차 정보가 제공되며, 이를 근거로 '현지 도착시간 또는 약속된 시간 내에 도착하기 위한 방안'을 고르는 문제가 출제된다.

한국은 뉴욕보다 16시간 빠르고, 런던은 한국보다 8시간 느리다. 다음 비행기가 현지에 도착할 때의 시간으로 바르게 연결된 것은?

구분	출발 일자	출발 시간	비행 시간	도착 시간
뉴욕행 비행기	6월 6일	22:20	13시간 40분	㉠
런던행 비행기	6월 13일	18:15	12시간 15분	㉡

	㉠	㉡
①	6월 6일 09시	6월 13일 09시 30분
②	6월 6일 20시	6월 13일 22시 30분
③	6월 7일 09시	6월 14일 09시 30분
④	6월 7일 13시	6월 14일 15시 30분
⑤	6월 7일 20시	6월 14일 20시 30분

정답 ②

㉠ 뉴욕행 비행기는 한국에서 6월 6일 22시 20분에 출발하고, 13시간 40분 동안 비행하기 때문에 6월 7일 12시에 도착한다. 한국 시간은 뉴욕보다 16시간 빠르므로 현지에 도착하는 시간은 6월 6일 20시가 된다.

㉡ 런던행 비행기는 한국에서 6월 13일 18시 15분에 출발하고, 12시간 15분 동안 비행하기 때문에 현지에 6월 14일 6시 30분에 도착한다. 한국 시간은 런던보다 8시간이 빠르므로 현지에 도착하는 시간은 6월 13일 22시 30분이 된다.

유형풀이 Tip

- 문제에서 묻는 것을 정확히 파악한 후 제시된 상황과 정보를 활용하여 문제를 풀어간다.
- 추가 조건이나 제한사항은 문제를 해결하는 데 중요한 변수가 될 수 있으므로 유의한다.

01 해외로 출장을 가는 김대리는 다음 〈조건〉과 같이 이동하려고 계획하고 있다. 연착 없이 계획대로 출장지에 도착했다면, 도착했을 때의 현지 시각은?

조건
- 서울 시각으로 5일 오후 1시 35분에 출발하는 비행기를 타고, 경유지 한 곳을 거쳐 출장지에 도착한다.
- 경유지는 서울보다 1시간 빠르고, 출장지는 경유지보다 2시간 느리다.
- 첫 번째 비행은 3시간 45분이 소요된다.
- 경유지에서 3시간 50분을 대기하고 출발한다.
- 두 번째 비행은 9시간 25분이 소요된다.

① 오전 5시 35분
② 오전 6시
③ 오전 7시
④ 오후 5시 35분
⑤ 오후 6시

Easy

02 다음은 S제품의 생산계획을 나타낸 자료이다. 〈조건〉에 따라 공정이 진행될 때, 첫 번째 완제품이 생산되기 위해서는 최소 몇 시간이 소요되는가?

〈S제품 생산계획〉

구분	선행공정	소요시간(시간)
A공정	없음	3
B공정	A공정	1
C공정	B, E공정	3
D공정	없음	2
E공정	D공정	1
F공정	C공정	2

조건
- 공정별로 1명의 작업 담당자가 공정을 수행한다.
- A공정과 D공정의 작업 시점은 같다.
- 공정 간 제품의 이동 시간은 무시한다.

① 6시간
② 7시간
③ 8시간
④ 9시간
⑤ 10시간

02 | 비용계산

| 유형분석 |

- 예산 자원과 관련된 다양한 정보를 활용하여 풀어가는 문제이다.
- 대체로 한정된 예산 내에서 수행할 수 있는 업무 및 예산 가격을 묻는 문제가 출제된다.

S사원은 이번 출장을 위해 KTX표를 미리 40% 할인된 가격에 구매하였으나, 출장 일정이 바뀌는 바람에 하루 전날 표를 취소하였다. 다음 환불 규정에 따라 16,800원을 돌려받았을 때, 할인되지 않은 KTX표의 가격은 얼마인가?

<KTX 환불 규정>

출발 2일 전	출발 1일 전 ~ 열차 출발 전	열차 출발 후
100%	70%	50%

① 40,000원
② 48,000원
③ 56,000원
④ 67,200원
⑤ 70,000원

정답 ①

할인되지 않은 KTX표의 가격을 x원이라 하면, 표를 40% 할인된 가격으로 구매하였으므로 구매 가격은 $(1-0.4)x=0.6x$원이다. 환불 규정에 따르면 하루 전에 표를 취소하는 경우 70%의 금액을 돌려받을 수 있으므로

$0.6x \times 0.7 = 16,800$

$\rightarrow 0.42x = 16,800$

$\therefore x = 40,000$

따라서 할인되지 않은 KTX표의 가격은 40,000원이다.

유형풀이 Tip

- 제한사항인 예산을 고려하여, 문제에 제시된 정보에서 필요한 것을 선별하여 문제를 풀어간다.

01 S기업은 연말 시상식을 개최하여 한 해 동안 모범이 되거나 훌륭한 성과를 낸 직원을 독려하고자 한다. 상 종류별 수상인원 및 상품에 대한 정보가 다음과 같을 때, 총상품 구입비는 얼마인가?

〈시상 내역〉

구분	수상인원	상품
사내선행상	5	인당 금 도금 상패 1개, 식기 1세트
사회기여상	1	인당 은 도금 상패 1개, 신형 노트북 1대
연구공로상	2	인당 금 도금 상패 1개, 안마의자 1개, 태블릿 PC 1대
성과공로상	4	인당 은 도금 상패 1개, 만년필 2개, 태블릿 PC 1대
청렴모범상	2	인당 동 상패 1개, 안마의자 1개

- 상패 제작비용
  - 금 도금 상패 : 개당 55,000원(5개 이상 주문 시 개당 가격 10% 할인)
  - 은 도금 상패 : 개당 42,000원(주문 수량 4개당 1개 무료 제공)
  - 동 상패 : 개당 35,000원
- 물품 구입비용(개당)
  - 식기 세트 : 450,000원
  - 신형 노트북 : 1,500,000원
  - 태블릿PC : 600,000원
  - 만년필 : 100,000원
  - 안마의자 : 1,700,000원

① 14,085,000원   ② 15,050,000원
③ 15,534,500원   ④ 16,805,000원
⑤ 17,200,000원

Easy

02 다음 A~D 4명이 저녁 식사를 하고 〈조건〉에 따라 돈을 지불했다고 할 때, C가 낸 금액은?

조건
- A는 B, C, D가 지불한 금액 합계의 20%를 지불했다.
- C는 A와 B가 지불한 금액 합계의 40%를 지불했다.
- A와 B가 지불한 금액 합계와 C와 D가 지불한 금액 합계는 같다.
- D가 지불한 금액에서 16,000원을 빼면 A가 지불한 금액과 같다.

① 18,000원   ② 20,000원
③ 22,000원   ④ 24,000원
⑤ 26,000원

03 | 품목확정

| 유형분석 |

- 물적 자원과 관련된 다양한 정보를 활용하여 풀어가는 문제이다.
- 주로 공정도·제품·시설 등에 대한 가격·특징·시간 정보가 제시되며, 이를 종합적으로 고려하는 문제가 출제된다.

최대리는 노트북을 사고자 S전자 홈페이지에 방문하였다. 노트북 A ~ E 5개를 최종 후보로 선정 후 다음 〈조건〉에 따라 점수를 부여하여 점수가 가장 높은 제품을 고를 때, 최대리가 고를 노트북은?

〈노트북 종류별 제품 정보〉

구분	A노트북	B노트북	C노트북	D노트북	E노트북
저장용량 / 저장매체	512GB / HDD	128GB / SSD	1,024GB / HDD	128GB / SSD	256GB / SSD
배터리 지속시간	최장 10시간	최장 14시간	최장 8시간	최장 13시간	최장 12시간
무게	2kg	1.2kg	2.3kg	1.5kg	1.8kg
가격	120만 원	70만 원	135만 원	90만 원	85만 원

조건

- 항목별로 순위를 정하여 5점 ~ 1점을 순차적으로 부여한다(단, 동일한 성능일 경우 동일한 점수를 부여한다).
- 저장용량은 클수록, 배터리 지속시간은 길수록, 무게는 가벼울수록, 가격은 저렴할수록 점수가 높다.
- 저장매체가 SSD일 경우 3점을 추가로 부여한다.

① A
② B
③ C
④ D
⑤ E

정답 ②

구분	A노트북	B노트북	C노트북	D노트북	E노트북
저장용량	4	2+3=5	5	2+3=5	3+3=6
배터리 지속시간	2	5	1	4	3
무게	2	5	1	4	3
가격	2	5	1	3	4
합계	4+2+2+2=10점	5+5+5+5=20점	5+1+1+1=8점	5+4+4+3=16점	6+3+3+4=16점

따라서 최대리가 고를 노트북은 B이다.

유형풀이 Tip

- 문제에서 제시한 물적 자원의 정보를 문제의 의도에 맞게 선별하면서 풀어간다.

Easy

01 S은행의 기획팀에서 근무하는 A사원은 세미나를 위한 장소를 예약하려고 한다. 세미나 장소의 선정 기준과 장소별 정보가 다음과 같다고 할 때, 가장 적절한 장소는?

〈세미나 장소 선정 기준〉

- 5시간 대여(식사 필요)
- 가장 저렴한 비용
- 빔 프로젝터 활용 시설 필요
- 수용인원 50명 이상(식사 50인분 예약)
- S은행에서 40분 이하의 이동 거리

〈세미나 장소별 정보〉

구분	수용인원	시간당 대여료	식사 제공	빔 프로젝터	이동 거리
G빌딩 다목적홀	100명	250,000원	○	1일 대여료 90,000원	15분
O빌딩 세미나홀	60명	120,000원	1인당 6,000원 별도 지급	○	35분
I공연장	70명	100,000원	1인당 8,000원 별도 지급	1일 대여료 50,000원	40분
U펜션 강당	50명	50,000원	1인당 8,000원 별도 지급	×	60분
P호텔 연회홀	100명	300,000원	○	○	30분

① G빌딩 다목적홀　　　　　　② O빌딩 세미나홀
③ I공연장　　　　　　　　　④ U펜션 강당
⑤ P호텔 연회홀

02 S사 마케팅 팀장은 팀원 50명에게 연말 선물을 하기 위해 물품을 구매하려고 한다. 다음은 업체별 품목 가격과 팀원들의 품목 선호도를 나타낸 자료이다. 〈조건〉에 따라 팀장이 구매하는 물품과 업체를 순서대로 바르게 짝지어진 것은?

〈업체별 품목 가격〉

구분		한 벌당 가격(원)
A업체	티셔츠	6,000
	카라 티셔츠	8,000
B업체	티셔츠	7,000
	후드 집업	10,000
	맨투맨	9,000

〈팀원 품목 선호도〉

순위	품목
1	카라 티셔츠
2	티셔츠
3	후드 집업
4	맨투맨

조건
- 팀원의 선호도를 우선으로 품목을 선택한다.
- 총구매 금액이 30만 원 이상이면 총금액에서 5%를 할인해 준다.
- 차순위 품목이 1순위 품목보다 총금액이 20% 이상 저렴하면 차순위를 선택한다.

① 티셔츠 – A업체 ② 카라 티셔츠 – A업체
③ 티셔츠 – B업체 ④ 후드 집업 – B업체
⑤ 맨투맨 – B업체

03 S공사에서 근무하는 A사원은 새로 도입되는 교통관련 정책 홍보자료를 만들어서 배포하려고 한다. 다음 견적에 따라 가장 저렴한 비용으로 인쇄할 수 있는 업체는?

〈인쇄소별 비용 견적〉

(단위 : 원)

구분	페이지당 비용	표지 가격		권당 제본 비용	할인
		유광	무광		
A인쇄소	50	500	400	1,500	–
B인쇄소	70	300	250	1,300	–
C인쇄소	70	500	450	1,000	100부 초과 시 초과 부수만 총비용에서 5% 할인
D인쇄소	60	300	200	1,000	–
E인쇄소	100	200	150	1,000	총 인쇄 페이지 5,000페이지 초과 시 총비용에서 20% 할인

※ 홍보자료는 관내 20개 지점에 배포하고, 지점마다 10부씩 배포함
※ 홍보자료는 30페이지 분량으로 제본하며, 표지는 유광표지로 함

① A인쇄소   ② B인쇄소
③ C인쇄소   ④ D인쇄소
⑤ E인쇄소

04 | 인원선발

| 유형분석 |

- 인적 자원과 관련된 다양한 정보를 활용하여 풀어가는 문제이다.
- 주로 근무명단, 휴무일, 업무할당 등의 주제로 다양한 정보를 활용하여 종합적으로 풀어가는 문제가 출제된다.

다음 글의 내용이 참일 때, S은행의 신입사원으로 채용될 수 있는 지원자들의 최대 인원은?

금년도 신입사원 채용에서 S은행이 요구하는 자질은 이해능력, 의사소통능력, 대인관계능력, 실행능력이다. S은행은 이 4가지 자질 중 적어도 3가지 자질을 지닌 사람을 채용하고자 한다. 지원자는 갑, 을, 병, 정 4명이며, 이들이 지닌 자질을 평가한 결과 다음과 같은 정보가 주어졌다.

㉠ 갑이 지닌 자질과 정이 지닌 자질 중 적어도 2가지는 일치한다.
㉡ 대인관계능력은 병만 가진 자질이다.
㉢ 만약 지원자가 의사소통능력을 지녔다면 그는 대인관계능력의 자질도 지닌다.
㉣ 의사소통능력의 자질을 지닌 지원자는 1명뿐이다.
㉤ 갑, 병, 정은 이해능력이라는 자질을 지니고 있다.

① 1명　　　　　　　　　　② 2명
③ 3명　　　　　　　　　　④ 4명
⑤ 없음

정답 ①

㉡, ㉢, ㉣에 의해 의사소통능력과 대인관계능력을 지닌 사람은 오직 병뿐이라는 사실을 알 수 있다. 또한 ㉤에 의해 병이 이해능력도 가지고 있음을 알 수 있다. 이처럼 병은 4가지 자질 중에 3가지를 갖추고 있으므로 S은행의 신입사원으로 채용될 수 있다. 신입사원으로 채용되기 위해서는 적어도 3가지 자질이 필요한데, 4가지 자질 중 의사소통능력과 대인관계능력은 병만 지닌 자질임이 확인되었으므로 나머지 갑, 을, 정은 채용될 수 없다. 따라서 신입사원으로 채용될 수 있는 최대 인원은 병 1명이다.

유형풀이 Tip

- 주어진 규정 혹은 규칙을 근거로 하여 선택지를 하나씩 검토하며 소거해 나간다.

01 S기업은 현재 모든 사원과 연봉 협상을 하는 중이다. 연봉은 전년도 성과지표에 따라서 결정되고 사원들의 성과지표 결과가 다음과 같을 때, 가장 많은 연봉을 받을 사람은?

〈성과지표별 가중치〉

(단위 : 원)

성과지표	수익 실적	업무 태도	영어 실력	동료 평가	발전 가능성
가중치	3,000,000	2,000,000	1,000,000	1,500,000	1,000,000

〈사원별 성과지표 결과〉

구분	수익 실적	업무 태도	영어 실력	동료 평가	발전 가능성
A사원	3	3	4	4	4
B사원	3	3	3	4	4
C사원	5	2	2	3	2
D사원	3	3	2	2	5
E사원	4	2	5	3	3

※ (당해 연도 연봉)=3,000,000원+(성과급)
※ 성과급은 각 성과지표와 그에 해당하는 가중치를 곱한 뒤 모두 더함
※ 성과지표의 평균이 3.5 이상인 경우 당해 연도 연봉에 1,000,000원이 추가됨

① A사원 　　　　　　　　　　② B사원
③ C사원 　　　　　　　　　　④ D사원
⑤ E사원

※ S은행은 승진후보자 중 2025년 하반기 승진자를 선발하고자 한다. 다음은 승진자 선발 방식 및 승진후보자들에 대한 자료이다. 이어지는 질문에 답하시오. **[2~3]**

<승진자 선발 방식>

• 승진점수(100)는 실적평가점수(40), 동료평가점수(30), 혁신사례점수(30)에 교육 이수에 따른 가점을 합산하여 산정한다.
• 교육별 이수 여부에 따른 가점은 다음과 같다.

구분	조직문화	전략적 관리	혁신역량	다자협력
가점	2점	2점	3점	2점

• 승진후보자 중 승진점수가 가장 높은 2인을 선발하여 승진시킨다.

<승진후보자별 평가정보>

구분	실적평가점수	동료평가점수	혁신사례점수	이수교육
A	34	26	22	다자협력
B	36	25	18	혁신역량
C	39	26	24	−
D	37	21	23	조직문화, 혁신역량
E	36	29	21	−

Easy

02 승진자 선발 방식에 따라 승진후보자 A ~ E 5명 중 2명을 승진시키고자 한다. 동점자가 있는 경우 실적평가점수가 더 높은 후보자를 선발한다고 할 때, 승진할 2명은?

① A, B　　　　　　　　　　② A, C
③ C, D　　　　　　　　　　④ C, E
⑤ D, E

03 하반기 인사에 혁신의 반영률을 높이라는 내부 인사위원회의 권고에 따라 승진자 선발 방식이 다음과 같이 변경되었다. 변경된 승진자 선발 방식에 따라 승진자를 선발할 때, 승진할 2명은?

〈승진자 선발 방식 변경〉

〈변경 전〉	〈변경 후〉
1. 승진점수(100) 총점 및 배점	1. 승진점수(115) 총점 및 배점
• 실적평가점수(40)	• 실적평가점수(40)
• 동료평가점수(30)	• 동료평가점수(30)
• 혁신사례점수(30)	• 혁신사례점수(45)
	– 혁신사례점수에 50%의 가중치를 부여

2. 혁신역량 교육 가점

교육	혁신역량
가점	3

2. 혁신역량 교육 가점

교육	혁신역량
가점	4

① A, D   ② B, C

③ B, E   ④ C, D

⑤ C, E

조직이해능력

합격 Cheat Key

조직이해능력은 업무를 원활하게 수행하기 위해 조직의 체제와 경영을 이해하고 국제적인 추세를 이해하는 능력이다. 현재 많은 금융권에서 출제 비중을 높이고 있는 영역이기 때문에 미리 대비하는 것이 중요하다. 실제 업무 능력에서 조직이해능력을 요구하기 때문에 중요도는 점점 높아 질 것이다.

국가직무능력표준 홈페이지 자료에 따르면 조직이해능력의 세부 유형은 조직체제이해능력 · 경영이해능력 · 업무이해능력 · 국제감각으로 나눌 수 있다. 조직도를 제시하는 문제가 출제되거나 조직의 체계를 파악해 경영의 방향성을 예측하고, 업무의 우선순위를 파악하는 문제가 출제된다.

1 문제 속에 정답이 있다!

경력이 없는 경우 조직에 대한 이해가 낮을 수밖에 없다. 그러나 문제 자체가 실무적인 내용을 담고 있어도 문제 안에는 해결의 단서가 주어진다. 부담을 갖지 않고 접근하는 것이 중요하다.

2 경영 · 경제학원론 정도의 수준은 갖추도록 하라!

지원한 직군마다 차이는 있을 수 있으나, 경영 · 경제이론을 접목시킨 문제가 꾸준히 출제되고 있다. 따라서 기본적인 경영 · 경제이론은 익혀둘 필요가 있다.

3 지원하는 기업의 조직도를 파악하자!

출제되는 문제는 각 기업의 세부내용일 경우가 많기 때문에 지원하는 기업의 조직도를 파악해두어야 한다. 조직이 운영되는 방법과 전략을 이해하고, 조직을 구성하는 체제를 파악하고 간다면 조직이해능력영역에서 조직도가 나올 때 단기간에 문제를 풀 수 있을 것이다.

4 실제 업무에서도 요구되므로 이론을 익혀두자!

각 기업의 직무 특성상 일부 영역에 중요도가 가중되는 경우가 있어서 많은 수험생들이 일부 영역에만 집중하지만, 실제 업무 능력에서 직업기초능력 10개 영역이 골고루 요구되는 경우가 많고, 현재는 필기시험에서도 조직이해능력을 출제하는 기관의 비중이 늘어나고 있기 때문에 미리 이론을 익혀둔다면 모듈형 문제에서 고득점을 노릴 수 있다.

01 | 경영전략

| 유형분석 |

- 경영전략에서 대표적으로 출제되는 문제는 마이클 포터(Michael Porter)의 본원적 경쟁전략이다.
- 본원적 경쟁전략의 기본적인 이해와 구조를 물어보는 문제가 자주 출제되므로 전략별 특징 및 개념에 대한 이론 학습이 요구된다.

다음 사례에서 나타난 마이클 포터의 본원적 경쟁전략으로 가장 적절한 것은?

> 전자제품 시장에서 경쟁회사가 가격을 낮추는 저가 전략을 사용하여 점유율을 높이려 하자, 이에 맞서 오히려 고급 기술을 적용한 고품질 프리미엄 제품을 선보이고 서비스를 강화해 시장의 점유율을 높였다.

① 차별화 전략
② 원가우위 전략
③ 집중화 전략
④ 마케팅 전략
⑤ 비교우위 전략

정답 ①

마이클 포터의 본원적 경쟁전략
- 차별화 전략 : 조직이 생산품이나 서비스를 차별화하여 고객에게 가치 있고 독특하게 인식되도록 하는 전략으로, 이를 활용하기 위해서는 연구개발이나 광고를 통하여 기술, 품질, 서비스, 브랜드 이미지를 개선할 필요가 있다.
- 원가우위 전략 : 원가절감을 통해 해당 산업에서 우위를 점하는 전략으로, 이를 위해서는 대량생산을 통해 단위 원가를 낮추거나 새로운 생산기술을 개발할 필요가 있다.
- 집중화 전략 : 특정 시장이나 고객에게 한정된 전략으로, 특정 산업을 대상으로 한다. 즉, 경쟁 조직들이 소홀히 하고 있는 한정된 시장을 원가우위나 차별화 전략을 써서 집중 공략하는 방법이다.

유형풀이 Tip

- 대부분의 기업들은 마이클 포터의 본원적 경쟁전략을 사용하고 있다. 각 전략에 해당하는 대표적인 기업을 연결하고, 그들의 경영전략을 상기하며 문제를 풀어보도록 한다.
- 본원적 경쟁전략의 기본적인 이해와 구조를 물어보는 문제가 자주 출제되므로, 전략별 특징 및 개념에 대한 이론 학습이 요구된다.

Easy

01 다음 중 경영전략 추진과정을 바르게 나열한 것은?

① 경영전략 도출 → 환경분석 → 전략 목표 설정 → 경영전략 실행 → 평가 및 피드백
② 경영전략 도출 → 경영전략 실행 → 전략 목표 설정 → 환경분석 → 평가 및 피드백
③ 전략 목표 설정 → 환경분석 → 경영전략 도출 → 경영전략 실행 → 평가 및 피드백
④ 전략 목표 설정 → 경영전략 도출 → 경영전략 실행 → 환경분석 → 평가 및 피드백
⑤ 환경분석 → 전략 목표 설정 → 경영전략 도출 → 경영전략 실행 → 평가 및 피드백

02 다음 〈보기〉 중 경영활동을 이루는 구성요소를 감안할 때 경영활동을 수행하고 있다고 볼 수 없는 것은?

> **보기**
> (가) 다음 시즌 우승을 목표로 해외 전지훈련에 참여하여 열심히 구슬땀을 흘리고 있는 선수단과 이를 운영하는 구단 직원들
> (나) 자발적인 참여로 뜻을 같이한 동료들과 함께 매주 어려운 이웃을 찾아다니며 봉사활동을 펼치고 있는 S씨
> (다) 교육지원대대장으로서 사병들의 교육이 원활히 진행될 수 있도록 훈련장 관리와 유지에 최선을 다하고 있는 대령과 참모진
> (라) 영화 촬영을 앞두고 시나리오와 제작 콘셉트를 회의하기 위해 모인 감독 및 스태프와 출연 배우들
> (마) 대기업을 그만두고 가족들과 함께 조그만 무역회사를 차려 손수 제작한 밀짚 가방을 동남아로 수출하고 있는 B씨

① (가)　　　　　　　　　　　② (나)
③ (다)　　　　　　　　　　　④ (라)
⑤ (마)

03 경영참가제도는 자본참가, 성과참가, 의사결정참가 유형으로 구분된다. 다음 중 '자본참가' 유형의 사례로 가장 적절한 것은?

① 임직원들에게 저렴한 가격으로 일정 수량의 주식을 매입할 수 있게 권리를 부여한다.

② 위원회제도를 활용하여 근로자의 경영참여와 개선된 생산의 판매 가치를 기초로 성과를 배분한다.

③ 부가가치의 증대를 목표로 하여 이를 노사협력체제를 통해 달성하고, 이에 따라 증가된 생산성 향상분을 노사 간에 배분한다.

④ 천재지변의 대응, 생산성 하락, 경영성과 전달 등과 같이 단체교섭에서 결정되지 않은 사항에 대하여 노사가 서로 협력할 수 있도록 한다.

⑤ 노동자 또는 노동조합의 대표가 기업의 최고결정기관에 직접 참가해서 기업경영의 여러 문제를 노사 공동으로 결정한다.

04 다음 사례를 통해 H전자가 TV 시장에서 경쟁력을 잃게 된 주요 원인으로 가장 적절한 것은?

> 평판 TV 시장에서 PDP TV가 주력이 되리라 판단한 H전자는 2007년에 세계 최대 규모의 PDP 생산설비를 건설하기 위해 3조 원 수준의 막대한 투자를 결정한다. 당시 L전자와 S전자는 LCD와 PDP 사업을 동시에 수행하면서도 성장성이 높은 LCD TV로 전략을 수정하는 상황이었지만, H전자는 익숙한 PDP 사업에 더욱 몰입한 것이다. 하지만 주요 기업들의 투자가 LCD에 집중되면서 새로운 PDP 공장이 본격 가동될 시점에 PDP의 경쟁력은 이미 LCD에 뒤처지게 됐다.
> 결국, 활용가치가 현저하게 떨어진 PDP 생산설비는 조기에 상각함을 고민할 정도의 골칫거리로 전락했다. H전자는 2011년에만 11조 원의 적자를 기록했으며, 2012년에도 10조 원 수준의 적자가 발생되었다. 연이은 적자는 H전자의 신용등급을 투기등급으로 급락시켰고, H전자의 CEO는 '디지털 가전에서 패배자가 되었음'을 인정하며 고개를 숙였다. TV를 포함한 가전제품 사업에서 H전자가 경쟁력을 회복하기 어려워졌음은 말할 것도 없다.

① 사업 환경의 변화 속도가 너무나 빨라졌고, 변화의 속성도 예측이 어려워져 따라가지 못하였다.

② 차별성을 지닌 새로운 제품을 기획하고 개발하는 것에 대한 성공 가능성이 낮아져 주저했다.

③ 기존 사업영역에 대한 강한 애착으로 신사업이나 신제품에 대해 낮은 몰입도를 보였다.

④ 실패가 두려워 새로운 도전보다 안정적이며 실패 확률이 낮은 제품을 위주로 미래를 준비하였다.

⑤ 외부 환경이 어려워짐에 따라 잠재적 실패를 감내할 수 있는 자금을 확보하지 못하였다.

※ 다음은 포터의 산업구조분석기법(5 Force Model)에 대한 자료이다. 이어지는 질문에 답하시오. **[5~6]**

> 포터의 산업구조분석기법에 따르면 특정 산업의 수익성 및 매력도는 산업의 구조적 특성에 의해 영향을 받으며, 이는 5가지 힘에 의해 결정된다고 보았다.
>
> ```
>                        ┌──────────────────┐
>                        │ ㉠ 공급자의 교섭력  │
>                        └──────────────────┘
>                                  ↓
> ┌──────────────┐      ┌──────────────────┐      ┌──────────────┐
> │ ㉡ 잠재적 진입 │ →   │ ㉤ 산업 내의 경쟁  │  ←  │ ㉣ 대체재의 위협 │
> └──────────────┘      └──────────────────┘      └──────────────┘
>                                  ↑
>                        ┌──────────────────┐
>                        │ ㉢ 구매자의 교섭력  │
>                        └──────────────────┘
> ```

`Hard`

05 포터의 산업구조분석기법에 따라 반도체산업의 구조를 분석한다고 할 때, ㉠ ~ ㉤에 해당하는 사례로 적절하지 않은 것은?

① ㉠ : IT 시장의 지속적인 성장에 따라 반도체의 수요가 증가하면서 반도체산업의 수익률도 증가하고 있다.

② ㉡ : 생산설비 하나를 설치하는 데에도 막대한 비용이 발생하는 반도체산업에 투자할 수 있는 기업은 많지 않다.

③ ㉢ : 반도체산업에는 컴퓨터 제조업자와 같은 대형구매자가 존재한다.

④ ㉣ : 메모리형 반도체는 일상재로 품질과 디자인 면에서 어느 회사의 제품이든 별 차이가 없기 때문에 가격경쟁이 치열하다.

⑤ ㉤ : 비슷한 규모를 가진 세계적인 기업들의 치열한 경쟁이 반도체산업의 수익률을 저하시킨다.

06 다음 중 구매자의 교섭력이 가장 높은 상황으로 가장 적절한 것은?

① 구매자의 구매량이 판매자의 규모보다 작을 때

② 시장에 소수 기업의 제품만 존재할 때

③ 구매자가 공급자를 바꾸는 데 전환 비용이 발생할 때

④ 공급자의 제품 차별성이 높을 때

⑤ 구매자가 직접 상품을 생산할 수 있을 때

02 | 조직구조

│ 유형분석 │

- 조직구조 유형에 대한 특징을 물어보는 문제가 자주 출제된다.
- 기계적 조직과 유기적 조직의 차이점과 사례 등을 숙지하고 있어야 한다.
- 조직구조 형태에 따라 기능적 조직, 사업별 조직으로 구분하여 출제되기도 한다.

다음 〈보기〉 중 조직구조에 대한 설명으로 옳지 않은 것을 모두 고르면?

> **보기**
> ㉠ 기계적 조직은 구성원들의 업무분장이 명확하게 이루어져 있는 편이다.
> ㉡ 기계적 조직은 조직 내 의사소통이 비공식적 경로를 통해 활발히 이루어진다.
> ㉢ 유기적 조직은 의사결정 권한이 조직 하부 구성원들에게 많이 위임되어 있으며, 업무내용이 명확히 규정되어 있는 것이 특징이다.
> ㉣ 유기적 조직은 기계적 조직에 비해 조직의 형태가 가변적이다.

① ㉠, ㉡   ② ㉠, ㉢
③ ㉡, ㉢   ④ ㉡, ㉣
⑤ ㉢, ㉣

정답 ③
㉡ 기계적 조직 내 의사소통은 비공식적 경로가 아닌 공식적 경로를 통해 주로 이루어진다.
㉢ 유기적 조직은 의사결정 권한이 조직 하부 구성원들에게 많이 위임되어 있으나, 업무내용은 기계적 조직에 비해 가변적이다.

오답분석
㉠ 기계적 조직은 위계질서 및 규정, 업무분장이 모두 명확하게 확립되어 있는 조직이다.
㉣ 유기적 조직에서는 비공식적인 상호 의사소통이 원활히 이루어지며, 규제나 통제의 정도가 낮아 변화에 따라 쉽게 변할 수 있는 특징을 가진다.

유형풀이 Tip

조직구조는 유형에 따라 기계적 조직과 유기적 조직으로 나눌 수 있다. 기계적 조직과 유기적 조직은 서로 상반된 특징을 가지고 있으며, 기계적 조직이 관료제의 특징과 비슷하다는 것을 파악하고 있다면, 이와 상반된 유기적 조직의 특징도 수월하게 파악할 수 있다.
1) 기계적 조직 : 구성원들의 업무나 권한이 분명하게 정의된 조직
2) 유기적 조직 : 의사결정권이 하부 구성원들에게 많이 위임되고 업무가 고정적이지 않은 조직

※ 다음 자료를 보고 이어지는 질문에 답하시오. **[1~2]**

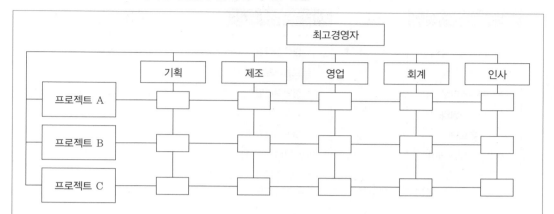

서로 다른 기능 부서에 속해 있는 전문 인력들이 프로젝트 관리자가 이끄는 프로젝트에서 함께 일한다. 조직에 속한 개인은 두 명의 상급자(기능부서 관리자, 프로젝트 관리자)로부터 지시를 받으며 보고를 하게 된다. 이것은 기존의 전통적 조직구조에 적용되는 _____ ㉠ _____ 의 원리가 깨진 것으로서 해당 조직의 가장 큰 특징이다.

Easy

01 다음 중 위 자료에서 설명하는 조직의 구조는 무엇인가?

① 네트워크 조직   ② 매트릭스 조직
③ 관료제 조직   ④ 팀제 조직
⑤ 학습 조직

02 다음 중 빈칸 ㉠에 들어갈 말로 가장 적절한 것은?

① 계층   ② 기능적 분업
③ 조정   ④ 적도집권
⑤ 명령통일

※ 다음은 S기업의 조직도이다. 이어지는 질문에 답하시오. [3~5]

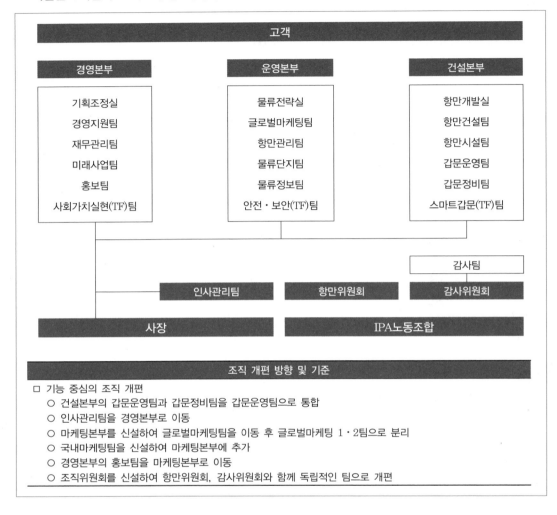

조직 개편 방향 및 기준

□ 기능 중심의 조직 개편
  ○ 건설본부의 갑문운영팀과 갑문정비팀을 갑문운영팀으로 통합
  ○ 인사관리팀을 경영본부로 이동
  ○ 마케팅본부를 신설하여 글로벌마케팅팀을 이동 후 글로벌마케팅 1·2팀으로 분리
  ○ 국내마케팅팀을 신설하여 마케팅본부에 추가
  ○ 경영본부의 홍보팀을 마케팅본부로 이동
  ○ 조직위원회를 신설하여 항만위원회, 감사위원회와 함께 독립적인 팀으로 개편

03 조직 개편 방향 및 기준에 따라 조직을 개편하였다. 다음 중 신설되는 본부로 가장 적절한 것은?

① 마케팅본부   ② 행정본부
③ 갑문운영본부   ④ 물류본부
⑤ 영업본부

04 다음 중 마케팅본부에 속하는 팀으로 적절하지 않은 것은?

① 글로벌마케팅 1팀   ② 글로벌마케팅 2팀
③ 글로벌홍보팀   ④ 국내마케팅팀
⑤ 홍보팀

05 다음 중 조직 개편 후 경영본부, 운영본부, 건설본부에 속한 팀의 개수가 바르게 짝지어진 것은?

	경영본부	운영본부	건설본부
①	5팀	5팀	5팀
②	6팀	5팀	5팀
③	6팀	6팀	6팀
④	7팀	5팀	5팀
⑤	7팀	6팀	6팀

06 조직 구조의 형태 중 사업별 조직 구조는 제품이나 고객별로 부서를 구분한다. 다음 중 사업별 조직 구조의 형태로 적절하지 않은 것은?

① A출판사 — 취업과 / 공무원과 / 학습어학과

② B출판사 — 총무부 / 디자인부 / 마케팅부

③ C출판사 — 초등부 교과서 / 중등부 교과서 / 고등부 교과서

④ D출판사 — 소설 / 시 / 희곡

⑤ E출판사 — 언어 / 수리 / 외국어

03 | 업무이해

| 유형분석 |

- 부서별 주요 업무에 대해 묻는 문제이다.
- 부서별 특징과 담당 업무에 대한 이해가 필요하다.

다음은 기업의 각 부서에서 하는 일이다. 일반적인 상황에서 부서와 그 업무가 바르게 연결된 것은?

㉠ 의전 및 비서 업무	㉡ 업무분장 및 조정
㉢ 결산 관련 업무	㉣ 임금제도
㉤ 소모품의 구입 및 관리	㉥ 법인세, 부가가치세
㉦ 판매 예산 편성	㉧ 보험 가입 및 보상 업무
㉨ 견적 및 계약	㉩ 국내외 출장 업무 협조
㉪ 외상매출금 청구	㉫ 직원수급 계획 및 관리

① 총무부 : ㉠, ㉤, ㉦
② 영업부 : ㉦, ㉨, ㉪
③ 회계부 : ㉢, ㉧, ㉪
④ 인사부 : ㉠, ㉡, ㉣
⑤ 기획부 : ㉠, ㉡, ㉫

정답 ②

영업부의 업무로는 판매 계획, 판매 예산 편성(㉦), 견적 및 계약(㉨), 외상매출금 청구 및 회수(㉪), 시장조사, 판매 원가 및 판매 가격의 조사 검토 등이 있다.

오답분석

① 총무부 : ㉠, ㉤, ㉩
③ 회계부 : ㉢, ㉥, ㉧
④ 인사부 : ㉡, ㉣, ㉫
⑤ 기획부 : 경영 또는 전략 기획, 신규 투자 및 중장기 계획 수립 등

유형풀이 Tip

- 조직은 목적을 달성하기 위해 업무를 효과적으로 분배하고 처리할 수 있는 구조를 확립하고 있으며, 조직의 목적이나 규모에 따라 업무의 종류는 다양하다.
- 대부분의 조직에서는 총무, 인사, 기획, 회계, 영업으로 부서를 나누어 업무를 담당하고 있다. 따라서 5가지 업무 종류에 대해서는 미리 숙지해야 한다.

01 다음은 S사의 직무전결표의 일부분이다. 이에 따라 문서를 처리하였을 경우 옳지 않은 것은?

<S사 직무전결표>

직무 내용	대표이사	위임 전결권자		
		전무	이사	부서장
정기 월례 보고				○
각 부서장급 인수인계		○		
3천만 원 초과 예산 집행	○			
3천만 원 이하 예산 집행		○		
각종 위원회 위원 위촉	○			
해외 출장			○	

① 인사부장의 인수인계에 관하여 전무에게 결재받은 후 시행하였다.
② 인사징계위원회 위원을 위촉하기 위하여 대표이사 부재중에 전무가 전결하였다.
③ 영업팀장의 해외 출장을 위하여 이사에게 결재를 받았다.
④ 3천만 원에 해당하는 물품 구매를 위하여 전무 전결로 처리하였다.
⑤ 정기 월례 보고서를 작성한 후 부서장의 결재를 받았다.

Easy

02 다음은 S회사의 신제품 관련 회의가 끝난 후 작성된 회의록이다. 이를 이해한 내용으로 적절하지 않은 것은?

<신제품 회의록>

회의일시	2025.3.14	부서	홍보팀, 영업팀, 기획팀
참석자	홍보팀 팀장, 영업팀 팀장, 기획팀 팀장		
회의안건	신제품 홍보 및 판매 방안		
회의내용	- 경쟁 업체와 차별화된 마케팅 전략 필요 - 적극적인 홍보 및 판매 전략 필요 - 대리점 실적 파악 및 소비자 반응 파악 필요 - 홍보팀 업무 증가에 따라 팀원 보충 필요		
회의결과	- 홍보용 보도 자료 작성 및 홍보용 사은품 구매 요청 - 대리점별 신제품 판매량 조사 실시 - 마케팅 기획안 작성 및 공유 - 홍보팀 경력직 채용 공고		

① 이번 회의안건은 여러 팀의 협업이 필요한 사안이다.
② 기획팀은 마케팅 기획안을 작성하고, 이를 다른 팀과 공유해야 한다.
③ 홍보팀 팀장은 경력직 채용 공고와 관련하여 인사팀에 업무협조를 요청해야 한다.
④ 대리점의 신제품 판매량 조사는 소비자들의 반응을 파악하기 위한 것이다.
⑤ 영업팀은 홍보용 보도 자료를 작성하고, 홍보용 사은품을 구매해야 한다.

03 다음은 어떤 기관에서 공지한 교육 홍보물의 내용 중 일부를 발췌한 것이다. 홍보물을 참고할 때, A사원이 속해 있을 부서의 업무로 적절하지 않은 것은?

〈홍보물〉

··· 상략 ···

▶ 신청 자격 : 중소기업 재직자, 중소기업 관련 협회·단체 재직자
 – 성공적인 기술 연구개발을 통해 기술 경쟁력을 강화하고자 하는 중소기업
 – 정부의 중소기업 지원 정책을 파악하고 국가 연구개발 사업에 신청하고자 하는 중소기업
▶ 교육비용 : 100% 무료교육(교재 및 중식 제공)
▶ 교육일자 : 모든 교육과정은 2일 16시간 과정, 선착순 60명 마감

과정명	교육내용	교육일자	교육장소	접수마감
정규(일반)	연구개발의 성공을 보장하는 R&D 기획서 작성	5.19(목) ~ 20(금)	B대학교	5.18(수)
정규(종합)	R&D 기획서 작성 및 사업화 연계	5.28(토) ~ 29(일)	○○센터	5.23(월)

※ 선착순 모집으로 접수마감일 전 정원 초과 시 조기 마감될 수 있습니다.

본 교육과 관련하여 보다 자세한 정보를 원하시면 A사원(123-4567)에게 문의하여 주시기 바랍니다.

① 중소기업 R&D 지원 사업 기획 및 평가·관리
② R&D 교육 관련 전문 강사진 관리
③ 연구개발 기획 역량 개발 지원 사업 기획·평가·관리
④ R&D 관련 장비 활용 지원 사업 기획 및 평가·관리
⑤ R&D 사업화 연계·지원 관리

04 다음은 최팀장이 김사원에게 남긴 음성메시지이다. 김사원이 가장 먼저 처리해야 할 일로 옳은 것은?

지금 업무 때문에 밖에 나와 있는데, 전화를 안 받아서 음성메시지 남겨요. 내가 중요한 서류를 안 가져왔어요. 미안한데 점심시간에 서류 좀 갖다 줄 수 있어요? 아, 그리고 이팀장한테 퇴근 전에 전화 좀 달라고 해 줘요. 급한 건 아닌데 확인할 게 있어서 그래요. 나는 오늘 여기서 퇴근할 거니까 회사로 연락 오는 거 있으면 정리해서 오후에 알려주고. 오전에 박과장이 문의사항이 있어서 방문하기로 했으니까 응대 잘할 수 있도록 해요. 박과장이 문의한 사항은 관련 서류 정리해서 내 책상에 두었으니까 미리 읽어 보고 궁금한 사항 있으면 연락 주세요.

① 박과장 응대하기
② 최팀장에게 서류 갖다 주기
③ 회사로 온 연락 최팀장에게 알려 주기
④ 이팀장에게 전화달라고 전하기
⑤ 최팀장 책상의 서류 읽어 보기

05 인사팀 팀장인 귀하는 신입사원 채용 면접관으로 참가하게 되었다. 귀하의 회사는 조직 내 팀워크를 가장 중요하게 생각하고 있다. 다음 지원자 중 귀하의 회사에 채용되기에 적절하지 않은 사람은?

① A지원자 : 최선보다는 최고! 무조건 뛰어난 사원이 되도록 하겠습니다.
② B지원자 : 조직 내에서 반드시 필요한 일원이 되겠습니다.
③ C지원자 : 동료와 함께 부족한 부분을 채워나간다는 생각으로 일하겠습니다.
④ D지원자 : 회사의 목표가 곧 제 목표라는 생각으로 모든 업무에 참여하겠습니다.
⑤ E지원자 : 모든 업무에 능동적으로 참여하는 적극적인 사원이 되겠습니다.

PART 1

06 다음 사례에서 S사가 밑줄 친 내용을 통하여 얻을 수 있는 기대효과로 적절한 것을 〈보기〉에서 모두 고르면?

> S사는 사원 번호, 사원명, 연락처 등의 사원 데이터 파일을 여러 부서별로 저장하여 관리하다 보니 연락처가 바뀌면 연락처가 저장되어 있는 모든 파일을 수정해야 했다.
> 또한 사원 데이터 파일에 주소 항목이 추가되는 등 파일의 구조가 변경되면 이전 파일 구조를 사용했던 모든 응용 프로그램도 수정해야 하므로 유지보수 비용이 많이 들었다. 그래서 S사는 이런 문제점을 해결할 수 있는 소프트웨어를 도입하기로 결정하였다.

보기
ㄱ 대용량 동영상 파일을 쉽게 편집할 수 있다.
ㄴ 컴퓨터의 시동 및 주변기기의 제어를 쉽게 할 수 있다.
ㄷ 응용 프로그램과 데이터 간의 독립성을 향상시킬 수 있다.
ㄹ 데이터의 중복이 감소되어 일관성을 높일 수 있다.

① ㄱ, ㄷ
② ㄱ, ㄹ
③ ㄴ, ㄷ
④ ㄴ, ㄹ
⑤ ㄷ, ㄹ

04 | 리더십

| 유형분석 |

- 리더십의 개념을 비교하는 문제가 자주 출제된다.
- 리더의 역할에 대한 문제가 출제되기도 한다.

다음은 리더와 관리자의 차이점을 설명한 글이다. 리더의 행동을 이해한 내용으로 옳지 않은 것은?

리더와 관리자의 가장 큰 차이점은 비전이 있고 없음에 있다. 또한 관리자의 역할이 자원을 관리·분배하고, 당면한 과제를 해결하는 것이라면, 리더는 비전을 선명하게 구축하고, 그 비전이 팀원들의 협력 아래 실현되도록 환경을 만들어주는 것이다.

① 리더는 자신다움을 소중히 하며, 자신의 브랜드 확립에 적극적으로 임한다.
② 리더는 매일 새로운 것을 익혀 변화하는 세계 속에서 의미를 찾도록 노력한다.
③ 리더는 목표의 실현에 관련된 모든 사람들을 중시하며, 약속을 지켜 신뢰를 쌓는다.
④ 리더는 변화하는 세계에서 현재의 현상을 유지함으로써 조직이 안정감을 갖도록 한다.
⑤ 리더는 멀리 있는 목표를 바라보며, 즉시 대가를 얻을 수 없어도 동기를 계속 유지한다.

정답 ④

리더는 혁신을 신조로 가지며, 일이 잘될 때에도 더 좋아지는 방법이 있다면 변화를 추구한다. 반면, 관리자는 현재의 현상과 지금 잘하고 있는 것을 계속 유지하려 하는 모습을 보인다.

리더와 관리자의 차이점

리더	관리자
• 새로운 상황을 창조한다.	• 상황에 수동적이다.
• 혁신지향적이다.	• 유지지향적이다.
• 내일에 초점을 둔다.	• 오늘에 초점을 둔다.
• 사람의 마음에 불을 지핀다.	• 사람을 관리한다.
• 사람을 중시한다.	• 체제나 기구를 중시한다.
• 정신적이다.	• 기계적이다.
• 계산된 리스크를 취한다.	• 리스크를 회피한다.
• '무엇을 할까?'를 생각한다.	• '어떻게 할까?'를 생각한다.

유형풀이 Tip

- 리더십의 개념을 비교하는 문제가 자주 출제되기 때문에 조직 내에서의 리더의 역할에 대해 정확하게 알아 두어야 한다.

대표기출유형 04 기출응용문제

Easy

01 다음은 리더십 유형 중 변혁적 리더에 대한 설명이다. 이를 참고할 때 변혁적 리더의 특징으로 적절하지 않은 것은?

> 변혁적 리더는 전체 조직이나 팀원들에게 변화를 가져오는 원동력이다. 즉, 변혁적 리더는 개개인과 팀이 유지해 온 이제까지의 업무수행 상태를 뛰어넘고자 한다.

① 카리스마
② 정보 독점
③ 풍부한 칭찬
④ 감화(感化)
⑤ 자기 확신

02 다음은 멤버십 유형별 특징에 대한 자료이다. 이를 참고하여 각 유형의 멤버십을 가진 사원에 대한 리더의 대처 방안으로 가장 적절한 것은?

<멤버십 유형별 특징>

소외형	순응형
• 조직에서 자신을 인정해주지 않음 • 적절한 보상이 없음 • 업무 진행에 있어 불공정하고 문제가 있음	• 기존 질서를 따르는 것이 중요하다고 생각함 • 리더의 의견을 거스르는 것은 어려운 일임 • 획일적인 태도와 행동에 익숙함
실무형	수동형
• 조직에서 규정준수를 강조함 • 명령과 계획을 빈번하게 변경함	• 조직이 나의 아이디어를 원치 않음 • 노력과 공헌을 해도 아무 소용이 없음 • 리더는 항상 자기 마음대로 함

① 소외형 사원은 팀에 협조하는 경우에 적절한 보상을 주도록 한다.
② 소외형 사원은 팀을 위해 업무에서 배제시킨다.
③ 순응형 사원에 대해서는 조직을 위해 순응적인 모습을 계속 권장한다.
④ 실무형 사원에 대해서는 징계를 통해 규정 준수를 강조한다.
⑤ 수동형 사원에 대해서는 자신의 업무에 대해 자신감을 주도록 한다.

03 다음 중 임파워먼트를 통해 나타나는 특징으로 적절하지 않은 것은?

① 구성원들 스스로 일에 대한 흥미를 느끼도록 해준다.

② 구성원들이 자신의 업무가 존중받고 있음을 느끼게 해준다.

③ 구성원들로 하여금 업무에 대해 계속해서 도전하고 성장할 수 있도록 유도할 수 있다.

④ 구성원들 간의 긍정적인 인간관계 형성에 도움을 줄 수 있다.

⑤ 구성원들이 현상을 유지하고 조직에 순응하는 모습을 기대할 수 있다.

04 다음 '터크만 팀 발달 단계'에 필요한 리더십을 바르게 제시한 것은?

번호 \ 단계	형성기	혼란기	규범기	성취기
①	참여	코치	위임	지시
②	코치	지시	참여	위임
③	코치	위임	참여	지시
④	지시	참여	코치	위임
⑤	지시	코치	참여	위임

PART **2**

경영학

1. 테일러 시스템과 포드 시스템의 비교

테일러 시스템	포드 시스템
• 과업관리(시간과 동작연구를 통한) • 차별성과급 도입 : 객관적인 과학적 방법을 사용한 임금률 • 과학적 관리 방법을 도입한 표준화 • 작업의 과학화와 개별생산관리 • 인간노동의 기계화 시대	• 동시관리 : 작업조직의 철저한 합리화에 의해 작업의 동시적 진행을 기계적으로 실현하고 관리를 자동적으로 전개 • 컨베이어 시스템, 대량생산 • 공장 전체로 확대 • 인간에게 기계의 보조역할 요구

2. 환경의 2가지 차원(환경의 동태성 및 복잡성의 정도)

- 환경의 동태성 : 안정적 환경 → 관리자가 미래의 사건 예측, 동태적 환경 → 관리자가 과거의 패턴으로부터 예측할 수 있게 된다.
- 복잡성의 정도 : 환경요소들이 단순한가, 그렇지 않은가를 말하는 것으로, 상호작용하는 환경요소의 수와 관련이 있다.
- 환경의 2가지 차원 도식화

구분		환경의 복잡성	
		단순	복잡
환경의 동태성	안정적	(단순)+(안정)=(낮은 불확실성) 예 컨테이너 제조업, 음료병 제조업	(복잡)+(안정)=(다소 낮은 불확실성) 예 대학, 병원
	동태적	(단순)+(동태적)=(다소 높은 불확실성) 예 유행의류 제조업, 장난감 제조업	(복잡)+(동태적)=(높은 불확실성) 예 전자산업, 석유회사

3. 의사결정 문제와 의사결정 모형

사이먼은 의사결정 유형을 정형적·비정형적인 것으로 분류하고, 정형적 의사결정은 구조화된 결정 문제, 비정형적 의사결정은 비구조화된 결정 문제라고 하였다.

구분	정형적 의사결정	비정형적 의사결정
문제의 성격	• 보편적, 일상적인 상황	• 특수적, 비일상적인 상황
문제해결 방안의 구체화 방식	• 문제해결안이 조직의 정책 또는 절차 등에 의해 미리 상세하게 명시됨	• 해결안은 문제가 정의된 다음에 창의적으로 결정
의사결정의 계층	• 주로 하위층	• 주로 고위층
의사결정의 수준	• 업무적·관리적 의사결정	• 전략적 의사결정
적용조직의 형태	• 시장 및 기술이 안정되고 일상적이며, 구조화된 문제해결이 많은 조직	• 구조화가 되어 있지 않으며, 결정사항이 비일상적이면서 복잡한 조직
전통적 기법	• 업무절차, 관습 등	• 직관, 판단, 경험법칙, 창조성 등
현대적 기법	• EDPS, OR 등	• 휴리스틱 기법

4. 포드 시스템의 비판

- 동시작업 시스템의 문제 : 한 라인에서 작업이 중지될 경우 전체 라인의 작업이 중지되어 제품 생산에 큰 차질을 빚게 한다.
- 인간의 기계적 종속화 : 컨베이어 시스템 등의 생산기계에 이상이 있을 시 생산은 중단되고 사람은 아무런 일도 하지 못하게 된다.
- 노동착취의 원인 제공 : 생산라인에서 사람은 쉬지 못할 뿐만 아니라 떠날 수도 없기 때문에, 이러한 생산과정은 노동의 과부하를 불러일으킬 수 있다.
- 제품의 단순화·표준화는 효율적이지만 다양한 욕구를 충족시키기에는 역부족이다.

5. 다각화의 종류

- 수직적 다각화 : 기업이 자신의 분야에 포함된 분야로 사업 영역을 확장하는 것이다.
- 수평적 다각화 : 자신의 분야와 동등한 수준의 분야로 다각화하는 것이다.
- 집중적 다각화 : 핵심기술 한 가지에 집중해서 판매하는 것 또는 다른 관점에서 바라보면 경영합리화의 목적, 시장통제의 목적, 금융상 이점 등을 목적으로 상호 간 협정 또는 제휴를 통해 과다경쟁으로 인한 폐해를 없애고 기업조직의 안정 및 시장지배를 목적으로 하는 것이다.
- 복합적 다각화 : 해당 사업이 연계한 동종업종의 것일 수도 있으며, 자신들의 업종과는 전혀 다른 양상의 분야로 확장해서 운영하는 것이다.

6. 경쟁전략의 형태

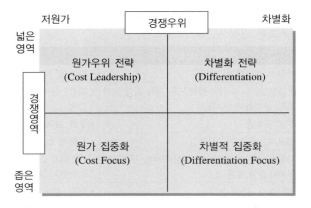

7. 기능별 조직과 사업부제 조직의 비교

구분	기능별 조직	사업부제 조직
장점	• 기능별로 최적방법(품질관리, 생산관리, 마케팅 등)의 통일적인 적용 • 전문화에 의한 지식경험의 축적 및 규모의 경제성 • 인원·신제품·신시장의 추가 및 삭감이 신속하고 신축적 • 자원(사람 및 설비)의 공통 이용	• 부문 간 조정이 용이 • 제품별 명확한 업적평가, 자원의 배분 및 통제 용이 • 사업부별 신축성 및 창의성을 확보하면서 집권적인 스태프와 서비스에 의한 규모의 이익 추구 • 사업부장의 총체적 시각에서의 의사결정
단점	• 과도한 권한의 집중 및 의사결정의 지연 • 기능별 시각에 따른 모든 제품 및 서비스 경시 • 다각화 시 제품별 조건 적합적 관리 불가능 • 각 부문의 업적평가 곤란	• 단기적인 성과를 중시 • 스태프, 기타 자원의 중복에 의한 조직슬랙의 증대 • 분권화에 의한 새로운 부문 이기주의의 발생 및 사업부 이익의 부분 극대화 • 전문직 상호 간 커뮤니케이션의 저해

8. 직무평가의 방법

비교대상 \ 비교기준	직무전반	구체적 직무요소
직무 대 직무	서열법 (Ranking Method)	요소비교법 (Factor Comparison Method)
직무 대 기준	분류법 (Job Classfication Method)	점수법 (Point Method)

9. 임금관리의 3요소

구분	핵심 사항	분류(고려 대상)
임금수준	적정성	생계비 수준, 사회적 임금수준, 동종업계 임금수준 감안
임금체계	공정성	연공급, 직능급, 성과급, 직무급
임금형태	합리성	시간급제, 일급제, 월급제, 연봉제

10. 노동조합의 탈퇴 및 가입

- 오픈 숍(Open Shop) : 사용자가 노동조합에 가입한 조합원뿐만 아니라 비조합원도 자유롭게 채용할 수 있도록 하는 제도를 말한다. 종업원의 노동조합에 대한 가입·비가입 등이 채용이나 해고 조건에 전혀 영향력을 끼치지 못하는 것이라 할 수 있다. 노동조합에 대한 가입 및 탈퇴에 대한 부분은 종업원들의 각자 자유에 맡기고, 사용자는 비조합원들도 자유롭게 채용할 수 있기 때문에 조합원들의 사용자에 대한 교섭권은 약화된다.
- 클로즈드 숍(Closed Shop) : 기업의 결원에 대한 보충이나 신규채용 등에 있어 사용자가 조합원 중에서 채용을 하지 않으면 안 되는 것을 의미한다. 노동조합의 가입이 채용의 전제조건이 되므로 조합원의 확보 방법으로서는 최상의 강력한 제도라 할 수 있으며, 클로즈드 숍하에서는 노동조합이 노동의 공급 등을 통제할 수 있기 때문에 노동가격(임금)을 상승시킬 수 있다.
- 유니언 숍(Union Shop) : 사용자의 노동자에 대한 채용은 자유롭지만, 일단 채용이 된 후 종업원들은 일정기간이 지난 후에는 반드시 노동조합에 가입해야만 하는 제도이다.

11. JIT(Just In Time) 시스템(적시생산시스템)

- 필요한 시기에 필요한 양만큼의 단위를 생산해 내는 것이다.
- 푸시 시스템 : 작업이 생산의 첫 단계에서 방출되고 차례로 재공품을 다음 단계로 밀어내어 최종 단계에서 완성품이 나온다.
- 풀 시스템 : 필요한 시기에 필요한 양만큼 생산해 내는 시스템으로, 수요변동에 의한 영향을 감소시키고 분권화에 의해 작업관리의 수준을 높인다.
- JIT의 효과 : 납기 100% 달성, 고설계 적합성, 생산 리드타임의 단축, 수요변화의 신속한 대응, 낮은 수준의 재고를 통한 작업의 효율성, 작업 공간 사용의 개선, 분권화를 통한 관리의 증대, 재공품 재고 변동의 최소화, 각 단계 간 수요 변동의 증폭 전달 방지, 불량 감소, 유연성 등

12. 종합적 품질경영(TQM; Total Quality Management)

경영자의 열의 및 리더십을 기반으로 지속된 교육 및 참여에 의해 능력이 개발된 조직의 구성원들이 합리적이면서 과학적인 관리 방식을 활용해서 기업조직 내 절차를 표준화하며, 이를 지속적으로 개선해 나가는 과정에서 종업원의 니즈를 만족시키고 소비자 만족 및 기업조직의 장기적인 성장을 추구하는 관점에서의 경영 시스템이다.

13. 목표시장 선정 전략

시장 세분화	• 시장 세분화를 위한 세분화 기준변수 파악 • 각 세분시장의 프로파일 개발
표적시장 선정	• 세분시장 매력도 평가를 위한 측정변수 개발 • 표적시장 선정
포지셔닝	• 표적시장별 포지셔닝을 위한 위치 파악 • 표적시장별 마케팅믹스 개발

14. 제품믹스 전략

• 제품믹스 : 일반적으로 기업이 다수의 소비자에게 제공하는 모든 형태의 제품 계열과 제품 품목을 통합한 것을 말한다.
• 제품 계열 : 제품믹스 중에서 물리적·기술적 특징이나 용도가 비슷하거나 동일한 고객집단에 의해 구매되는 제품의 집단이다. 즉, 특성이나 용도가 비슷한 제품들로 이루어진 집단을 말한다.
  - 제품믹스의 폭 : 기업이 가지고 있는 제품 계열의 수를 의미
  - 제품믹스의 깊이 : 각 제품 계열 안에 있는 품목의 수를 의미
  - 제품믹스의 길이 : 제품믹스 내의 모든 제품 품목의 수를 의미

15. 푸시전략과 풀전략

푸시(Push)전략	• 제조업자가 소비자를 향해 제품을 밀어낸다는 의미로, 제조업자는 도매상에게, 도매상은 소매상에게, 소매상은 소비자에게 제품을 판매하게 만드는 전략을 말한다. • 소비자들의 브랜드 애호도가 낮고, 브랜드 선택이 점포 안에서 이루어지며, 동시에 충동구매가 잦은 제품의 경우에 적합한 전략이다.
풀(Pull)전략	• 제조업자 쪽으로 당긴다는 의미로, 소비자를 상대로 적극적인 프로모션 활동을 하여 소비자들이 스스로 제품을 찾게 만들고 중간상들은 소비자가 원하기 때문에 제품을 취급할 수밖에 없게 만드는 전략을 말한다. • 광고와 홍보를 주로 사용하며, 소비자들의 브랜드 애호도가 높고, 점포에 오기 전 브랜드 선택에 대해서 관여도가 높은 상품에 적합한 전략이다.

01 다음 중 소비자가 특정 상품을 소비하면 자신이 그것을 소비하는 계층과 같은 부류라는 생각을
가지게 되는 효과는?

① 전시 효과
② 플라시보 효과
③ 파노플리 효과
④ 베블런 효과
⑤ 데킬라 효과

02 다음 중 BCG 매트릭스에서 최적 현금흐름의 방향으로 옳은 것은?

① 별 → 물음표
② 별 → 현금젖소
③ 현금젖소 → 물음표
④ 개 → 물음표
⑤ 개 → 별

03 다음 중 인사평가 측정 결과의 검증 기준에서 타당성에 대한 설명으로 옳은 것은?

① 얼마나 일관되게 측정하였는가를 나타낸다.
② 평가제도에 대한 구성원들의 신뢰도를 나타낸다.
③ 직무성과와 관련성이 있는 내용을 측정한다.
④ 평가 항목을 구체적이고 명확하게 구성하였는지를 평가한다.
⑤ 평가제도의 도입 및 운영비용보다 그로 인해 얻는 효익이 더 큰지를 나타낸다.

04 다음 중 소비자의 구매의사결정과정을 순서대로 바르게 나열한 것은?

① 정보탐색 → 문제인식 → 구매 → 대안평가 → 구매 후 행동
② 문제인식 → 정보탐색 → 대안평가 → 구매 → 구매 후 행동
③ 문제인식 → 대안평가 → 구매 → 정보탐색 → 구매 후 행동
④ 정보탐색 → 문제인식 → 대안평가 → 구매 → 구매 후 행동
⑤ 대안평가 → 정보탐색 → 문제인식 → 구매 → 구매 후 행동

05 다음 중 자재소요계획(MRP)에 대한 설명으로 옳은 것은?

① MRP는 풀 생산방식(Pull System)에 속하며 시장 수요가 생산을 촉발시키는 시스템이다.
② MRP는 독립수요를 갖는 부품들의 생산 수량과 생산 시기를 결정하는 방법이다.
③ 자재명세서의 부품별 계획 주문 발주 시기를 근거로 MRP를 수립한다.
④ MRP는 필요할 때마다 요청해서 생산하는 방식이다.
⑤ 생산 일정계획의 완제품 생산일정(MPS), 자재명세서(BOM), 재고기록철(IR) 정보를 근거로 MRP를 수립한다.

06 다음 중 과학적 경영 전략에 대한 설명으로 옳지 않은 것은?

① 호손 실험은 생산성에 비공식적 조직이 영향을 미친다는 사실을 밝혀낸 연구이다.
② 포드 시스템은 노동자의 이동 경로를 최소화하며 물품을 생산하거나 고정된 생산라인에서 노동자가 계속해서 생산하는 방식을 통하여 불필요한 절차와 행동 요소들을 없애 생산성을 향상시켰다.
③ 테일러의 과학적 관리법은 시간연구와 동작연구를 통해 노동자의 심리 상태와 보상 심리를 적용한 효과적인 과학적 경영 전략을 제시하였다.
④ 목표설정이론은 인간이 합리적으로 행동한다는 기본적인 가정에 기초하여 개인이 의식적으로 얻으려고 설정한 목표가 동기와 행동에 영향을 미친다는 이론이다.
⑤ 직무특성이론은 기술된 핵심 직무 특성이 종업원의 주요 심리 상태에 영향을 미치며, 이것이 다시 종업원의 직무성과에 영향을 미친다고 주장한다.

07 다음과 같은 특징을 가진 리더십 유형은?

• 지적자극	• 카리스마
• 장기 비전 제시에 따른 구성원의 태도 변화	• 개별적 배려

① 변혁적 리더십　　　　　　　　　② 슈퍼 리더십
③ 서번트 리더십　　　　　　　　　④ 카리스마적 리더십
⑤ 거래적 리더십

08 다음 중 호손(Hawthorne) 실험의 주요 결론에 대한 설명으로 옳지 않은 것은?

① 심리적 요인에 의해서 생산성이 좌우될 수 있다.
② 작업자의 생산성은 작업자의 심리적 요인 및 사회적 요인과 관련이 크다.
③ 비공식 집단이 자연적으로 발생하여 공식조직에 영향을 미칠 수 있다.
④ 노동환경과 생산성 사이에 반드시 비례관계가 존재하는 것은 아니다.
⑤ 일반 관리론의 이론을 만드는 데 가장 큰 영향을 미쳤다.

09 다음 중 기업의 예산통제에 대한 설명으로 옳지 않은 것은?

① 기업의 예산은 해당 기업의 장래성에 직결되기 때문에 고정적인 통제가 중요하다.
② 예산을 편성하고 이를 수단으로 경영활동 전반을 계수에 의하여 종합적으로 관리하는 방법이다.
③ 예산을 편성하는 계획기능을 담당하며, 장래의 기업 운영에 큰 영향을 준다.
④ 예산의 작성 실시를 통하여 부문 상호 간의 조정을 도모하는 조정기능을 한다.
⑤ 장래의 일정 기간에 걸친 예산을 편성하고 이를 바탕으로 경영활동을 종합적으로 통제하는 경영
　관리 수단이다.

10 다음 중 수요예측기법(Demand Forecasting Technique)에 대한 설명으로 옳은 것은?

① 지수평활법은 평활상수가 클수록 최근 자료에 더 높은 가중치를 부여한다.

② 시계열 분석법으로는 이동평균법과 회귀분석법이 있다.

③ 수요예측과정에서 발생하는 예측오차들의 합이 영(Zero)에 수렴하는 것은 옳지 않다.

④ 이동평균법은 이동평균의 계산에 사용되는 과거 자료의 수가 많을수록 수요예측의 정확도가 높아진다.

⑤ 회귀분석법은 실제치와 예측치의 오차를 자승한 값의 총합계가 최대가 되도록 회귀계수를 추정한다.

11 다음 중 하이더(Heider)의 균형이론에 대한 설명으로 옳지 않은 것은?

① 균형 상태란 자신 – 상대방 – 제3자의 세 가지 요소가 내부적으로 일치되어 있는 것처럼 보이는 상태를 말한다.

② 사람들은 균형 상태가 깨어지면 자신의 태도를 바꾸거나 상대방의 태도를 무시하는 등의 태도를 보인다.

③ 심리적 평형에 대한 이론으로, 일반적으로 사람들은 불균형 상태보다는 안정적인 상태를 선호한다고 가정한다.

④ 각 관계의 주어진 값을 곱하여 +면 균형 상태, -면 불균형 상태로 본다.

⑤ 세 가지의 요소로만 태도 변화를 설명하기 때문에 지나치게 단순하고, 그 관계의 좋고 싫음의 강도를 고려하지 못한다는 한계를 갖는다.

12 다음 중 노동조합의 가입 방법에 대한 설명으로 옳지 않은 것은?

① 클로즈드 숍(Closed Shop) 제도는 기업에 속해 있는 근로자 전체가 노동조합에 가입해야 할 의무가 있는 제도이다.

② 클로즈드 숍(Closed Shop) 제도에서는 기업과 노동조합의 단체협약을 통하여 근로자의 채용·해고 등을 노동조합의 통제하에 둔다.

③ 유니언 숍(Union Shop) 제도에서 신규 채용된 근로자는 일정 기간이 지나면 반드시 노동조합에 가입해야 한다.

④ 오픈 숍(Open Shop) 제도에서는 노동조합 가입여부가 고용 또는 해고의 조건이 되지 않는다.

⑤ 에이전시 숍(Agency Shop) 제도에서는 근로자들의 조합가입과 조합비 납부가 강제된다.

13 다음 중 허즈버그(F. Hertzberg)가 제시한 2요인이론(Two – Factor Theory)을 적용하고자 하는 경영자가 종업원들의 동기를 유발시키기 위한 방안으로 옳지 않은 것은?

① 좋은 성과를 낸 종업원을 표창한다.

② 종업원이 하고 있는 업무가 매우 중요함을 강조한다.

③ 좋은 성과를 낸 종업원에게 더 많은 급여를 지급한다.

④ 좋은 성과를 낸 종업원을 승진시킨다.

⑤ 좋은 성과를 낸 종업원에게 자기 계발의 기회를 제공한다.

14 다음 중 직무확대에 대한 설명으로 옳지 않은 것은?

① 한 직무에서 수행되는 과업의 수를 증가시키는 것을 말한다.

② 종업원으로 하여금 중심과업에 다른 관련 직무를 더하여 수행하게 함으로써 개인의 직무를 넓게 확대한다.

③ 기업이 직원들의 능력을 개발하고 여러 가지 업무를 할 수 있도록 하여 인적자원의 운용 효율을 증가시킨다.

④ 근로자가 스스로 직무를 계획하고 실행하여 일의 자부심과 책임감을 가지게끔 한다.

⑤ 다양한 업무를 진행하며 종업원의 능력이 개발되고 종합적인 시각을 가질 수 있다는 장점이 있다.

15 다음 중 소비자에게 제품의 가격이 낮게 책정되었다는 인식을 심어주기 위해 이용하는 가격설정방법은?

① 단수가격(Odd Pricing)　　　　　　　② 준거가격(Reference Pricing)

③ 명성가격(Prestige Pricing)　　　　　④ 관습가격(Customary Pricing)

⑤ 기점가격(Basing – Point Pricing)

16 다음 중 기업이 사업 다각화를 추진하는 목적으로 옳지 않은 것은?

① 기업의 지속적인 성장 추구　　　　　② 사업위험 분산

③ 유휴자원의 활용　　　　　　　　　　④ 시장지배력 강화

⑤ 기업의 수익성 강화

17 다음 중 공정가치 측정에 대한 설명으로 옳지 않은 것은?

① 공정가치란 측정일에 시장참여자 사이의 정상 거래에서 자산을 매도할 때 받거나 부채를 이전할 때 지급하게 될 가격이다.

② 공정가치는 시장에 근거한 측정치이며, 기업 특유의 측정치가 아니다.

③ 공정가치를 측정하기 위해 사용하는 가치평가기법은 관측할 수 있는 투입 변수를 최소한으로 사용하고 관측할 수 없는 투입 변수를 최대한으로 사용한다.

④ 기업은 시장참여자가 경제적으로 최선의 행동을 한다는 가정하에 시장참여자가 자산이나 부채의 가격을 결정할 때 사용할 가정에 근거하여 자산이나 부채의 공정가치를 측정하여야 한다.

⑤ 비금융자산의 공정가치를 측정할 때는 자신이 그 자산을 최선으로 사용하거나 최선으로 사용할 다른 시장참여자에게 그 자산을 매도함으로써 경제적 효익을 창출할 수 있는 시장참여자의 능력을 고려한다.

18 다음 설명에 해당하는 자산으로 옳은 것은?

- 개별적으로 식별하여 별도로 인식할 수 없다.
- 손상징후와 관계없이 매년 손상검사를 실시한다.
- 손상차손환입을 인식할 수 없다.
- 사업결합 시 이전대가가 피취득자 순자산의 공정가치를 초과한 금액이다.

① 특허권   ② 회원권
③ 영업권   ④ 라이선스
⑤ 가상화폐

19 다음 중 카르텔(Cartel)에 대한 설명으로 옳은 것은?

① 동종 또는 상호 관계가 있는 이종 기업이 시장 독점을 목적으로 법률적으로 하나의 기업체가 된다.

② 동종 또는 이종의 각 기업이 법률적으로 독립성을 유지하나, 실질적으로는 주식의 소유 또는 금융적 결합에 의하여 수직적으로 결합하는 기업 집단이다.

③ 동일 시장 내의 여러 기업이 출자하여 공동판매회사를 설립하고 일원적으로 판매하는 조직을 뜻한다.

④ 인수합병 후 통합하는 기업합병 방법이다.

⑤ 같은 종류의 상품을 생산하는 기업이 서로 협정하여 경쟁을 피한다.

20 다음 중 목표설정이론 및 목표관리(MBO)에 대한 설명으로 옳지 않은 것은?

① 목표는 구체적이고 도전적으로 설정하는 것이 바람직하다.

② 목표는 지시적 목표, 자기설정 목표, 참여적 목표로 구분된다.

③ 목표를 설정하는 과정에 부하직원이 함께 참여한다.

④ 조직의 목표를 구체적인 부서별 목표로 전환하게 된다.

⑤ 성과는 경영진이 평가하여 부하직원 개개인에게 통보한다.

21 다음 중 MRP 시스템의 특징에 대한 설명으로 옳지 않은 것은?

① 고객에 대한 서비스가 개선된다.

② 설비가동능률이 증진된다.

③ 생산차질, 외주 입고 차질 및 예측과 실제 수요와의 괴리 발생 시에 빈번한 계획 수정이 요구된다.

④ 데이터 산출에 따른 의사결정에 대한 빈도수가 증가하여 수동적인 관리가 가능하다.

⑤ 정확하지 않은 방식으로 산출된 안전 재고를 유지하기보다는 일정 계획을 재수립할 수 있는 신축성이 있기 때문에 재고를 줄일 수 있다.

22 다음 중 네트워크 조직(Network Organization)의 장점으로 옳지 않은 것은?

① 정보 공유의 신속성 및 촉진이 용이하다.

② 광범위한 전략적 제휴로 기술혁신이 가능하다.

③ 개방성 및 유연성이 뛰어나 전략과 상품의 전환이 빠르다.

④ 전문성이 뛰어나 아웃소싱 업체의 전문성 및 핵심역량을 활용하기 용이하다.

⑤ 관리감독자의 수가 줄어들게 되어 관리 비용이 절감된다.

23 다음 중 제품 – 시장 매트릭스에서 기존시장에 그대로 머물면서 신제품으로 매출을 늘려 시장점유율을 높여가는 성장전략은?

① 시장침투 전략   ② 신제품개발 전략

③ 시장개발 전략   ④ 다각화 전략

⑤ 신시장 전략

24 다음 중 시장지향적 마케팅에 대한 설명으로 옳지 않은 것은?

① 고객지향적 사고의 장점을 포함하면서 그 한계점을 극복하기 위한 포괄적 마케팅이다.

② 기업이 최종고객들과 원활한 교환을 통하여 최상의 가치를 제공하기 위함을 목표로 한다.

③ 오직 기존 사업시장에 집중하며, 경쟁우위를 점하기 위한 마케팅이다.

④ 다양한 시장구성요소들이 원만하게 상호작용하여 마케팅 전략을 구축한다.

⑤ 기존 사업시장뿐만 아니라 외부사업시장이나 이익, 기회들을 확인하며, 때에 따라 기존 사업시장을 포기하기도 한다.

25 다음 사례에서 A팀원의 행동을 설명하는 동기부여이론은?

> A팀원은 작년도 목표 대비 업무 실적을 100% 달성하였다. 이에 반해 같은 팀 동료인 B팀원은 동일 목표 대비 업무 실적이 10% 부족하였지만, A팀원과 동일한 인센티브를 받았다. 이 사실을 알게 된 A팀원은 팀장에게 추가 인센티브를 요구하였으나 받아들여지지 않자 결국 이직하였다.

① 기대이론   ② 공정성 이론
③ 욕구단계이론   ④ 목표설정이론
⑤ 인지적평가이론

26 다음 중 인사평가방법에서 피평가자의 능력, 태도, 작업, 성과 등에 대한 표준 행동들을 제시하고 평가자가 해당 서술문을 대조하여 평가하는 방법은?

① 서열법   ② 평정척도법
③ 체크리스트법   ④ 중요사건기술법
⑤ 목표관리법

27 다음 중 원인과 결과를 설명하고 예측하려는 이론을 단순화하여 표현한 연구모형은?

① 인과모형   ② 브레인스토밍법
③ 델파이법   ④ 시계열 분석법
⑤ 상관분석법

28 신제품의 개발 과정은 다음과 같은 단계로 이루어진다. (가) ~ (다)에 들어갈 단계가 바르게 연결된 것은?

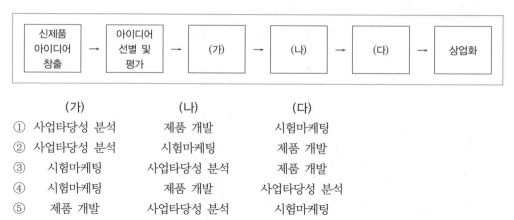

	(가)	(나)	(다)
①	사업타당성 분석	제품 개발	시험마케팅
②	사업타당성 분석	시험마케팅	제품 개발
③	시험마케팅	사업타당성 분석	제품 개발
④	시험마케팅	제품 개발	사업타당성 분석
⑤	제품 개발	사업타당성 분석	시험마케팅

29 다음 중 사업부제 조직에 대한 설명으로 옳지 않은 것은?

① 인원·신제품·신시장의 추가 및 삭감이 신속하고 신축적이다.

② 사업부제 조직의 형태로는 제품별 사업부제, 지역별 사업부제, 고객별 사업부제 등이 있다.

③ 사업부는 기능조직과 같은 형태를 취하고 있으며, 회사 내의 회사라고 볼 수 있다.

④ 기능조직이 점차 대규모화됨에 따라 제품이나 지역, 고객 등을 대상으로 해서 조직을 분할하고 이를 독립채산제로 운영하는 방법이다.

⑤ 사업부 간 과당경쟁으로 조직 전체의 목표달성 저해를 가져올 수 있다는 단점이 있다.

30 다음 설명에 해당하는 재고유형은?

• 불확실한 수요변화에 대처하기 위한 재고로, 완충재고라고도 한다.
• 생산의 불확실성, 재료 확보의 불확실성에 대비하여 보유하는 재고이다.
• 품절 또는 재고부족 상황에 미리 대비함으로써 납기일을 준수하고 고객 신뢰도를 높일 수 있다.

① 파이프라인재고   ② 이동재고

③ 주기재고   ④ 예비재고

⑤ 안전재고

모든 전사 중 가장 강한 전사는 이 두 가지, 시간과 인내다.

– 레프 톨스토이 –

PART 3

최종점검 모의고사

제1회 최종점검 모의고사

제2회 최종점검 모의고사

전국수협 적성검사		
영역	문항 수	시험시간
의사소통능력	50문항	60분
수리능력		
문제해결능력		
자원관리능력		
조직이해능력		

※ 쉬는 시간 없이 진행되며, 시험 시간 종료 후 OMR 답안카드에 마킹하는 행동은 부정행위로 간주합니다.

01 다음 제시된 단어의 대응 관계로 볼 때, 빈칸에 들어갈 알맞은 단어는?

> 발산 : 수렴 = 일괄 : (   )

① 결집
② 결핍
③ 분별
④ 분할
⑤ 집합

02 다음 제시된 단어에서 공통으로 연상할 수 있는 단어로 가장 적절한 것은?

> 만세   열사   서대문

① 순종
② 유관순
③ 이한열
④ 안중근
⑤ 전봉준

03 다음 빈칸 ㉠ ~ ㉢에 들어갈 단어가 바르게 연결된 것은?

> • 풍경화, 인물화, 정물화라는 ____㉠____ 이/가 이 전시회의 형식이나 내용으로 판별되던 때는 지났다.
> • 소유와 경영은 ____㉡____ 되어야 한다.
> • 서정시와 서사시를 ____㉢____ 하는 기준은 모호하다.

	㉠	㉡	㉢
①	분류	구분	분리
②	분별	분리	구분
③	분류	분리	구분
④	분리	분별	분류
⑤	구분	분리	분별

04 다음 중 밑줄 친 부분과 같은 의미로 쓰인 것은?

> 미세먼지 농도가 심한 날에는 꼭 마스크를 <u>써야</u> 한다.

① 많은 사람들이 황사 바람의 누런 먼지를 <u>쓰고</u> 걸어갔다.
② 그는 자신이 억울한 누명을 <u>썼다고</u> 주장했다.
③ 경찰서에 찾아가 사건에 대한 진술서를 <u>썼다</u>.
④ 며칠 아팠더니 입맛이 <u>써서</u> 맛있는 게 없다.
⑤ 잃어버렸던 안경을 찾아 <u>쓰자</u> 세상이 환해지는 느낌을 받았다.

Easy
05 다음 짝지어진 단어 사이의 관계가 나머지와 다른 하나는?

① 맷돌 – 믹서기 – 절구
② 연고 – 로션 – 반창고
③ 볼펜 – 연필 – 붓
④ 치마 – 바지 – 원피스
⑤ 냄비 – 솥 – 프라이팬

06 다음 글과 가장 관련 있는 한자성어는?

> 서로 다른 산업 분야의 기업 간 협업이 그 어느 때보다 절실해진 상황에서 기업은 '협업'과 '소통'을 고민하지 않을 수 없다. 협업과 소통의 중요성은 기업의 경쟁력 강화를 위해 항상 강조되어 왔지만, 한 기업 내에서조차 성공적으로 운영하기가 쉽지 않았다. 그런데 이제는 서로 다른 산업 분야에서 기업 간의 원활한 협업과 소통까지 이뤄내야 하니, 기업의 고민은 깊어질 수밖에 없다.
> 협업과 소통의 문화·환경을 성공적으로 정착시키는 길은 결코 쉽게 갈 수 없다. 하지만 그 길을 가기 위해 첫걸음을 내디딜 수만 있다면 절반의 성공은 담보할 수 있다. 우선 직원 개인에게 '혼자서 큰일을 할 수 있는 시대는 끝이 났음'을 명확하게 인지시키고, 협업과 소통을 통한 실질적 성공 사례들을 탐구하여 그 가치를 직접 깨닫게 해야 한다.
> 그런 다음에는 협업과 소통을 위한 시스템을 갖추는 데 힘을 쏟아야 한다. 당장 협업 시스템을 전사 차원에서 적용하라는 것은 결코 아니다. 작은 변화를 통해 직원들 간 또는 협력업체 간, 고객들 간의 협업과 소통을 조금이나마 도울 수 있는 노력을 시작하라는 것이다. 동시에 시스템을 십분 활용할 수 있도록 독려하는 노력도 간과하지 말아야 한다.

① 장삼이사(張三李四) 　　② 하석상대(下石上臺)
③ 등고자비(登高自卑) 　　④ 주야장천(晝夜長川)
⑤ 내유외강(內柔外剛)

07 다음 중 밑줄 친 부분의 맞춤법이 잘못된 것은?

① 너는 참 개구쟁이 같아.

② 남부지방에 비가 올 확률이 60%나 된다더라.

③ 오늘 스포츠난의 기사를 읽어 보았니?

④ 지나친 음주는 삼가해 주세요.

⑤ 남녀노소 즐길 수 있는 축제를 기획해 보자.

※ 다음 글을 읽고 이어지는 질문에 답하시오. [8~10]

가격의 변화가 인간의 주관성에 좌우되지 않고 객관적인 근거를 갖는다는 가설이 정통 경제 이론의 핵심이다. 이러한 정통 경제 이론의 입장에서 증권시장을 설명하는 기본 모델은 주가가 기업의 내재적 가치를 반영한다는 가설로부터 출발한다. 기본 모델에서는 기업이 존재하는 동안 이익을 창출할 수 있는 역량, 즉 기업의 내재적 가치를 자본의 가격으로 본다. 기업가는 이 내재적 가치를 보고 투자를 결정한다. 그런데 투자를 통해 거두어들일 수 있는 총 이익, 즉 기본 가치를 측정하는 일은 매우 어렵다. 따라서 이익의 크기를 예측할 때 신뢰할 만한 계산과 정확한 판단이 중요하다.

증권시장은 바로 이 기본 가치에 대해 믿을만한 예측을 제시할 수 있기 때문에 사회적 유용성을 갖는다. 증권시장은 주가를 통해 경제계에 필요한 정보를 제공하며 자본의 효율적인 배분을 가능하게 한다. 즉, 투자를 유익한 방향으로 유도해 자본이라는 소중한 자원을 낭비하지 않도록 만들어 경제 전체의 효율성까지 높여준다. 이런 측면에서 볼 때 증권시장은 실물경제의 충실한 반영일 뿐 어떤 자율성도 갖지 않는다.

이러한 기본 모델의 관점은 대단히 논리적이지만 증권시장을 효율적으로 운영하는 방법에 대한 적절한 분석까지 제공하지는 못한다. 증권시장에서 주식의 가격과 그 기업의 기본 가치가 현격하게 차이가 나는 '투기적 거품 현상'이 발생하는 것을 볼 수 있는데, 이러한 현상은 기본 모델로는 설명할 수 없다. 실제로 증권시장에 종사하는 관계자들은 기본 모델이 이러한 가격 변화를 설명해 주지 못하기 때문에 무엇보다 증권시장 자체에 관심을 기울이고 증권시장을 절대적인 기준으로 삼는다.

여기에서 우리는 자기참조 모델을 생각해 볼 수 있다. 자기참조 모델의 중심 내용은 '사람들은 기업의 미래 가치를 읽을 목적으로 실물경제보다 증권시장에 주목하며 증권시장의 여론 변화를 예측하는 데 초점을 맞춘다.'는 것이다. 기본 모델에서 가격은 증권시장 밖의 객관적인 기준인 기본 가치를 근거로 하여 결정되지만, 자기참조 모델에서 가격은 증권시장에 참여한 사람들의 여론에 의해 결정된다. 따라서 투자자들은 증권시장 밖의 객관적인 기준을 분석하기보다는 다른 사람들의 생각을 꿰뚫어 보려고 안간힘을 다할 뿐이다. 기본 가치를 분석했을 때는 주가가 상승할 객관적인 근거가 없어도 투자자들은 증권시장의 여론에 따라 주식을 사는 것이 합리적이라고 생각한다. 이러한 이상한 합리성을 '모방'이라고 한다. 이런 모방 때문에 주가가 변덕스러운 등락을 보이기 쉽다.

그런데 하나의 의견이 투자자 전체의 관심을 꾸준히 끌 수 있는 기준적 해석으로 부각되면 이 '모방'도 안정을 유지할 수 있다. 모방을 통해서 합리적이라 인정되는 다수의 비전인 '묵계'가 제시되어 객관적 기준의 결여라는 단점을 극복한다.

따라서 사람들은 묵계를 통해 미래를 예측하고, 증권시장은 이러한 묵계를 조성하고 유지해 가면서 단순한 실물경제의 반영이 아닌 경제를 자율적으로 평가할 힘을 가질 수 있다.

08 윗글의 논지 전개상 특징으로 가장 적절한 것은?

① 기업과 증권시장의 관계를 분석하고 있다.
② 증권시장의 개념을 단계적으로 규명하고 있다.
③ 사례 분석을 통해 정통 경제 이론의 한계를 지적하고 있다.
④ 주가 변화의 원리를 중심으로 다른 관점을 대비하고 있다.
⑤ 증권시장의 기능을 설명한 후 구체적 사례에 적용하고 있다.

`Hard`

09 다음 중 윗글의 내용으로 적절하지 않은 것은?

① 증권시장은 객관적인 기준이 인간의 주관성보다 합리적임을 입증한다.
② 정통 경제 이론에서는 가격의 변화가 객관적인 근거를 갖는다고 본다.
③ 기본 모델의 관점은 주가가 자본의 효율적인 배분을 가능하게 한다고 본다.
④ 증권시장의 여론을 모방하려는 경향으로 인해 주가가 변덕스러운 등락을 보이기도 한다.
⑤ 기본 모델은 주가를 예측하기 위해 기업의 내재적 가치에 주목하지만, 자기참조 모델은 증권시장의
여론에 주목한다.

10 윗글을 바탕으로 할 때, 다음 빈칸에 들어갈 내용으로 가장 적절한 것은?

> 자기참조 모델에 따르면 증권시장은 _____

① 합리성과 효율성이라는 경제의 원리가 구현되는 공간이다.
② 기본 가치에 대해 객관적인 평가를 제공하는 금융시장이다.
③ 객관적인 미래 예측 정보를 적극적으로 활용하는 금융시장이다.
④ 기업의 주가와 기업의 내재적 가치를 일치시켜 나가는 공간이다.
⑤ 투자자들이 묵계를 통해 자본의 가격을 산출해 내는 제도적 장치이다.

11 다음 문장을 논리적 순서대로 바르게 나열한 것은?

> (가) 이번에 개소한 은퇴연구소는 연구조사팀, 퇴직연금팀 등 5개팀 외에 학계 인사와 전문가로 구성된 10명 내외의 외부 자문위원단도 포함된다.
>
> (나) 은퇴연구소를 통해 일반인들의 안정된 노후준비를 돕는 지식 기반으로서, 은퇴 이후의 건강한 삶에 대한 다양한 정보를 제공하는 쌍방향의 소통 채널로 적극 활용할 계획이다.
>
> (다) A회사는 10일, 우리나라의 급격한 고령화 진전상황에 따라 범사회적으로 바람직한 은퇴준비의 필요성을 부각하고, 선진형 은퇴설계 모델의 개발과 전파를 위한 국내 최대 규모의 '은퇴연구소'를 개소했다.
>
> (라) 마지막으로 은퇴연구소는 은퇴 이후의 생활에 대한 의식과 준비 수준이 아직 선진국에 비해 크게 취약한 우리의 인식 변화를 위해 사회적 관심과 참여를 유도할 계획이다.

① (가) – (나) – (다) – (라)
② (가) – (다) – (나) – (라)
③ (나) – (가) – (다) – (라)
④ (다) – (가) – (나) – (라)
⑤ (다) – (나) – (가) – (라)

12 다음 글의 빈칸에 들어갈 내용으로 가장 적절한 것은?

탁월함은 어떻게 습득되는가, 그것을 가르칠 수 있는가? 이 물음에 대하여 아리스토텔레스는 지성의 탁월함은 가르칠 수 있지만 성품의 탁월함은 비이성적인 것이어서 가르칠 수 없고, 훈련을 통해서 얻을 수 있다고 대답한다.

그는 좋은 성품을 얻는 것을 기술을 습득하는 것에 비유한다. 그에 따르면, 리라(Lyra)를 켬으로써 리라를 켜는 법을 배우며 말을 탐으로써 말을 타는 법을 배운다. 어떤 기술을 얻고자 할 때 처음에는 교사의 지시대로 행동한다. 그리고 반복 연습을 통하여 그 행동이 점점 더 하기 쉽게 되고 마침내 제2의 천성이 된다. 이와 마찬가지로 어린아이는 어떤 상황에서 어떻게 행동해야 진실되고 관대하며 예의를 차리게 되는지 일일이 배워야 한다. 훈련과 반복을 통하여 그런 행위들을 연마하다 보면 그것들을 점점 더 쉽게 하게 되고, 결국에는 스스로 판단할 수 있게 된다.

그는 올바른 훈련이란 강제가 아니고 그 자체가 즐거움이 되어야 한다고 지적한다. 또한 그렇게 훈련받은 사람은 일을 바르게 처리하는 것을 즐기게 되고, 일을 바르게 처리하고 싶어하게 되며 올바른 일을 하는 것을 어려워하지 않게 된다. 이처럼 성품의 탁월함이란 사람들이 '하는 것'만이 아니라 사람들이 '하고 싶어 하는 것'과도 관련된다. 그리고 한두 번 관대한 행동을 한 것으로 충분하지 않으며, 늘 관대한 행동을 하고 그런 행동에 감정적으로 끌리는 성향을 갖고 있어야 비로소 관대함에 대하여 성품의 탁월함을 갖고 있다고 할 수 있다.

다음과 같은 예를 통해 아리스토텔레스의 견해를 생각해 보자. 갑돌이는 성품이 곧고 자신감이 충만하다. 그가 한 모임에 참석하였는데, 거기서 다수의 사람들이 옳지 않은 행동을 한다고 생각했을 때, 그는 다수의 행동에 대하여 비판의 목소리를 낼 것이며 그렇게 하는 데에 별 어려움을 느끼지 않을 것이다. 한편, 수줍어하고 우유부단한 병식이도 한 모임에 참석하였는데, 그 역시 다수의 행동이 잘못되었다는 판단을 했다고 하자. 이런 경우에 병식이는 일어나서 다수의 행동이 잘못되었다고 말할 수 있겠지만, 그렇게 하려면 엄청난 의지를 발휘해야 할 것이고 자신과 힘든 싸움도 해야 할 것이다. 그런데도 병식이가 그렇게 행동했다면 우리는 병식이가 용기 있게 행동하였다고 칭찬할 것이다. 그러나 아리스토텔레스의 입장에서 성품의 탁월함을 가진 사람은 갑돌이다. 왜냐하면 _____ 우리가 어떠한 사람을 존경할 것인가가 아니라, 우리 아이를 어떤 사람으로 키우고 싶은가라는 질문을 받는다면 우리는 아리스토텔레스의 견해에 가까워질 것이다. 왜냐하면 우리는 우리 아이들을 갑돌이와 같은 사람으로 키우고 싶어 할 것이기 때문이다.

① 그는 내적인 갈등 없이 옳은 일을 하기 때문이다.
② 그는 옳은 일을 하는 천성을 타고났기 때문이다.
③ 그는 주체적 판단에 따라 옳은 일을 하기 때문이다.
④ 그는 자신이 옳다는 확신을 가지고 옳은 일을 하기 때문이다.
⑤ 그는 다른 사람들의 칭찬을 의식하지 않고 옳은 일을 하기 때문이다.

13 다음 글을 읽고 추론한 내용으로 적절하지 않은 것은?

판구조론의 관점에서 보면, 아이슬란드의 지질학적인 위치는 매우 특수하다. 지구의 표면은 크고 작은 10여 개의 판으로 이루어져 있다. 아이슬란드는 북아메리카판과 유라시아판의 경계선인 대서 양 중앙 해령에 위치해 있다. 대서양의 해저에 있는 대서양 중앙 해령은 북극해에서부터 아프리카의 남쪽 끝까지 긴 산맥의 형태로 뻗어 있다. 대서양 중앙 해령의 일부분이 해수면 위로 노출된 부분인 아이슬란드는 서쪽은 북아메리카판, 동쪽은 유라시아판에 속해 있어 지리적으로는 한 나라이지만 지질학적으로는 두 개의 서로 다른 판 위에 놓여있는 것이다.

지구에서 판의 경계가 되는 곳은 여러 곳이 있다. 그러나 아이슬란드는 육지 위에서 두 판이 확장되는 희귀한 지역이다. 아이슬란드가 위치한 판의 경계에서는 새로운 암석이 생성되면서 두 판이 서로 멀어지고 있다. 그래서 아이슬란드에서는 다른 판의 경계에서 거의 볼 수 없는 지질학적 현상이 나타난다. 과학자들의 관찰에 따르면, 아이슬란드의 중심부를 지나는 대서양 중앙 해령의 갈라진 틈이 매년 약 15cm씩 벌어지고 있다.

아이슬란드는 판의 절대 속도를 잴 수 있는 기준점을 가지고 있다는 점에서도 관심의 대상이 되고 있다. 과학자들은 북아메리카판에 대한 유라시아판의 시간에 따른 거리 변화를 추정하여 판의 이동 속도를 측정한다. 그러나 이렇게 알아낸 판의 이동 속도는 이동하는 판 위에서 이동하는 다른 판의 속도를 잰 것이다. 이는 한 판이 정지해있다고 가정했을 때의 판의 속도, 즉 상대 속도이다. 과학자들은 상대 속도를 구한 것에 만족하지 않고, 판의 절대 속도, 즉 지구의 기준점에 대해서 판이 어떤 속도로 움직이는가도 알고자 했다. 판의 절대 속도를 구하기 위해서는 판의 운동과는 독립적으로 외부에 고정되어 있는 기준점이 필요하다. 과학자들은 지구 내부의 맨틀 깊숙이 위치한 마그마의 근원지인 열점이 거의 움직이지 않는다는 것을 알아내고, 그것을 판의 절대 속도를 구하는 기준점으로 사용하였다. 과학자들은 지금까지 지구상에서 100여 개의 열점을 찾아냈는데, 그중의 하나가 바로 아이슬란드에 있다.

① 아이슬란드에는 판의 절대 속도를 구하는 기준점이 있다.

② 북아메리카판과 유라시아판의 절대 속도는 같을 것이다.

③ 아이슬란드의 중심부를 지나는 대서양 중앙 해령의 갈라진 틈이 매년 약 15cm씩 벌어지고 있는 것은 아이슬란드가 판의 경계에 위치해 있기 때문이다.

④ 한 나라의 육지 위에서 두 판이 확장되는 것은 희귀한 일이다.

⑤ 지구에는 북아메리카판과 유리시아판 이외에도 5개 이상의 판이 더 있다.

※ 일정한 규칙으로 수나 문자를 나열할 때, 빈칸에 들어갈 알맞은 것을 고르시오. [14~17]

Easy

14

| −81 | −30 | −27 | −21 | −9 | −12 | ( ) |

① −3 ② −1
③ 0 ④ 1
⑤ 2

15

| 4 | 2 | 6 | −2 | 14 | −18 | ( ) |

① −52 ② −46
③ 22 ④ 46
⑤ 52

16

| ㄱ | B | ㄹ | H | ㄴ | ( ) |

① C ② D
③ E ④ F
⑤ Y

17

| A | ㄴ | B | 三 | ㄷ | C | ⅳ | 四 | ( ) | D |

① ㄹ ② 7
③ ㅈ ④ 9
⑤ 六

18 영채는 길이가 30km인 강을 배를 타고 이동하고자 한다. 강을 거슬러 올라가는 데 걸린 시간이 5시간이고 강물의 흐르는 방향과 같은 방향으로 내려가는 데 걸린 시간이 3시간일 때, 흐르지 않는 물에서의 배의 속력은?(단, 배와 강물의 속력은 일정하다)

① 5km/h ② 6.5km/h
③ 8km/h ④ 10km/h
⑤ 12km/h

19 올해 S기업의 신입사원 수는 작년에 비해 남자 8%, 여자 12% 증가하였고, 증가한 총인원은 32명이다. 작년 신입사원이 325명일 때, 올해 남자 신입사원은 몇 명인가?

① 150명 ② 175명
③ 180명 ④ 189명
⑤ 204명

20 S기업에서 파견 근무를 나갈 10명을 뽑아 팀을 구성하려고 한다. 새로운 팀 내에서 팀장 1명과 회계 담당 2명을 뽑는 경우의 수는?

① 300가지 ② 320가지
③ 348가지 ④ 360가지
⑤ 396가지

21 S기업에 다니는 W사원은 이번 달 영국에서 5일 동안 일을 마치고 한국에 돌아와 일주일 후 스페인으로 다시 4일간의 출장을 간다고 한다. 다음 자료를 참고하여 W사원이 영국과 스페인 출장 시 필요한 총비용을 A ~ C은행에서 환전한다고 할 때, 필요한 원화의 최댓값과 최솟값의 차이는?(단, 출장비는 해외 여비와 교통비의 합이며, 환전 수수료는 고려하지 않는다)

〈국가별 1일 여비〉

구분	영국	스페인
1일 해외 여비	50파운드	60유로

〈국가별 교통비 및 추가 지급 비용〉

구분	영국	스페인
교통비(비행시간)	380파운드(12시간)	870유로(14시간)
초과 시간당 추가 지급 비용	20파운드	15유로

※ 교통비는 편도 항공권 비용이며, 비행시간도 편도에 해당함
※ 편도 비행시간이 10시간을 초과하면 시간당 추가 비용이 지급됨

〈은행별 환율 현황〉

구분	매매기준율(KRW)	
	원/파운드	원/유로
A은행	1,470	1,320
B은행	1,450	1,330
C은행	1,460	1,310

① 31,900원
② 32,700원
③ 33,500원
④ 34,800원
⑤ 35,200원

PART 3

※ 다음은 연령계층별 경제활동 인구 현황에 대한 자료이다. 이어지는 질문에 답하시오. **[22~23]**

〈연령계층별 경제활동 인구 현황〉

(단위 : 천 명, %)

구분	전체 인구	경제활동 인구	취업자	실업자	비경제활동 인구	실업률
15 ~ 19세	2,944	265	242	23	2,679	8.7
20 ~ 29세	6,435	4,066	3,724	342	2,369	8.4
30 ~ 39세	7,519	5,831	5,655	176	1,688	3.0
40 ~ 49세	8,351	6,749	6,619	130	1,602	1.9
50 ~ 59세	8,220	6,238	6,124	114	1,982	1.8
60세 이상	10,093	3,885	3,804	81	6,208	2.1
합계	43,562	27,034	26,168	866	16,528	–

※ [경제활동 참가율(%)] $= \dfrac{(경제활동\ 인구)}{(전체\ 인구)} \times 100$

※ [실업률(%)] $= \dfrac{(실업자\ 수)}{(경제활동\ 인구)} \times 100$

22 다음 중 위 자료에 대한 설명으로 옳은 것은?

① 연령이 높아질수록 실업률은 계속 감소한다.

② 30 ~ 39세 경제활동 인구는 60세 이상 경제활동 인구의 2배 이상이다.

③ 만약 실업자 수가 같더라도 전체 인구가 달라짐에 따라 실업률은 변화한다.

④ 연령이 높아짐에 따른 취업자와 실업자 수의 증감 추이는 동일하다.

⑤ 15 ~ 19세가 실업자 수는 가장 적음에도 실업률이 가장 높은 이유는 경제활동 인구에서 차이가 나기 때문이다.

23 경제활동 참가율이 가장 높은 연령대와 가장 낮은 연령대의 경제활동 참가율 차이는 얼마인가?(단, 경제활동 참가율은 소수점 둘째 자리에서 반올림한다)

① 54.2%p

② 66.9%p

③ 68.6%p

④ 71.8%p

⑤ 80.8%p

24 다음은 유명 전자브랜드인 A, B사의 2024년 전자제품별 매출액과 순이익을 분석한 자료이다. 이에 대한 설명으로 옳은 것은?

〈2024년 A사와 B사의 전자제품별 매출액·순이익 비교〉

(단위 : 억 원)

구분	A사		B사	
	매출액	순이익	매출액	순이익
TV	1,200	300	800	120
냉장고	55,200	15,456	76,000	19,000
에어컨	88,400	22,100	94,500	24,570
제습기	25,500	7,395	22,000	4,840
공기청정기	42,200	12,660	78,400	19,600

※ (순이익률) $= \dfrac{(순이익)}{(매출액)} \times 100$

① A사와 B사의 전자제품 매출액 순위는 동일하다.
② B사의 TV 순이익률과 냉장고 순이익률 차이는 15%p이다.
③ A사가 B사보다 매출액이 높은 전자제품은 2가지지만, 순이익이 높은 제품은 1가지이다.
④ A사와 B사가 에어컨을 각각 200만 대, 210만 대 팔았다면, 에어컨 1대의 단가는 A사가 더 높다.
⑤ A사의 공기청정기 순이익률은 30%이다.

※ 다음은 S은행의 서민형 적금 상품에 대한 설명 중 일부이다. 이어지는 질문에 답하시오. **[25~26]**

〈서민형 적금 상품 설명서〉

구분	내용
상품특징	서민 재산형성을 돕기 위한 적립식 장기저축상품
가입대상	일반 재형저축 가입 자격을 충족하고 다음 항목 중 하나에 해당하는 경우 1) 직전 과세기간 총급여액 2,500만 원 이하 거주자 2) 직전 과세기간 종합소득금액 1,600만 원 이하 거주자 3) 중소기업에 재직하는 청년으로 1), 2)에 해당하지 않는 거주자
가입기간	7년(연장 시 최대 10년)
금리	기본(고정)금리 연 3.1%
세제혜택안내	가입일로부터 의무가입기간(3년) 경과 후 해지 시 이자소득세(15%)를 비과세 처리(단, 이자소득세 감면에 따라 농어촌특별세(1.5%)가 과세, 만기일 이후 발생하는 이자에 대해서는 일반과세)
가입안내	[가입서류] – 서민형 재형저축(소득형) : 소득확인증명서 – 소득확인증명서는 세무서 또는 인터넷 홈텍스에서 발급 가능하며, 청년형 재형저축 가입요건 확인서는 재직회사에서 발급 ※ 서민형 재형저축(청년형) 가입은 영업점에서 가능(인터넷 뱅킹에서는 가입 불가)
특별중도해지	고객의 사망, 해외이주 또는 해지 전 6개월 이내에 다음 중 하나의 사유에 해당하여 계약기간(연장기간 포함) 만료 전에 해지하는 경우 이자소득세(15%) 면제 혜택 유지(농어촌특별세 1.5% 과세) – 천재·지변 – 저축자의 퇴직 – 사업장의 폐업, 저축자의 3개월 이상 입원치료 또는 요양을 요하는 상해·질병의 발생 – 저축취급기관의 영업정지, 영업인·허가 취소, 해산결의 또는 파산선고

Easy

25 A사원은 고객 안내를 위해 위 상품을 분석하고 다음과 같이 메모하였다. A사원의 메모 내용 중 서민형 적금 상품과 가장 거리가 먼 것은?

① 예상소득이 2,500만 원 초과면 가입 불가
② 고정 확정 금리
③ 의무가입기간 있음
④ 일정기간 이상 연장 불가
⑤ 청년형은 영업점에서만 가입 가능

26 다음 〈조건〉을 참고하여 적금을 해지하는 K고객과 L고객에게 입금될 이자액(세후)이 바르게 연결된 것은?

> **조건**
> - K고객
>   - 가입유지기간 : 5년
>   - 이자(세전) : 400,000원
>   - 구분 : 중도해지
>   - 해지사유 : 타 적금상품 가입
> - L고객
>   - 가입유지기간 : 2년
>   - 이자(세전) : 200,000원
>   - 구분 : 중도해지
>   - 해지사유 : 해지 1개월 전 교통사고로 인한 입원(전치 16주)
> ※ 단, 이자는 만기 또는 중도해지 시 일시 지급하며, 적용되는 세금 역시 만기 또는 중도해지 시 발생하는 이자 총금액에 적용함

	K고객	L고객
①	340,000원	170,000원
②	340,000원	197,000원
③	394,000원	170,000원
④	394,000원	197,000원
⑤	402,000원	170,000원

※ 다음은 2024년 정부지원금 수혜자 200명을 대상으로 조사한 자료이다. 이어지는 질문에 답하시오.
   [27~28]

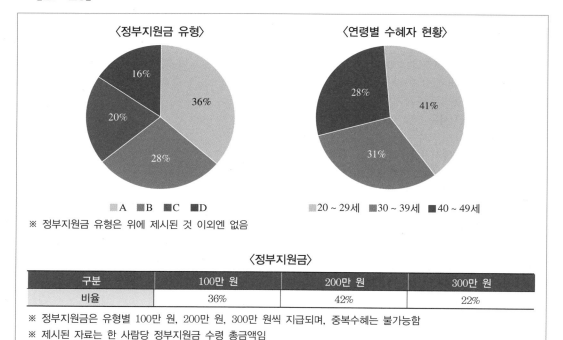

〈정부지원금 유형〉

〈연령별 수혜자 현황〉

■A ■B ■C ■D

■20 ~ 29세 ■30 ~ 39세 ■40 ~ 49세

※ 정부지원금 유형은 위에 제시된 것 이외엔 없음

〈정부지원금〉

구분	100만 원	200만 원	300만 원
비율	36%	42%	22%

※ 정부지원금은 유형별 100만 원, 200만 원, 300만 원씩 지급되며, 중복수혜는 불가능함
※ 제시된 자료는 한 사람당 정부지원금 수령 총금액임

Hard

27 다음 위 자료에 대한 설명으로 옳지 않은 것은?

① 정부지원금에 들어간 총비용은 30,000만 원 이상이다.
② 정부지원금 유형 A 수령자가 모두 20대라고 할 때, 전체 20대 중 정부지원금 유형 A 수령자가 차지하는 비율은 85% 이하이다.
③ 모든 20대의 정부지원금 금액이 200만 원이라고 할 때, 200만 원 수령자 중 20대가 차지하는 비율은 95% 이상이다.
④ 정부지원금 수혜자가 2배 증가하고 수혜자 현황 비율이 동일하다면, 정부지원금에 들어간 비용도 2배이다.
⑤ 정부지원금 유형 A의 지원금이 모두 100만 원으로 동일하다고 할 때, 유형 B, C, D에 들어간 총비용은 30,000만 원이다.

28 정부지원금 300만 원 수령자의 반은 20대이고, 나머지 반은 30대이다. 20대 · 30대에서 정부지원금 300만 원 미만 수령자가 차지하는 비율은?(단, 소수점 첫째 자리에서 반올림한다)

① 55%   ② 61%
③ 69%   ④ 74%
⑤ 82%

※ 다음 명제가 모두 참일 때, 빈칸에 들어갈 명제로 가장 적절한 것을 고르시오. [29~30]

29

> • 공부를 하지 않으면 시험을 못 본다.
> • _____
> • 공부를 하지 않으면 성적이 나쁘게 나온다.

① 공부를 한다면 시험을 잘 본다.
② 시험을 잘 본다면 공부를 한 것이다.
③ 성적이 좋다면 공부를 한 것이다.
④ 시험을 잘 본다면 성적이 좋은 것이다.
⑤ 성적이 좋다면 시험을 잘 본 것이다.

Easy

30

> • 철학은 학문이다.
> • 모든 학문은 인간의 삶을 의미 있게 해준다.
> • 따라서 _____

① 철학과 학문은 같다.
② 학문을 하려면 철학을 해야 한다.
③ 철학은 인간의 삶을 의미 있게 해준다.
④ 철학을 하지 않으면 삶은 의미가 없다.
⑤ 철학을 제외한 학문은 인간의 삶을 의미 없게 만든다.

Easy

31 다음 명제가 모두 참일 때, 항상 참이 아닌 것은?

> • 운동을 좋아하는 사람은 담배를 좋아하지 않는다.
> • 커피를 좋아하는 사람은 담배를 좋아한다.
> • 커피를 좋아하지 않는 사람은 주스를 좋아한다.
> • 과일을 좋아하는 사람은 커피를 좋아하지 않는다.

① 운동을 좋아하는 사람은 커피를 좋아하지 않는다.
② 주스를 좋아하지 않는 사람은 담배를 좋아한다.
③ 과일을 좋아하는 사람은 담배를 좋아한다.
④ 운동을 좋아하는 사람은 주스를 좋아한다.
⑤ 과일을 좋아하는 사람은 주스를 좋아한다.

32 S전자의 A대리, B사원, C사원, D사원, E대리 중 1명이 어제 출근하지 않았다. 이들 중 2명만 거짓말을 한다고 할 때, 출근하지 않은 사람은?(단, 출근을 하였어도, 결근 사유를 듣지 못할 수도 있다)

- A대리 : 나는 출근했고, E대리도 출근했다. 누가 출근하지 않았는지는 알지 못한다.
- B사원 : C사원은 출근하였다. A대리님의 말은 모두 사실이다.
- C사원 : D사원은 출근하지 않았다.
- D사원 : B사원의 말은 모두 사실이다.
- E대리 : 출근하지 않은 사람은 D사원이다. D사원이 개인 사정으로 인해 출석하지 못한다고 A대리님에게 전했다.

① A대리   ② B사원
③ C사원   ④ D사원
⑤ E대리

33 S기업은 주요시설 및 보안구역의 시설물 안전관리를 위해 적외선 카메라 2대, 열선감지기 2대, 화재경보기 2대를 수도권본부, 강원본부, 경북본부, 금강본부 4곳에 나누어 설치하려고 한다. 다음 〈조건〉을 참고할 때, 반드시 참인 것은?

조건
- 모든 본부에 반드시 하나 이상의 기기를 설치해야 한다.
- 한 본부에 최대 2대의 기기까지 설치할 수 있다.
- 한 본부에 같은 종류의 기기 2대를 설치할 수는 없다.
- 수도권본부에는 적외선 카메라를 설치하였다.
- 강원본부에는 열선감지기를 설치하지 않았다.
- 경북본부에는 화재경보기를 설치하였다.
- 경북본부와 금강본부 중 한 곳에 적외선 카메라를 설치하였다.

① 수도권본부에는 적외선 카메라만 설치하였다.
② 강원본부에 화재경보기를 설치하였다.
③ 경북본부에 열선감지기를 설치하였다.
④ 금강본부에 화재경보기를 설치하였다.
⑤ 금강본부에 열선감지기를 설치하였다.

34 A ~ E 5명이 5층 건물에 한 층당 1명씩 살고 있다. 다음 〈조건〉을 바탕으로 바르게 추론한 것은?

> **조건**
> • C와 D는 서로 인접한 층에 산다.
> • A는 2층에 산다.
> • B는 A보다 높은 층에 산다.

① D는 가장 높은 층에 산다.
② A는 E보다 높은 층에 산다.
③ C는 3층에 산다.
④ E는 D보다 높은 층에 산다.
⑤ D는 C보다 높은 층에 산다.

35 서울관광채용박람회의 해외채용관에는 8개의 부스가 마련되어 있다. A호텔, B호텔, C항공사, D항공사, E여행사, F여행사, G면세점, H면세점이 다음 〈조건〉에 따라 8개의 부스에 각각 위치하고 있을 때, 항상 참인 것은?

> **조건**
> • 같은 종류의 업체는 같은 라인에 위치할 수 없다.
> • A호텔과 B호텔은 복도를 사이에 두고 마주 보고 있다.
> • G면세점과 H면세점은 복도를 기준으로 양 끝에 위치하고 있다.
> • E여행사 반대편에 위치한 H면세점은 F여행사와 나란히 위치하고 있다.
> • C항공사는 제일 앞번호의 부스에 위치하고 있다.

〈부스 위치〉

1	2	3	4
복도			
5	6	7	8

① A호텔은 면세점 옆에 위치하고 있다.
② B호텔은 여행사 옆에 위치하고 있다.
③ C항공사는 여행사 옆에 위치하고 있다.
④ D항공사는 E여행사와 나란히 위치하고 있다.
⑤ G면세점은 B호텔과 나란히 위치하고 있다.

PART 3

36 S기업 인사총무팀에 근무하는 T사원은 다음과 같은 업무 리스트를 작성한 뒤 우선순위에 맞게 재배열하려고 한다. 업무 리스트를 본 귀하의 생각으로 적절하지 않은 것은?

〈2024년 5월 27일 인사총무팀 T사원의 업무 리스트〉

• 회사 창립 기념일(6월 13일) 행사 준비
• 영업 1팀 비품 주문 → 월요일에 배송될 수 있도록 오늘 내 반드시 발주할 것
• 이번주 화요일(5월 28일) 당직 근무자 명단 확인 → 업무 공백 생기지 않도록 주의
• 6월 3일자 신입사원 면접 날짜 유선 안내 및 면접 가능 여부 확인

① 신입사원 면접 안내는 여러 변수가 발생할 수 있으니 서둘러 준비해야겠다.
② 영업 1팀 비품 주문 후 신입사원 면접 안내를 해야겠다.
③ 회사 창립 기념일 행사는 전 직원이 다 참여하는 큰 행사인 만큼 가장 첫 번째 줄에 배치해야겠다.
④ 신입사원 면접 안내 통보 후 연락이 안 된 면접자들을 따로 추려서 다시 연락을 취해야겠다.
⑤ 당직 근무자 명단을 가장 먼저 확인해야겠다.

37 환경부의 인사실무 담당자는 환경정책과 관련된 특별위원회를 구성하면서 외부 환경 전문가를 위촉하려 한다. 현재 거론되고 있는 외부 환경 전문가는 A ~ F 6명이다. 이들의 외부 환경 전문가에 대해서 담당자는 다음의 〈조건〉을 충족하는 선택을 해야 한다. 만약 B가 위촉되지 않는다고 할 때, 몇 명이 위촉되는가?

조건
• 만약 A가 위촉되면, B와 C도 위촉되어야 한다.
• 만약 A가 위촉되지 않는다면, D가 위촉되어야 한다.
• 만약 B가 위촉되지 않는다면, C나 E가 위촉되어야 한다.
• 만약 C와 E가 위촉되면, D는 위촉되지 않는다.
• 만약 D나 E가 위촉되면, F도 위촉되어야 한다.

① 1명　　　　　　　　　　② 2명
③ 3명　　　　　　　　　　④ 4명
⑤ 5명

38 S은행에서 체육대회를 개최한다. 지점별로 출전선수를 선발하는데, P지점 직원들 A ~ J 10명은 각자 2종목씩 필수로 출전해야 한다. 다음 중 반드시 계주에 출전해야 하는 직원끼리 바르게 짝지어진 것은?

〈지점별 참가 인원〉

(단위 : 명)

홀라후프	계주	줄넘기	줄다리기	2인 3각
1	4	5	8	2

〈직원별 참가 가능 종목〉

(단위 : 명)

구분	홀라후프	계주	줄넘기	줄다리기	2인 3각
A직원	×	×	○	○	○
B직원	×	○	○	○	×
C직원	○	○	○	×	×
D직원	○	×	×	○	×
E직원	×	○	×	○	×
F직원	×	×	○	×	×
G직원	×	×	×	○	○
H직원	○	○	○	○	×
I직원	×	○	○	○	×
J직원	×	○	○	×	×

① B, C, J
② B, E, H
③ C, E, J
④ C, H, I
⑤ E, I, J

39 다음은 중국에 진출한 프랜차이즈 커피전문점에 대해 SWOT 분석을 한 것이다. (가) ~ (라)에 들어갈 전략으로 바르게 연결된 것은?

<SWOT 분석 결과>

S(Strength)	W(Weakness)
• 풍부한 원두커피의 맛 • 독특한 인테리어 • 브랜드 파워 • 높은 고객 충성도	• 중국 내 낮은 인지도 • 높은 시설비 • 비싼 임대료
O(Opportunity)	T(Threat)
• 중국 경제 급성장 • 서구문화에 대한 관심 • 외국인 집중 • 경쟁업체 진출 미비	• 중국의 차 문화 • 유명 상표 위조 • 커피 구매 인구의 감소

(가)	(나)
• 브랜드가 가진 미국 고유문화 고수 • 독특하고 차별화된 인테리어 유지 • 공격적 점포 확장	• 외국인 많은 곳에 점포 개설 • 본사 직영으로 인테리어
(다)	(라)
• 고품질 커피로 상위 소수고객에 집중	• 녹차 향 커피 • 개발 상표 도용 감시

	(가)	(나)	(다)	(라)
①	SO전략	ST전략	WO전략	WT전략
②	WT전략	ST전략	WO전략	SO전략
③	SO전략	WO전략	ST전략	WT전략
④	ST전략	WO전략	ST전략	WT전략
⑤	WT전략	WO전략	ST전략	SO전략

40 H자동차 회사에 근무하는 S씨는 올해 새로 출시될 예정인 수소전기차 '럭스'에 대해 SWOT 분석을 진행하기로 하였다. '럭스'의 분석 내용이 다음과 같을 때, 〈보기〉의 (가) ~ (마) 중 SWOT 분석에 들어갈 내용으로 적절하지 않은 것은?

〈수소전기차 '럭스' 분석 내용〉

▶ 럭스는 서울에서 부산을 달리고도 절반 가까이 남는 609km에 달하는 긴 주행거리와 5분에 불과한 짧은 충전 시간을 강점으로 볼 수 있다.

▶ 수소전기차의 정부 보조금 지급 대상은 총 240대로, 생산량에 비해 보조금이 부족한 실정이다.

▶ 전기차의 경우 전기의 가격은 약 10 ~ 30원/km이며, 수소차의 경우 수소의 가격은 약 72.8원/km이다.

▶ 럭스의 가격은 정부와 지자체의 보조금을 통해 3천여만 원에 구입이 가능하며, 이는 첨단 기술이 집약된 친환경차를 중형 SUV 가격에 구매한다는 점에서 매력적이지 않을 수 없다.

▶ 화석연료로 만든 전기를 충전해서 움직이는 전기차보다 물로 전기를 만들어서 움직이는 수소전기차가 더 친환경적이다.

▶ 수소를 충전할 수 있는 충전소는 전국 12개소에 불과하며, H자동차 회사는 올해 안에 10개소를 더 설치한다고 발표하였으나 모두 완공될지는 미지수이다.

▶ 현재 전세계에서 친환경차의 인기는 뜨거우며, 저유가와 레저 문화의 확산으로 앞으로도 인기가 지속될 전망이다.

보기

강점(Strength)	약점(Weakness)
• (가) 보조금 지원으로 상대적으로 저렴한 가격 • 일반 전기차보다 깨끗한 수소전기차 • 짧은 충전시간과 긴 주행거리	• (나) 충전 인프라 부족 • (다) 전기보다 비싼 수소 가격
기회(Opportunity)	위협(Threat)
• (라) 친환경차에 대한 인기 • 레저 문화의 확산	• (마) 생산량에 비해 부족한 보조금

① (가)
② (나)
③ (다)
④ (라)
⑤ (마)

※ 다음은 S회사의 국제 포럼과 관련하여 참석 가능한 인원에 대한 설명이다. 이어지는 질문에 답하시오.
[41~43]

S회사 인사팀 김과장은 다음 주에 열리는 국제 포럼에 참석하기 위해 각 부서에 참석 가능 인원에 대한 명단을 받았다. 김과장은 '참석 가능 인원의 명단'과 '국제 포럼 일정'을 참고하여 국제 포럼 참석 가능 인원을 배정하였다.

〈S회사의 국제 포럼 참석 방법〉

- 월 ~ 금요일에 시간대별로 1명의 직원이 국제 포럼에 참석한다.
- 1명의 직원이 하루에 3개의 포럼 프로그램에 참석하지는 않는다.
- 직원의 행사 참석 가능 시간이 겹칠 경우 경력이 긴 직원이 먼저 참석한다.
- 전 직원이 포럼 프로그램에 참석해야 하는 것은 아니다.

〈S회사의 국제 포럼 참석 가능 인원〉

이름	경력	참석 가능 시간
김인영	10년	월 10:00 ~ 18:00, 금 17:00 ~ 20:00
나지환	7년	월 10:00 ~ 20:00 / 화, 목, 금 17:00 ~ 20:00
민도희	7년	화 10:00 ~ 20:00, 수 17:00 ~ 20:00, 목 10:00 ~ 18:00
구지엽	5년	월, 금 10:00 ~ 20:00
임영우	4년	목, 금 10:00 ~ 14:00
채연승	3년	수, 목 10:00 ~ 18:00

〈국제 포럼 일정〉

구분	시간	월	화	수	목	금
1타임	10:00 ~ 14:00	스마트팩토리 패러다임	직업윤리와 의사소통	스마트팩토리 패러다임	직업윤리와 의사소통	스마트팩토리 패러다임
2타임	14:00 ~ 17:00	나노 기술의 활용 사례	나노 기술의 활용 사례	나노 기술의 활용 사례	직장에 필요한 젠더감수성	직장에 필요한 젠더감수성
3타임	17:00 ~ 20:00	5G와 재택근무	인공지능과 딥러닝	인공지능과 딥러닝	5G와 재택근무	5G와 재택근무

41 다음 중 한 주 동안 국제 포럼에 참석한 사람의 총 참석 시간으로 옳지 않은 것은?

① 김인영 – 10시간
② 나지환 – 9시간
③ 구지엽 – 14시간
④ 채연승 – 7시간
⑤ 민도희 – 17시간

42 다음 중 김과장이 '5G와 재택근무' 프로그램에 보낼 수 있는 직원과 요일이 바르게 짝지어진 것은?

① 나지환 – 월요일
② 구지엽 – 월요일
③ 임영우 – 금요일
④ 채연승 – 목요일
⑤ 민도희 – 목요일

43 다음 중 S회사의 국제 포럼 참석 인원에 대한 설명으로 옳은 것은?

① '직업윤리와 의사소통'에 참석하게 되는 사람은 2명이다.
② 국제 포럼 참석자 중에서 같은 프로그램에 2번 이상 참석하게 된 사람은 나지환 1명이다.
③ 구지엽의 경력이 9년이라면, 구지엽은 3타임 프로그램에 2번 이상 참석하게 된다.
④ 국제 포럼 참석 가능 인원 6명은 모두 국제 포럼에 1번 이상은 참석한다.
⑤ 국제 포럼에 가장 많은 시간을 참석하는 사람은 민도희이다.

44 S은행에서 근무하는 강과장은 '한여름 밤의 음악회'와 관련하여 유대리에게 다음과 같이 부탁하였다. 유대리가 가장 먼저 처리해야 할 일로 가장 적절한 것은?

> 유대리님, 퇴근하기 전에 음악회 장소를 다시 점검하러 가보셔야 할 것 같아요. 저번에 김과장님이 오른쪽 조명이 깜빡인다고 말씀하시더라고요. △△조명은 11시부터 영업을 시작하고, 음악회 주최 위원들은 점심시간에 오신다고 하니 함께 점심 드시고 오후에 연락하여 점검을 같이 나가자고 연락 드려 주세요.
> 아, 그리고 제가 지금 외근을 나가야 하는데 오늘 몇 시에 들어올 수 있을지 모르겠어요. 일단 점심 식사 후 음악회 주최 위원들께 음악회 일정표를 전달해 주세요. 그리고 조명 점검하시고 꼭 김과장님께 상황 보고해 주세요.

① 한여름 밤의 음악회 장소 점검
② △△조명에 조명 점검 협조 연락
③ 음악회 주최 의원들과 점심
④ 음악회 주최 의원들에게 일정표 전달
⑤ 김과장에게 상황 보고

※ S사는 워크숍 진행을 위해 대관할 호스텔을 찾고 있다. 이어지는 질문에 답하시오. [45~46]

<호스텔별 정보>

구분	A호스텔	B호스텔	C호스텔	D호스텔	E호스텔
거리	30km	20km	60km	45km	20km
수용인원	215명	180명	125명	100명	130명
대관료(일 단위)	200만 원	150만 원	100만 원	120만 원	180만 원

45 다음 대화를 보고 적절하지 않은 의견을 제시한 사람은?

> H과장 : 워크숍 참여 인원이 143명이니 수용인원이 가장 적은 D호스텔은 후보에서 제외해야겠어요.
> C과장 : 예산이 175만 원으로 넉넉지 않으니 가장 비싼 A호스텔도 후보에서 제외해야겠어요.
> T과장 : 그렇다면 가장 저렴한 C호스텔은 어떤가요?
> L과장 : C호스텔은 이곳에서 가장 멀리 있어 불편할 거예요. 가까운 B호스텔은 어때요?
> I과장 : 그곳이 좋겠어요. 거리도 멀지 않고, 수용인원도 충분하고, 가격도 예산 범위 안이고요.

① H과장   ② C과장
③ T과장   ④ L과장
⑤ I과장

46 45번에서 주어진 대화에 따라 선정한 호스텔의 대관료는?

① 100만 원   ② 120만 원
③ 150만 원   ④ 180만 원
⑤ 200만 원

※ 다음은 'D기업의 경영전략'에 대한 사례이다. 이어지는 질문에 답하시오. [47~48]

지난해 D기업은 총매출 기준으로 1조 2,490억 원을 달성했다. 이는 대한민국 인구 5,000만 명을 기준으로 했을 때, 인당 D기업 제품을 연간 약 20개씩 구입한 셈이다. 평균가 1,200원 제품을 기준으로 했을 때는 연간 총 약 10억 개가 팔린 수치이다. 하루 평균 약 273만 개, 시간당 약 11만 개, 분당 약 1,830개, 초당 약 30개가 팔린 것이다. 하루 D기업 매장을 이용하는 고객 수도 일일 60만 명에 이르고 있다. 요즘 SNS상에는 D기업이라는 이름보다 '다있소'라는 말이 더 많이 검색된다. "오늘 다있소에서 득템했어.", "다있소의 희귀템 추천합니다." 등은 없는 것이 없는 D기업을 지칭하는 말이다. 이같이 인식시킬 수 있었던 비결에는 D기업만의 차별화된 콘셉트와 마케팅 전략이 숨어있기 때문이라고 회사는 설명한다. ㉠ <u>1,000원 상품 비중이 50% 이상, 국산 제품 비중이 50% 이상이어야 한다는</u> 기본 경영철학하에 가격 고정이라는 카테고리 전략을 펼친 것이다. 이것에 승부를 걸어온 D기업은 전국 어디에서나 일상생활에 필요한 모든 상품을 공급한다는 차별화된 정책을 지속시키고 있다. 과거에는 불황시대의 산물로써 비춰진 적도 있었지만, 불황이나 호황에 구애받지 않는 것 또한 D기업만의 차별화된 행보이다. 매월 600여 개의 신제품을 쏟아내는 것 또한 D기업만의 차별화된 소싱 능력으로 꼽을 수 있다.

Easy

47 다음 중 ㉠에 해당하는 D기업의 경영전략에 해당하는 것은?

① 원가우위 전략

② 차별화 전략

③ 집중화 전략

④ 혁신 전략

⑤ 비차별화 전략

48 경영전략은 전략 목표 설정, 전략 환경 분석, 경영전략 도출, 경영전략 실행, 전략 평가 및 피드백의 단계로 실행된다. 경영전략의 5단계 추진 과정 중 위 사례에 해당하는 것은?

① 전략 환경 분석

② 경영전략 도출

③ 경영전략 실행

④ 전략 평가 및 피드백

⑤ 전략 목표 설정

49 다음은 S은행의 윤리시스템에 따른 조직도이다. ㉠ ~ ㉤이 수행하는 업무로 적절하지 않은 것은?

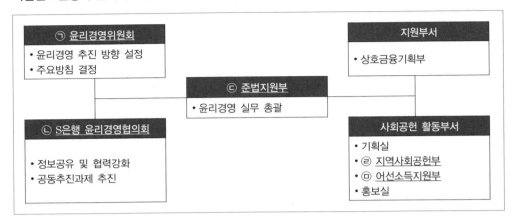

① ㉠ : 청렴·윤리의식 확산 및 정착 등 4가지 윤리경영 중점 추진 과제를 수립한다.

② ㉡ : 윤리경영의 최근 소식이나 사례 등을 등록하고 이를 공유한다.

③ ㉢ : 청탁금지법 위반 여부의 상담과 법률자문 및 교육 등의 실무를 총괄한다.

④ ㉣ : 다양한 지역사회 공헌 활동을 통해 지역사회와 상생하는 동반자 역할을 한다.

⑤ ㉤ : S은행의 사회공헌 활동 행사에 대한 홍보물을 제작한다.

50 R사의 관리팀 팀장으로 근무하는 B과장은 최근 팀장 회의에서 '관리자가 현상을 유지한다면, 리더는 세상을 바꾼다.'는 리더와 관리자의 차이에 대한 설명을 듣게 되었다. 이와 관련하여 관리자가 아닌 진정한 리더가 되기 위한 B과장의 다짐으로 적절하지 않은 것은?

① 위험을 회피하기보다는 계산된 위험을 취하도록 하자.

② 사람을 관리하기보다는 사람의 마음에 불을 지피도록 하자.

③ 상황에 수동적인 모습보다는 새로운 상황을 창조하도록 하자.

④ 기계적인 모습보다는 정신적으로 따뜻한 모습을 보이자.

⑤ 내일에 초점을 맞추기보다는 오늘에 초점을 맞추도록 하자.

최종점검 모의고사

🕐 응시시간 : 60분   📋 문항 수 : 50문항

Easy

01 다음 제시된 단어의 대응 관계로 볼 때, 빈칸에 들어갈 알맞은 단어는?

낱말 : 문장 = ( ) : 태양계

① 우주
② 인공위성
③ 행성
④ 은하계
⑤ 블랙홀

02 다음 제시된 단어에서 공통으로 연상할 수 있는 단어로 가장 적절한 것은?

한자   단어   전자

① 인터넷
② 공부
③ 사전
④ 컴퓨터
⑤ 예약

03 다음 중 단어의 연결 관계가 다른 하나는?

① 먹다 : 먹이다
② 죽다 : 죽이다
③ 잡다 : 잡히다
④ 입다 : 입히다
⑤ 살다 : 살리다

PART 3

04 다음 빈칸 ⊙~ⓒ에 들어갈 단어가 바르게 연결된 것은?

> • 회사 동료의 결혼식에 ___⊙___ 했다.
> • 디자인 공모전에 ___ⓒ___ 했다.
> • 회사 경영에 ___ⓒ___ 하고 있다.

	⊙	ⓒ	ⓒ
①	참석	참가	참여
②	참석	참여	참가
③	참여	참가	참석
④	참여	참석	참가
⑤	참가	참여	참석

05 다음 중 밑줄 친 부분의 띄어쓰기가 옳지 않은 것은?

① 휴가철 비행기 값이 너무 비싼데 그냥 헤엄쳐 갈까 보다.
② 그 문제를 깊이 파고들어보면 다양한 조건들이 얽혀 있음을 알 수 있다.
③ 감독은 처음부터 그 선수를 마음에 들어 했다.
④ 지나가는 사람을 붙잡고 그를 보았는지 물어도 보았다.
⑤ 모르는 것을 아는체하지 말고, 아는 것에 만족해하지 마라.

Easy

06 다음 중 밑줄 친 '타다'의 사전적 의미가 적절하게 연결되지 않은 것은?

① 가마에 타다. – 탈것이나 짐승의 등 위에 몸을 얹다.
② 간지럼 타다. – 몸에 독한 기운 따위의 자극을 쉽게 받다.
③ 부끄럼 타다. – 감정이나 육체적 느낌을 쉽게 느끼다.
④ 상을 타다. – 몫으로 주는 돈이나 물건 등을 받다.
⑤ 때가 타다. – 먼지, 이물질 등이 쉽게 달라붙는 성질을 지니다.

07 다음 글과 가장 관련 있는 한자성어는?

> 이제 막 성인이 되어 직장생활을 시작한 철수는 학창시절 선생님의 농담 같았던 이야기들이 사회에서 꼭 필요한 것들이었음을 깨달았다.

① 오비이락(烏飛梨落)　　　　　② 중언부언(重言復言)
③ 탁상공론(卓上空論)　　　　　④ 희희낙락(喜喜樂樂)
⑤ 언중유골(言中有骨)

08 다음 문단을 논리적 순서대로 바르게 나열한 것은?

> (가) 이때 보험금에 대한 기댓값은 사고가 발생할 확률에 사고 발생 시 받을 보험금을 곱한 값이다. 보험금에 대한 보험료의 비율(보험료/보험금)을 보험료율이라 하는데, 보험료율이 사고 발생 확률보다 높으면 구성원 전체의 보험료 총액이 보험금 총액보다 더 많고, 그 반대의 경우에는 구성원 전체의 보험료 총액이 보험금 총액보다 더 적게 된다. 따라서 공정한 보험에서는 보험료율과 사고 발생 확률이 같아야 한다.
> (나) 위험 공동체의 구성원이 내는 보험료와 지급받는 보험금은 그 위험 공동체의 사고 발생 확률을 근거로 산정된다. 특정 사고가 발생할 확률은 정확히 알 수 없지만, 그동안 발생한 사고를 바탕으로 그 확률을 예측한다면 관찰 대상이 많아짐에 따라 실제 사고 발생 확률에 근접하게 된다.
> (다) 본래 보험 가입의 목적은 금전적 이득을 취하는 데 있는 것이 아니라 장래의 경제적 손실을 보상받는 데 있으므로, 위험 공동체의 구성원은 자신이 속한 위험 공동체의 위험에 상응하는 보험료를 내는 것이 공정할 것이다.
> (라) 따라서 공정한 보험에서는 구성원 각자가 내는 보험료와 그가 지급받을 보험금에 대한 기댓값이 일치해야 하며, 구성원 전체의 보험료 총액과 보험금 총액이 일치해야 한다.

① (나) – (가) – (다) – (라)　　　② (나) – (다) – (가) – (라)
③ (나) – (다) – (라) – (가)　　　④ (나) – (라) – (다) – (가)
⑤ (다) – (나) – (라) – (가)

※ 다음 글을 읽고 이어지는 질문에 답하시오. [9~11]

피보나치 수열은 운명적으로 가장 아름답다는 황금비를 만들어낸다. 황금비는 피라미드, 파르테논 신전이나 다빈치, 미켈란젤로의 작품에서 시작해 오늘날에는 신용카드와 담뱃갑, 종이의 가로와 세로의 비율까지 광범위하게 쓰인다. 이러한 황금비는 태풍과 은하수의 형태, 초식동물의 뿔, 바다의 파도에도 있다. 배꼽을 기준으로 한 사람의 상체와 하체, 목을 기준으로 머리와 상체의 비율도 황금비이다. 이런 사례를 찾다 보면 우주가 피보나치 수열의 장난으로 만들어졌는지도 모른다는 생각까지 든다.

피보나치 수열은 12세기 말 이탈리아 천재 수학자 레오나르도 피보나치가 제안했다. 한 쌍의 토끼가 계속 새끼를 낳을 경우 몇 마리로 불어나는가를 숫자로 나타낸 것이 이 수열인 것이다. 이 수열은 앞서 나오는 두 개의 숫자의 합이다. 1, 1, 1+1=2, 1+2=3, 2+3=5, 3+5=8, 5+8=13, 8+13=21, 13+21=34, 21+34=55, 34+55=89, … 이처럼 계속 수열을 만들어가는 것이다.

우리 주변의 꽃잎을 세어보면 거의 모든 꽃잎이 3장, 5장, 8장, 13장, …으로 되어 있다. 백합과 붓꽃은 꽃잎이 3장, 채송화 · 패랭이 · 동백 · 야생장미는 5장, 모란 · 코스모스는 8장, 금불초와 금잔화는 13장이다. 과꽃과 치커리는 21장, 질경이와 데이지는 34장, 쑥부쟁이는 종류에 따라 55장과 89장이다. 신기하게도 모두 피보나치 숫자인 것이다.

피보나치 수열은 해바라기나 데이지 꽃 머리의 씨앗 배치에도 존재한다. 해바라기 씨앗이 촘촘히 박혀 있는 꽃 머리를 유심히 보면 최소의 공간에 최대의 씨앗을 배치하기 위한 '최적의 수학적 해법'으로 꽃이 피보나치 수열을 선택한다는 것을 알 수 있다. 씨앗은 꽃 머리에서 왼쪽과 오른쪽 두 개의 방향으로 엇갈리게 나선 모양으로 자리 잡는다. 데이지 꽃 머리에는 서로 다른 34개와 55개의 나선이 있고, 해바라기 꽃 머리에는 55개와 89개의 나선이 있다.

피보나치 수열은 식물의 잎차례에도 잘 나타나 있다. 잎차례는 줄기에서 잎이 나와 배열하는 방식으로 t/n로 표시한다. t번 회전하는 동안 잎이 n개 나오는 비율이 참나무 · 벚꽃 · 사과는 $\frac{2}{5}$이고, 포플러 · 장미 · 배 · 버드나무는 $\frac{3}{8}$, 갯버들과 아몬드는 $\frac{5}{13}$이다. 모두 피보나치 숫자로 전체 식물의 90%가 피보나치 수열의 잎차례를 따르고 있다. 이처럼 잎차례가 피보나치 수열을 따르는 것은 잎이 바로 위의 잎에 가리지 않고, 햇빛을 최대한 받을 수 있는 최적의 수학적 해법이기 때문이다.

예전에는 식물의 DNA가 피보나치 수열을 만들어낸다고 생각했다. 그러나 요즘에는 식물이 새로 자라면서 환경에 적응해 최적의 성장 방법을 찾아가는 과정에서 자연스럽게 피보나치 수열이 형성된다고 생각하는 학자들이 많아졌다. 최근 들어 생물뿐만 아니라 전하를 입힌 기름방울을 순서대로 떨어뜨려도 해바라기 씨앗처럼 퍼진다는 사실이 ⊙ 밝혀졌다. 이처럼 피보나치 수열과 이 수열이 만들어내는 황금비는 생물은 물론 자연과 우주 어디에나 숨어 있다.

09 다음 중 윗글의 내용으로 적절하지 않은 것은?

① 꽃잎과 식물의 잎에서 피보나치 수열을 찾을 수 있으며, 이 수열은 피라미드, 신용카드 등에 나타나는 황금비를 만들어낸다.

② 해바라기 꽃 머리를 보면 최소의 공간에 최대의 씨앗이 배치될 수 있도록 피보나치 수열을 선택했음을 알 수 있다.

③ 식물의 잎차례에도 피보나치 수열이 잘 나타나며, 모든 식물의 잎차례는 이 수열을 따르고 있다.

④ 식물의 잎차례는 햇빛을 최대한 받을 수 있도록 피보나치 수열을 따르고 있다.

⑤ 학자들은 식물이 환경에 적응하기 위해 최적의 성장 방법을 찾아가는 과정에서 이 수열이 형성된다고 생각한다.

10 다음 중 윗글의 제목으로 가장 적절한 것은?

① 일상 생활 속에서 광범위하게 사용되는 황금비

② 피보나치 수열의 정의와 형성 원리

③ 피보나치 수열에 대한 학자들의 기존 입장과 새롭게 밝혀진 원리

④ 식물에서 찾아볼 수 있는 피보나치 수열

⑤ 잎차례가 피보나치 수열을 따르는 이유

11 다음 중 밑줄 친 부분이 윗글의 ⊙과 다른 의미로 사용된 것은?

① 그동안 숨겨왔던 진실이 밝혀졌다.

② 철수는 돈과 지위를 밝히기로 유명하다.

③ 나의 결백함이 밝혀질 것으로 믿는다.

④ 오랜 연구의 결과로 옛 문헌의 가치가 밝혀졌다.

⑤ 경찰이 사고의 원인을 밝히고 있다.

12 다음 글을 읽고 밑줄 친 부분과 가장 거리가 먼 내용을 고르면?

우리나라가 양성평등의 사회로 접어들고, 과거에 비해 여성의 지위가 많이 향상되고 경제활동에 참여하는 비율은 꾸준히 높아졌지만 여전히 노동 현장에서 여성은 사회적으로 불평등을 받는 대상이 되고 있다.

여성 노동자가 노동 시장에서 남성에 비해 차별받는 원인은 갈등론적 측면에서 볼 때 남성 노동자들이 자신이 누리고 있던 자원의 독점과 기득권을 빼앗기지 않기 위해 여성에게 경제적 자원을 나누어 주지 않으려는 기존 기득권층의 횡포에 의한 것이라고 할 수 있다.

또한 여성 노동자에 대한 편견으로 인해서도 나타난다. 여성 노동자가 제대로 일하지 못한다거나 결혼과 출산, 임신을 한 여성 노동자는 조직 전체에 부정적인 영향을 준다고 인식하는 경향이 강한데 이러한 편견들이 여성 노동자에 대한 차별로 이어지게 된 것이다.

여성 노동자를 차별한 결과 여성들은 남성 노동자들보다 저임금을 받아야 하고 비교적 질이 좋지 않은 일자리에서 일해야 하며 고위직으로 올라가는 것 역시 힘들고 우선 임금 차별이 나타난다. 여성 노동자가 많이 근무하는 서비스업 등의 직업군의 경우 임금 자체가 상당히 낮게 책정되어 있어 남성에 비하여 많은 임금을 받지 못하는 구조로 되어 있는 것이다.

또한 여성 노동자들을 노동자 그 자체로 보기보다는 여성으로 바라보는 남성들의 잘못된 시선으로 인해 여성 노동자는 신성한 노동의 현장에서 성희롱을 당하고 있으며, 취업과 승진 등 모든 인적자원관리 측면에서 불이익을 경험하는 경우가 많다. 특히 임신과 출산을 경험하는 경우 따가운 시선을 감수해야 한다.

이와 같은 여성 노동자가 경험하는 차별 문제를 해결하기 위해서는 여성 노동자 역시 남성 노동자와 마찬가지의 권리를 가지고 있다는 점을 사회 전반에 인식할 수 있도록 해야 하고 여성이라는 이유만으로 취업과 승진 등에 불이익을 받지 않도록 <u>인식과 정책을 개선해야 한다.</u>

① 결혼과 출산, 임신과 같은 가족 계획을 지지하는 환경을 만들어야 한다.
② 여성 노동자가 주로 종사하는 직종의 임금 체계를 합리적으로 변화시켜야 한다.
③ 여성들이 종사하는 다양한 직업군에서 양질의 정규직 일자리를 만들어야 한다.
④ 임신으로 인한 공백 문제 등이 발생하지 않도록 공백 기간을 법으로 개정·규제하여야 한다.
⑤ 여성 노동자들을 여성이 아닌 정당하게 노동력을 제공하고 그에 맞는 임금을 받을 권리를 가진 노동자로 바라보아야 한다.

13 다음 글에 대한 반론으로 가장 적절한 것은?

> 어떤 모델이든지 상품의 특성에 적합한 이미지를 갖는 인물이어야 광고 효과가 제대로 나타날 수
> 있다. 예를 들어 자동차, 카메라, 공기 청정기, 치약과 같은 상품의 경우에는 자체의 성능이나 효능
> 이 중요하므로 대체로 전문성과 신뢰성을 갖춘 모델이 적합하다. 이와 달리 상품이 주는 감성적인
> 느낌이 중요한 보석, 초콜릿, 여행 등과 같은 상품은 매력성과 친근성을 갖춘 모델이 잘 어울린다.
> 그런데 유명인이 그들의 이미지에 상관없이 여러 유형의 상품 광고에 출연하면 모델의 이미지와 상
> 품의 특성이 어울리지 않는 경우가 많아 광고 효과가 나타나지 않을 수 있다.
> 유명인의 중복 출연이 소비자가 모델을 상품과 연결시켜 기억하기 어렵게 한다는 점도 광고 효과에
> 부정적인 영향을 미친다. 유명인의 이미지가 여러 상품으로 분산되면 광고 모델과 상품 간의 결합력
> 이 약해질 것이다. 이는 유명인 광고 모델의 긍정적인 이미지를 광고 상품에 전이하여 얻을 수 있는
> 광고 효과를 기대하기 어렵게 만든다.
> 또한 유명인의 중복 출연 광고는 광고 메시지에 대한 신뢰를 얻기 힘들다. 유명인 광고 모델이 여러
> 광고에 중복하여 출연하면, 그 모델이 경제적인 이익만을 추구한다는 이미지가 소비자에게 강하게
> 각인된다. 그러면 소비자들은 유명인 광고 모델의 진실성을 의심하게 되어 광고 메시지가 객관성을
> 결여하고 있다고 생각하게 될 것이다.
> 유명인 모델의 광고 효과를 높이기 위해서는 유명인이 자신과 잘 어울리는 한 상품의 광고에만 지속
> 적으로 나오는 것이 좋다. 이렇게 할 경우 상품의 인지도가 높아지고, 상품을 기억하기 쉬워지며
> 광고 메시지에 대한 신뢰도가 제고된다. 유명인의 유명세가 상품에 전이되고 소비자가 유명인이 진
> 실하다고 믿게 되기 때문이다.

① 광고 효과를 높이기 위해서는 제품의 이미지와 맞는 모델을 골라야 한다.
② 연예인이 여러 광고의 모델일 경우 소비자들은 광고 브랜드에 대한 신뢰를 잃게 된다.
③ 유명 연예인이 많은 광고에 출연하게 되면 소비자들은 모델과 상품 간의 연관성을 찾지 못한다.
④ 사람들은 특정 인물이 광고에 출연한 것만으로 브랜드를 선택하는 경향이 있다.
⑤ 유명인이 한 광고에만 지속적으로 나올 경우 긍정적인 효과를 기대할 수 있다.

※ 일정한 규칙으로 수나 문자를 나열할 때, 빈칸에 들어갈 알맞은 것을 고르시오(단, 모음은 일반모음 10개만 세는 것을 기준으로 한다). **[14~17]**

14

| 3 −10 −4 −7 10 −1 ( ) 8 |

① −18   ② −12
③ 4   ④ 8
⑤ 10

15

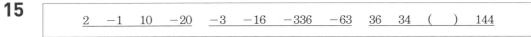

| 2 −1 10 −20 −3 −16 −336 −63 36 34 ( ) 144 |

① 67   ② 78
③ 87   ④ 112
⑤ 136

Easy

16

| ㅜ ㄷ ( ) ㅅ ㅓ ㅋ |

① ㄴ   ② ㅂ
③ ㅅ   ④ ㅠ
⑤ ㅎ

17

| E ㄹ ( ) ㅇ I ㄴ |

① A   ② C
③ G   ④ I
⑤ Y

18 농도가 다른 두 소금물 A와 B를 각각 100g씩 섞으면 농도 10%의 소금물이 되고, 소금물 A를 100g, 소금물 B를 300g 섞으면 농도 9%의 소금물이 된다고 할 때, 소금물 A의 농도는?

① 10%

② 12%

③ 14%

④ 16%

⑤ 18%

19 회사에서 거래처까지 갈 때는 국도를 이용하여 속력 80km/h로, 거래처에서 회사로 돌아갈 때는 고속도로를 이용하여 속력 120km/h로 왔다. 1시간 이내로 왕복하려면 거래처는 회사에서 최대 몇 km 떨어진 곳에 위치해야 하는가?

① 44km

② 46km

③ 48km

④ 50km

⑤ 52km

20 빨간색 공 4개, 흰색 공 6개가 들어있는 주머니에서 한 번에 2개를 꺼낼 때, 적어도 1개는 흰색 공을 꺼낼 확률은?

① $\dfrac{1}{4}$

② $\dfrac{5}{12}$

③ $\dfrac{9}{15}$

④ $\dfrac{13}{15}$

⑤ $\dfrac{14}{15}$

21 다음은 2024년 우리나라의 LPCD(Liter Per Capital Day)에 대한 자료이다. 1인 1일 사용량에서 영업용 사용량이 차지하는 비중과 1인 1일 가정용 사용량의 하위 두 항목이 차지하는 비중을 순서 대로 나열한 것은?(단, 소수점 셋째 자리에서 반올림한다)

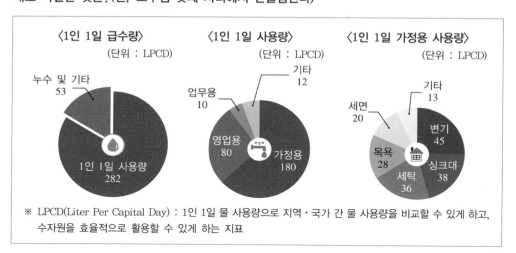

※ LPCD(Liter Per Capital Day) : 1인 1일 물 사용량으로 지역·국가 간 물 사용량을 비교할 수 있게 하고, 수자원을 효율적으로 활용할 수 있게 하는 지표

	영업용 사용량	가정용 사용량
①	27.57%	16.25%
②	27.57%	19.24%
③	28.37%	18.33%
④	28.37%	19.24%
⑤	30.56%	20.78%

22 다음은 지난 10년간 우리나라 일부 품목의 소비자 물가지수에 대한 자료이다. 이에 대한 설명으로 옳지 않은 것은?

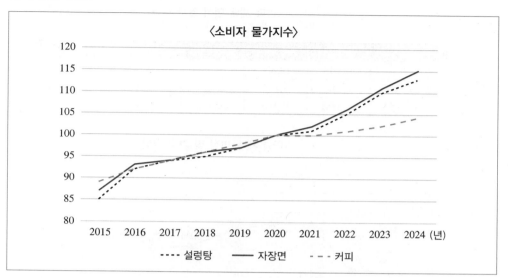

① 제시한 모든 품목의 소비자 물가지수는 2020년 물가를 100으로 하여 등락률을 산정했다.

② 자장면은 2020년 대비 최근까지 가격이 가장 많이 오른 음식이다.

③ 설렁탕은 2015 ~ 2020년까지 가격이 가장 많이 오른 음식이다.

④ 2024년 현재 가장 비싼 품목은 자장면이다.

⑤ 2020년 대비 2024년은 '자장면, 설렁탕, 커피' 순으로 가격 상승률이 높았다.

23 다음은 양파와 마늘의 재배에 대한 자료이다. 이에 대한 설명으로 옳지 않은 것은?

〈양파 재배 면적 조사 결과〉

(단위 : ha, %)

구분		2022년	2023년(A)	2024년(B)	증감(C=B−A)	증감률(C/A)	비중
양파		18,015	19,896	19,538	−358	−1.8	100.0
	조생종	2,013	2,990	2,796	−194	−6.5	14.3
	중만생종	16,002	16,906	16,742	−164	−1.0	85.7

〈마늘 재배 면적 및 가격 추이〉

① 2024년 양파 재배 면적의 전년 대비 증감률은 조생종이 중만생종보다 크다.
② 마늘 가격은 마늘 재배 면적에 반비례한다.
③ 마늘의 재배 면적은 2020년이 가장 넓다.
④ 전년 대비 2024년 재배 면적은 양파는 감소하였고, 마늘은 증가하였다.
⑤ 마늘 가격은 2021년 이래로 계속 증가하였다.

※ 다음은 20,000명을 대상으로 연령대별 운전면허 소지 현황을 조사한 자료이다. 이어지는 질문에 답하시오. [24~25]

〈연령대별 운전면허 소지 현황〉

(단위 : %, 명)

구분		20대	30대	40대	50대	60대	70대
남성	소지비율	38	55	75	68	42	25
	조사인원	1,800	2,500	2,000	1,500	1,500	1,200
여성	소지비율	22	35	54	42	24	12
	조사인원	2,000	1,400	1,600	1,500	2,000	1,000

24 다음 중 위 자료에 대한 설명으로 옳지 않은 것은?

① 운전면허 소지비율이 가장 높은 연령대는 남성과 여성이 동일하다.
② 70대 여성의 운전면허 소지비율은 70대 남성 운전면허 소지비율의 절반 이하이다.
③ 전체 조사자 중 20·30대가 차지하는 비율은 40% 이상이다.
④ 50대 운전면허 소지자는 1,500명 이상이다.
⑤ 70대 여성 운전면허 소지자는 60대 여성 운전면허 소지자의 25%이다.

25 다음 중 위 자료에 대한 설명으로 옳은 것은?

① 조사에 참여한 60·70대는 남성이 여성보다 많다.
② 40대 여성 운전면허 소지자는 40대 남성의 운전면허 소지자의 55% 이하이다.
③ 20대 남성 운전면허 소지자는 70대 남성 운전면허 소지자의 2.5배 이상이다.
④ 20·30대 여성 운전면허 소지자는 전체 조사자의 5% 미만이다.
⑤ 모든 연령에서 여성 조사자는 남성 조사자보다 적다.

※ 다음은 A대리가 가입하고자 하는 S은행의 단리 적금 상품인 '별빛적금'에 대한 정보이다. 이어지는 질문에 답하시오. [26~27]

<별빛적금>

- 가입대상
  실명의 개인
- 가입기간
  24개월, 36개월, 48개월 중 선택
- 적립방법 및 저축금액
  - 정액적립 : 매월 1만 원 이상 250만 원 이하
  - 추가적립 : 월 정액적립금액을 초과한 금액으로 최대 50만 원 이하
- 기본금리

가입기간	금리
24개월	연 1.20%
36개월	연 1.50%
48개월	연 2.00%

- 우대금리

우대사항	적용이율	내용
월급이체 우대	연 0.20%p	월급통장에서 해당 적금 계좌로 정기 이체할 경우
제휴통신사 우대	연 0.10%p 또는 연 0.15%p	- 해당 적금 가입일 현재 K통신사 고객이며, S은행 계좌에서 통신요금을 자동이체 중인 경우(연 0.10%p) - 해당 적금 가입일 현재 P통신사 고객이며, S은행 계좌에서 통신요금을 자동이체 중인 경우(연 0.15%p)
제휴보험사 보험상품 가입 우대	연 0.20%p	해당 적금 가입일 현재 T보험사의 자동차보험 또는 생명보험에 가입한 경우
우수거래 고객 우대	연 0.20%p	해당 적금 가입일 기준 예금주의 S은행 거래기간이 2년 이상인 경우(S은행 계좌 최초개설일을 거래기간의 기산점으로 함)

※ 우대금리는 최대 연 0.4%p까지 적용
※ 만기 전 해지 시 우대금리 미적용

26 A대리는 2024년 2월 1일에 별빛적금에 가입하고자 한다. A대리에 대한 정보가 다음과 같을 때, A대리의 만기 수령액은 얼마인가?(단, 이자 소득에 대한 세금은 고려하지 않는다)

〈정보〉

• 가입기간을 36개월로 하여 본인 명의로 가입하고자 한다.
• 월급통장에서 별빛적금 계좌로 매월 1일 100만 원을 납입할 계획이다.
• K통신사 고객이며, 타 은행 계좌에서 통신요금을 자동이체 중이다.
• 2022년 8월부터 T보험사의 생명보험에 가입 중이다.
• 별빛적금 가입이 S은행과의 최초거래이다.

① 36,150,700원   ② 36,940,200원
③ 37,054,500원   ④ 37,505,000원
⑤ 37,605,200원

27 A대리의 상황에 대한 정보가 다음과 같이 바뀌었다. A대리가 2024년 3월 1일에 별빛적금에 가입하고자 할 때, A대리에게 적용되는 금리와 만기 시 받을 수 있는 이자액이 바르게 연결된 것은?(단, 이자 소득에 대한 세금은 고려하지 않는다)

〈정보〉

• 가입기간을 24개월로 하여 본인 명의로 가입하고자 한다.
• 월급통장이 아닌 통장에서 매월 1일 150만 원을 납입할 계획이다.
• P통신사 고객이며, S은행 계좌에서 통신요금을 자동이체 중이다.
• 2023년 12월부터 Q보험사의 자동차보험에 가입 중이다.
• 2021년 1월에 S은행 계좌를 처음으로 개설하였다.

	적용금리	만기 수령 이자액
①	연 1.40%	525,000원
②	연 1.55%	581,250원
③	연 1.55%	637,500원
④	연 1.70%	581,250원
⑤	연 1.70%	637,500원

28 다음은 S예금 상품에 대한 설명이다. 〈보기〉의 가입자 갑 ~ 정 4명 중 적용 금리가 낮은 순서대로 바르게 나열한 것은?

<table>
<tr><td colspan="4" align="center">〈S예금 상품〉</td></tr>
<tr><td>가입대상</td><td>실명의 개인 또는 개인사업자(1인 1계좌)</td><td>가입기간</td><td>1년</td></tr>
<tr><td>기본금리</td><td colspan="3">연 1.90%</td></tr>
<tr><td rowspan="3">우대금리</td><td colspan="3">최초 1년 구간에만 적용되며, 요건을 충족하는 경우 우대금리는 만기해지 시에 지급(최대 연 0.3%p)</td></tr>
</table>

우대항목	내용
카드결제 우대 (연 0.2%p)	이 예금 가입 후 3개월이 되는 달의 말일까지 본인 명의 S은행 계좌에서 Y카드 결제실적이 있는 경우 연 0.2%p 우대
비대면 신규 or 만 65세 이상 or 장애인 우대(연 0.1%p)	비대면 채널을 통해 이 예금에 가입하거나, 가입시점에 만 65세 이상 또는 장애인 손님인 경우 연 0.1%p 우대

중도해지금리	구분	1개월 미만	1개월 이상 3개월 미만	3개월 이상 6개월 미만	6개월 이상
	금리	연 0.1%	연 0.3%	연 0.5%	가입 당시 기본금리 1/2 (단, 연 0.5% 미만 시 연 0.5% 적용)

> **보기**
>
> ㉠ 예금 가입 후 2주 뒤 본인 명의의 Y카드 결제실적이 있는 만 35세인 갑
> ㉡ 비대면 채널을 통해 예금에 가입한 을
> ㉢ 예금 가입 후 8개월 차에 해지한 만 70세인 병
> ㉣ 비대면 채널을 통해 예금에 가입한 후 4개월 뒤에 해지한 정

① ㉠ - ㉡ - ㉢ - ㉣   ② ㉠ - ㉢ - ㉡ - ㉣

③ ㉢ - ㉡ - ㉠ - ㉣   ④ ㉣ - ㉢ - ㉡ - ㉠

⑤ ㉣ - ㉡ - ㉢ - ㉠

※ 다음 명제가 모두 참일 때, 빈칸에 들어갈 명제로 가장 적절한 것을 고르시오. [29~30]

29

> • 보상을 받는다면 노력했다는 것이다.
> • _____
> • 호야는 보상을 받지 못했다.

① 호야는 노력하지 않았다.
② 보상을 받았다는 것은 곧 노력했다는 의미다.
③ 호야는 보상을 받았다.
④ 호야는 노력하고 있다.
⑤ 보상을 받았다는 것이 곧 노력했다는 의미는 아니다.

30

> • 영양소는 체내에서 에너지원 역할을 한다.
> • 탄수화물은 영양소이다.
> • 따라서 _____

① 탄수화물은 체내에서 에너지원 역할을 한다.
② 에너지원 역할을 하는 것은 탄수화물이다.
③ 탄수화물은 체내에 필요하다.
④ 에너지원 역할을 하는 것은 영양소이다.
⑤ 탄수화물을 제외한 영양소는 에너지원 역할을 하지 않는다.

`Easy`

31 연경, 효진, 다솜, 지민, 지현 5명 중에서 1명이 선생님의 책상에 있는 화병에 꽃을 꽂아두었다. 이들 중 2명은 거짓을, 3명은 참을 말한다고 할 때, 선생님 책상에 꽃을 꽂아둔 사람은?

> • 연경 : 화병에 꽃을 꽂아두는 것을 나와 지현이만 보았다. 효진이의 말은 모두 맞다.
> • 효진 : 화병에 꽃을 꽂아둔 사람은 지민이다. 지민이가 그러는 것을 지현이가 보았다.
> • 다솜 : 지민이는 꽃을 꽂아두지 않았다. 지현이의 말은 모두 맞다.
> • 지민 : 화병에 꽃을 꽂아두는 것을 3명이 보았다. 효진이는 꽃을 꽂아두지 않았다.
> • 지현 : 나와 연경이는 꽃을 꽂아두지 않았다. 나는 누가 꽃을 꽂는지 보지 못했다.

① 다솜 ② 연경
③ 지민 ④ 지현
⑤ 효진

32 S은행 직원 A ~ F 6명은 연휴 전날 고객이 많을 것을 고려해 점심을 12시, 1시 두 팀으로 나눠 먹기로 하였다. 다음 〈조건〉이 모두 참일 때, 반드시 참인 것은?

> **조건**
> • A는 B보다 늦게 가지는 않는다.
> • A와 C는 같은 시간에 먹는다.
> • C와 D는 다른 시간에 먹는다.
> • E는 F보다 먼저 먹는다.

① A와 B는 다른 시간에 먹는다.

② B와 C는 같은 시간에 먹는다.

③ D와 F는 같은 시간에 먹는다.

④ 12시와 1시에 식사하는 인원수는 다르다.

⑤ A가 1시에 먹는다면 1시 인원이 더 많다.

33 다음 명제가 모두 참일 때, 옳지 않은 것은?

> • 비가 많이 내리면 습도가 높아진다.
> • 겨울보다 여름에 비가 더 많이 내린다.
> • 습도가 높으면 먼지가 잘 나지 않는다.
> • 습도가 높으면 정전기가 잘 일어나지 않는다.

① 겨울은 여름보다 습도가 낮다.

② 먼지는 여름이 겨울보다 잘 난다.

③ 여름에는 겨울보다 정전기가 잘 일어나지 않는다.

④ 비가 많이 오면 정전기가 잘 일어나지 않는다.

⑤ 정전기가 잘 일어나면 비가 적게 온 것이다.

34 S은행은 조직을 개편함에 따라 기획 1~8팀의 사무실 위치를 변경하려 한다. 다음 〈조건〉에 따라 변경한다고 할 때, 변경된 사무실 위치에 대한 설명으로 옳은 것은?

창고	입구	계단
1호실		5호실
2호실	복도	6호실
3호실		7호실
4호실		8호실

조건

- 외근이 잦은 1팀과 7팀은 입구와 가장 가깝게 위치한다(단, 입구에서 가장 가까운 쪽은 1호실과 5호실 두 곳이다).
- 2팀과 5팀은 업무 특성상 복도를 끼지 않고 같은 라인에 인접해 나란히 위치한다.
- 3팀은 팀명과 동일한 호실에 위치한다.
- 8팀은 입구에서 가장 먼 쪽에 위치하며, 복도 맞은편에는 2팀이 위치한다(단, 입구에서 가장 먼 쪽은 4호실과 8호실 두 곳이다).
- 4팀은 1팀과 5팀 사이에 위치한다.

① 기획 1팀의 사무실은 창고 쪽 라인에 위치한다.
② 기획 2팀은 입구와 멀리 떨어진 4호실에 위치한다.
③ 기획 3팀은 기획 5팀과 앞뒤로 나란히 위치한다.
④ 기획 4팀과 기획 6팀은 복도를 사이에 두고 마주한다.
⑤ 기획 7팀과 기획 8팀은 계단 쪽 라인에 위치한다.

35 체육교사 S씨는 학생들을 키 순서에 따라 한 줄로 세우려고 한다. A~F 6명이 다음 〈조건〉에 따라 줄을 섰을 때, 옳지 않은 것은?(단, 같은 키의 학생은 없으며, 키가 작은 학생이 큰 학생보다 앞에 선다)

> **조건**
> • C는 A보다 키가 크고, F보다는 키가 작다.
> • D는 E보다 키가 크지만 E 바로 뒤에 서지는 않는다.
> • B는 D보다 키가 크다.
> • A는 맨 앞에 서지 않는다.
> • F는 D보다 키가 크지만 맨 끝에 서지 않는다.
> • E와 C는 1명을 사이에 두고 선다.

① E는 맨 앞에 선다.
② 키가 제일 큰 학생은 B이다.
③ F는 B 바로 앞에 선다.
④ C는 6명 중 세 번째로 키가 크다.
⑤ A와 D는 1명을 사이에 두고 선다.

Easy

36 다음은 S편집샵 직원들이 매출감소를 분석한 대화 내용이다. 각 직원의 문제해결 장애요소를 바르게 연결한 것은?

> 대표　：매출이 계속하여 감소하는데, 이에 대해 여러분의 의견을 듣고 싶습니다.
> 직원 A：디자인을 더 다양하게 하는 게 어떨까요? 제가 전 세계 유명 브랜드의 다자인을 30개 정도 가져와봤어요.
> 직원 B：제 생각에는 독특한 디자인을 하는 게 좋을 것 같아요. 요즘 젊은 사람들은 개성 있는 디자인을 좋아한다고 하더라고요.
> 직원 C：제가 갑자기 아이디어가 떠올랐는데요, 가격을 낮추고 광고를 더 늘리는 게 좋을 것 같아요.

	고정관념에 얽매이는 경우	쉽게 떠오르는 단순한 생각에 의지하는 경우	지나치게 방대한 자료를 수집하는 경우
①	직원 A	직원 B	직원 C
②	직원 A	직원 C	직원 B
③	직원 B	직원 A	직원 C
④	직원 B	직원 C	직원 A
⑤	직원 C	직원 A	직원 B

37 다음 설명을 읽고 S사의 분석 결과에 따른 전략과 그에 대한 내용이 바르게 연결된 것은?

> SWOT는 Strength(강점), Weakness(약점), Opportunity(기회), Threat(위협)의 머리글자를 따서 만든 단어로 경영 전략을 세우는 방법론이다. SWOT로 도출된 조직의 내·외부 환경을 분석하고, 이 결과를 통해 대응전략을 구상하는 분석방법론이다.
> 'SO(강점 – 기회)전략'은 기회를 활용하기 위해 강점을 사용하는 전략이고, 'WO(약점 – 기회)전략'은 약점을 보완 또는 극복하여 시장의 기회를 활용하는 전략이다. 'ST(강점 – 위협)전략'은 위협을 피하기 위해 강점을 활용하는 방법이며 'WT(약점 – 위협)전략'은 위협요인을 피하기 위해 약점을 보완하는 전략이다.

내부 외부	강점(Strength)	약점(Weakness)
기회(Opportunity)	SO(강점 – 기회)전략	WO(약점 – 기회)전략
위협(Threat)	ST(강점 – 위협)전략	WT(약점 – 위협)전략

〈유기농 수제버거 전문점 S사 환경분석 결과〉

구분	분석 결과
강점(Strength)	• 주변 외식업 상권 내 독창적 아이템 • 커스터마이징 고객 주문 서비스 • 주문 즉시 조리 시작
약점(Weakness)	• 높은 재료 단가로 인한 비싼 상품 가격 • 대기업 버거 회사에 비해 긴 조리 과정
기회(Opportunity)	• 웰빙을 추구하는 소비 행태 확산 • 치즈 제품을 선호하는 여성들의 니즈 반영
위협(Threat)	• 제품 특성상 테이크 아웃 및 배달 서비스 불가

① SO전략 : 주변 상권의 프랜차이즈 샌드위치 전문업체의 제품을 벤치마킹해 샌드위치도 함께 판매한다.

② WO전략 : 유기농 채소와 유기농이 아닌 채소를 함께 사용하여 단가를 낮추고 가격을 내린다.

③ ST전략 : 테이크아웃이 가능하도록 버거의 사이즈를 조금 줄이고 사이드 메뉴를 서비스로 제공한다.

④ WT전략 : 조리과정을 단축시키기 위해 커스터마이징 형식의 고객 주문 서비스 방식을 없애고, 미리 제작해놓은 버거를 배달 제품으로 판매한다.

⑤ ST전략 : 치즈의 종류를 다양하게 구성해 커스터마이징 주문 시 선택할 수 있도록 한다.

38 K공사에 근무하는 A대리는 국토정보 유지관리사업에 대한 SWOT 분석 결과 자료를 토대로 〈보기〉와 같이 판단하였다. 다음 〈보기〉 중 SWOT 분석에 의한 경영전략에 따른 판단으로 적절하지 않은 것을 모두 고르면?

〈국토정보 유지관리사업에 대한 SWOT 분석 결과〉

구분	분석 결과
강점(Strength)	• 도로명주소 서비스의 정확성 개선사업을 통한 국토정보 유지관리사업 추진 경험 • 위치기반 생활지원 서비스인 '랜디랑'의 성공적 구축
약점(Weakness)	• 국토정보 수집 관련 기기 및 설비 운용인력의 부족 • 공공수요에 편중된 국토정보 활용
기회(Opportunity)	• 국토정보체계 표준화에 성공한 해외 기관과의 지원협력 기회 마련
위협(Threat)	• 드론 조종사 양성을 위한 예산 확보 어려움

보기

㉠ 유지관리사업 추진 노하우를 해외 기관에 제공하고, 이를 더욱 개선하기 위해 국내에서 예산을 확보하는 것은 SO전략에 해당한다.
㉡ 랜디랑의 성공적 구축 사례를 활용해 드론 운용사업의 잠재성을 강조하여 드론 조종사 양성 예산을 확보해 내는 것은 ST전략에 해당한다.
㉢ 해외 기관과의 협력을 통해 국토정보 유지관리사업을 개선하는 것은 WO전략에 해당한다.
㉣ 드론 조종사 양성을 위한 예산을 확보하여 기기 운용인력을 확충하기 위해 노력하는 것은 WT전략에 해당한다.

① ㉠, ㉡
② ㉠, ㉢
③ ㉡, ㉢
④ ㉡, ㉣
⑤ ㉢, ㉣

39 S경기장에는 A ~ D 네 개의 탈의실이 있는데 이를 대여할 때에는 〈조건〉을 따라야 하며, 이미 예약된 탈의실은 다음과 같다고 할 때, 금요일의 빈 시간에 탈의실을 대여할 수 있는 단체를 모두 고르면?

구분	월	화	수	목	금
A탈의실	시대		한국		
B탈의실	우리			시대	
C탈의실			나라		나라
D탈의실	한국	시대		우리	

조건

- 일주일에 최대 세 번, 세 개의 탈의실을 대여할 수 있다.
- 한 단체가 하루에 두 개의 탈의실을 대여하려면, 인접한 탈의실을 대여해야 한다.
- 탈의실은 A – B – C – D 순서대로 직선으로 나열되어 있다.
- 한 단체는 탈의실을 하루에 두 개까지 대여할 수 있다.
- 전날 대여한 탈의실을 똑같은 단체가 다시 대여할 수 없다.

① 나라
② 한국, 나라
③ 시대, 한국, 나라
④ 우리, 나라, 시대
⑤ 우리, 나라, 한국

40 S은행에서는 5월 한 달 동안 임직원을 대상으로 금연교육 4회, 부패방지교육 2회, 성희롱방지교육 1회를 진행하려고 한다. 다음 〈조건〉을 바탕으로 반드시 참인 것은?

〈5월 달력〉						
일	월	화	수	목	금	토
			1	2	3	4
5	6	7	8	9	10	11
12	13	14	15	16	17	18
19	20	21	22	23	24	25
26	27	28	29	30	31	

조건
- 교육은 하루에 하나만 실시할 수 있고, 주말에는 교육을 실시할 수 없다.
- 매주 월요일은 부서회의로 인해 교육을 실시할 수 없다.
- 5월 1일부터 3일까지는 은행의 주요 행사 기간이므로 어떠한 교육도 실시할 수 없다.
- 금연교육은 정해진 같은 요일에 주 1회 실시한다.
- 부패방지교육은 20일 이전 수요일 또는 목요일에 시행하며, 이틀 연속 실시할 수 없다.
- 성희롱방지교육은 5월 31일에 실시한다.

① 5월 넷째 주에는 금연교육만 실시된다.
② 금연교육은 금요일에 실시될 수 있다.
③ 부패방지교육은 같은 요일에 실시되어야 한다.
④ 성희롱방지교육은 목요일에 실시된다.
⑤ 금연교육은 5월 첫째 주부터 실시된다.

41 인천공항에서 A ~ D 4개의 비행기가 이륙 준비를 하고 있다. 다음 〈조건〉을 만족할 때, 출발시각이 가장 빠른 비행기는?(단, 한국의 시차는 GMT+9이다)

〈비행 정보〉

구분	A비행기	B비행기	C비행기	D비행기
도착지	도하	나리타	로스앤젤레스	밴쿠버
GMT	+3	+9	−8	−8
비행시간	9시간	2시간 10분	13시간	11시간 15분

조건
- 각 비행기의 도착지는 도하, 나리타, 로스앤젤레스, 밴쿠버 중 하나이며, 모두 직항이다.
- C비행기는 A비행기와 도착 시 현지 시간이 같다.
- B비행기는 C비행기보다 1시간 빨리 출발한다.
- D비행기는 C비행기보다 한국 시간으로 2시간 빨리 도착한다.

① A비행기   ② B비행기
③ C비행기   ④ D비행기
⑤ A비행기, D비행기

42 연봉 실수령액을 구하는 식이 다음과 같을 때, 연봉이 3,480만 원인 A씨의 연간 실수령액은?(단, 원 단위는 절사한다)

- (연봉 실수령액)=(월 실수령액)×12
- (월 실수령액)=(월 급여)−[(국민연금)+(건강보험료)+(고용보험료)+(장기요양보험료)+(소득세)+(지방세)]
- (국민연금)=(월 급여)×4.5%
- (건강보험료)=(월 급여)×3.12%
- (고용보험료)=(월 급여)×0.65%
- (장기요양보험료)=(건강보험료)×7.38%
- (소득세)=68,000원
- (지방세)=(소득세)×10%

① 30,944,400원   ② 31,078,000원
③ 31,203,200원   ④ 32,150,800원
⑤ 32,210,000원

※ 다음은 S은행에 입사할 신입직원의 희망부서에 대한 자료이다. 이어지는 질문에 답하시오. **[43~44]**

〈희망부서 및 추천부서〉

구분	1지망	2지망	필기점수	면접점수	추천부서
A사원	개발부	사업부	70	40	홍보부
B사원	개발부	총무부	90	80	사업부
C사원	영업부	개발부	60	70	영업부
D사원	영업부	홍보무	100	50	개발부
E사원	홍보부	총무무	80	90	총무부
F사원	개발부	영업부	80	100	홍보부
G사원	영업부	사업부	50	60	사업부
H사원	총무부	사업부	60	80	영업부
I사원	홍보부	개발부	70	70	총무부
J사원	홍보부	영업부	90	50	총무부

※ 필기점수와 면접점수의 합이 높은 사람이 우선적으로 배정되며, 1지망 – 2지망 – 추천부서 순으로 진행됨
※ 동점자일 경우 면접점수가 높은 사원이 먼저 배정됨
※ 1지망을 우선 결정하고 남은 인원으로 2지망을 결정한 후, 남은 인원은 추천부서로 배정됨
※ 5개의 부서에 각각 2명씩 배정됨

43 다음 중 B사원이 배정되는 부서는 어디인가?

① 개발부 ② 홍보부
③ 영업부 ④ 총무부
⑤ 사업부

44 다음 중 최종적으로 추천부서와 배정부서가 동일한 사원을 모두 고르면?

① A사원, D사원, I사원 ② B사원, F사원, J사원
③ C사원, G사원, J사원 ④ D사원, H사원, I사원
⑤ H사원, I사원, J사원

45 다음은 이번 달 A사원의 초과 근무 기록이다. A사원의 연봉은 3,600만 원이고, 시급 산정 시 월평균 근무시간은 200시간이다. A사원이 받는 야근·특근 수당은 얼마인가?(단, 소득세는 고려하지 않는다)

<이번 달 초과 근무 기록>

일요일	월요일	화요일	수요일	목요일	금요일	토요일
		1	2 18:00 ~ 19:00	3	4	
5 09:00 ~ 11:00	6	7 19:00 ~ 21:00	8	9	10	11
12	13	14	15 18:00 ~ 22:00	16	17	18 13:00 ~ 16:00
19	20 19:00 ~ 20:00	21	22	23	24	25
26	27	28	29 19:00 ~ 23:00	30 18:00 ~ 21:00	31	

<초과 근무 수당 규정>

- 평일 야근 수당은 시급에 1.2배를 한다.
- 주말 특근 수당은 시급에 1.5배를 한다.
- 식대는 10,000원을 지급하며(야근·특근 수당에 포함되지 않는다), 평일 야근 시 20시 이상 근무할 경우에 지급한다(주말 특근에는 지급하지 않는다).
- 야근시간은 19 ~ 22시이다(초과시간 수당 미지급).

① 265,500원
② 285,500원
③ 300,000원
④ 310,500원
⑤ 330,500원

Hard

46 마우스는 A ~ F 6개 부품 중 3가지 부품으로 구성된다. 다음은 부품 1개당 가격, 마우스 부품 조립 시 소요되는 시간과 필요 개수에 대한 자료이다. 마우스를 최대한 비용과 시간을 절약하여 완성할 경우 A ~ F부품 중 〈조건〉에 부합하는 부품 구성으로 적절한 것은?

〈부품 1개당 가격 및 시간〉

부품	가격	시간	필요 개수	부품	가격	시간	필요 개수
A	20원	6분	3개	D	50원	11분 30초	2개
B	35원	7분	5개	E	80원	8분 30초	1개
C	33원	5분 30초	2개	F	90원	10분	2개

※ 시간은 필요개수 모두를 사용한 시간이다.

조건

• 완제품을 만들 때 부품의 총가격이 가장 저렴해야 한다.
• 완제품을 만들 때 부품의 총개수는 상관없다.
• 완제품을 만들 때 총소요 시간은 25분 미만으로 한다.
• 총가격 차액이 100원 미만일 경우 총소요 시간이 가장 짧은 구성을 택한다.

① A, B, E ② A, C, D
③ B, C, E ④ B, D, F
⑤ C, E, F

Easy

47 S은행에 근무 중인 B차장은 새로운 사업을 실행하기에 앞서 설문조사를 하려고 한다. 다음의 방법을 이용하려고 할 때, 설문조사 순서를 바르게 나열한 것은?

델파이 기법은 전문가들의 의견을 종합하기 위해 고안된 기법으로 불확실한 상황을 예측하고자 할 경우 사용하는 인문사회과학 분석기법 중 하나이다. 설문지로만 이루어지기 때문에 전문가들의 익명성이 보장되고, 반복적인 설문을 통해 얻은 반응을 수집·요약해 특정한 주제에 대한 전문가 집단의 합의를 도출하는 방식으로 진행된다.

① 설문지 제작 – 발송 – 회수 – 중간 분석 – 재발송 – 회수 – 합의 도출
② 설문지 제작 – 1차 대면 토론 – 중간 분석 – 2차 대면 토론 – 합의 도출
③ 설문지 제작 – 발송 – 회수 – 중간 분석 – 대면 토론 – 합의 도출
④ 설문지 제작 – 발송 – 새 설문지 제작 – 발송 – 회수 – 합의 도출
⑤ 설문지 제작 – 발송 – 회수 – 검토 후 결론 도출 – 결론 통보

48 다음 리더십에 대한 칼럼을 읽고 학생들이 대화를 나누었다. 옳지 않은 내용을 말한 학생은?

> 요즘같이 경영환경의 불확실성이 높아지고 이에 대응하기 위한 조직 내부의 변화가 절박해지면 리더의 역할이 더욱 중요해진다. 조직 구성원의 불안감이 높아질수록 본능적으로 리더에 대한 의존도가 높아지기 때문이다. 일부에서는 위기가 찾아올수록 집단지성을 활용한 공유된 리더십이 중요하다고 이야기한다.
>
> 물론 불확실성이 높아지고 위기가 찾아오면 독단적인 의사결정을 내리라는 이야기는 아니다. 하지만 신속하게 의사결정을 내려야 하는 상황이 오면 빠른 의사결정과 강한 실행력이 무엇보다 중요해지며, 이에 대한 마지막 책임은 결국 리더에게 있다.
>
> 우리 경제에는 변혁적 리더십을 갖춘 리더가 필요하다. 미국의 정치학자 제임스 번즈(J. M. Burns)는 미국을 변화시킨 여러 리더를 분석한 후 이들이 지닌 가장 중요한 공통점은 좀 더 나은 미래를 위해 자신이 가진 비전을 구성원과 공유하려 했고, 조직에 대한 자부심과 사명감을 바탕으로 구성원의 개인적 가치를 변화해 조직의 가치와 일관되게 만들려고 노력했다는 사실을 발견했다. 그리고 이런 변화와 미래 지향적인 리더십을 변혁적 리더십이라고 칭했다.

① 장훈 : 번즈는 변혁적 리더십이 미국을 변화시켰다고 하였어.

② 희철 : 뛰어난 성과에 대해 약속된 대로 보상을 지급하는 '조건적 보상'은 거래적 리더의 특징이야.

③ 수근 : 변혁적 리더는 부하들이 보다 창의적인 시각을 가지도록 지적인 자극을 제공하기도 하지.

④ 호동 : 목표를 상징적으로 단순하게 표현하고 영감적 동기부여를 하는 것도 변혁적 리더의 특징이지.

⑤ 상민 : 변혁적 리더는 예외적인 사건이 발생할 때만 부하들의 임무 수행에 관여한다고 해.

※ 다음 글을 읽고 이어지는 질문에 답하시오. [49~50]

최근 서울 강서구에 있는 L전자제품 유통채널인 'B샵'에 한 손님이 찾아왔다. 이 손님은 건물 1 ~ 2층에 위치한 고객 체험형 가전공간과 연계한 인테리어 숍인숍, 3층 서비스센터 등 매장 곳곳을 살펴봤다. 이 손님은 코로나 사태로 힘든 시기임에도 제품 판매와 A/S, 배송 등 서비스 제공을 위해 최선을 다하는 직원들에게 감사를 표하고 매장을 떠났다. 이 손님은 바로 L그룹 대표였다. 그는 직원들 업무에 지장을 주지 않도록 B샵 담당 임원과 책임급 실무자 3 ~ 4명과 함께 이 매장을 찾았다. 당시 매장에는 고객들이 적지 않았지만, L그룹 회장의 방문을 눈치챈 사람은 한 명도 없었던 것으로 알려졌다.

L그룹 대표는 불필요한 형식과 격식은 과감하게 없애고, 진심을 갖고 구성원과 이해관계자들을 대하면서 L그룹의 미래를 위한 새로운 변화를 이끌고 있다. L그룹 대표는 2018년 6월 29일 L그룹 대표이사 회장에 취임한 직후 임직원들에게 '회장'이 아닌 '대표'로 불러 달라 당부했다. 또 문자나 이메일 등으로 임직원과 격의 없이 소통한다. L그룹 내에는 대표의 문자를 받고 깜짝 놀랐다는 임원이 적지 않은 것으로 알려졌다. 또한 올해부터 아예 온라인 시무식으로 전환해 신년사를 담은 영상을 전 세계 25만 명의 임직원에게 이메일로 전달했다. 회의 문화도 철저히 실용적으로 변화시켰다.

49 윗글을 읽고 유추할 수 있는 L그룹 대표의 경영전략으로 거리가 먼 것은?

① 대표는 실용성과 진정성 이 두 가지 리더십을 가지고 회사를 경영하고 있다.
② 회장이라는 직위보다는 지주회사 대표라는 직책이 갖는 의미를 강조하고 있다.
③ 1등 전략을 통해 국내 선도기업을 목표로 하고 있다.
④ 직원들과 격의 없이 소통하며 직원들을 동반자의 관계로 존중하고 있다.
⑤ 코로나 시대에 직원 간 소통을 비대면으로 하며 효과적으로 대응하고 있다.

50 조직문화에 가장 많은 영향을 주는 사람은 CEO이다. 다음의 조직문화를 구성하는 7요소 중 윗글의 사례에 해당하는 것으로 옳은 것은?

〈조직문화를 구성하는 7요소〉

공유가치(Shared Value), 전략(Strategy), 조직구조(Structure), 제도(System), 구성원(Staff), 관리기술(Skill), 리더십스타일(Style)

① 리더십스타일　　　　② 구성원
③ 제도　　　　④ 관리기술
⑤ 공유가치

PART 4

인성검사

4 인성검사

01 인성검사의 개요

1. 인성검사의 의의

인성검사는 1943년 미국 미네소타 대학교의 임상심리학자 Hathaway 박사와 정신과 의사 Mckinley 박사가 제작한 MMPI(Minnesota Multiphasic Personality Inventory)를 원형으로 한 다면적 인성검사를 말한다. 다면적이라 불리는 것은 여러 가지 정신적인 증상들을 동시에 측정할 수 있도록 고안되어 있기 때문이다. 풀이하자면, 개인이 가지고 있는 다면적인 성격을 많은 문항 수의 질문을 통해 수치로 나타내는 것이다. 그렇다면 성격이란 무엇인가? 성격은 일반적으로 개인 내부에 있는 특징적인 행동과 생각을 결정해 주는 정신적·신체적 체제의 역동적 조직이라고 말할 수 있으며, 환경에 적응하게 하는 개인적인 여러 가지 특징과 행동양식의 잣대라고 정의할 수 있다. 다시 말하면, 성격이란 한 개인이 환경적 변화에 적응하는 특징적인 행동 및 사고유형이라고 할 수 있으며, 인성검사란 그 개인의 행동 및 사고유형을 서면을 통해 수치적·언어적으로 기술하거나 예언해 주는 도구라 할 수 있다.

신규채용 또는 평가에 활용하는 인성검사로 MMPI 원형을 그대로 사용하는 기업도 있지만, 대부분의 기업에서는 MMPI 원형을 기준으로 연구, 조사, 정보수집, 개정 등의 과정을 통해서 자체 개발한 유형을 사용하고 있다.

인성검사의 구성은 여러 가지 하위 척도로 구성되어 있는데, MMPI 다면적 인성검사의 척도를 살펴보면 기본 척도가 8개 문항으로 구성되어 있고, 2개의 임상 척도와 4개의 타당성 척도를 포함, 총 14개 척도로 구성되어 있다.

캘리포니아 심리검사(CPI; California Psychological Inventory)의 경우는 48개 문항, 18개의 척도로 구성되어 있다.

2. 인성검사의 해석단계

해석단계는 첫 번째, 각 타당성 및 임상 척도에 대한 피검사자의 점수를 검토하는 방법으로 척도마다 피검사자의 점수가 정해진 범위에 속하는지 여부를 검토하게 된다.

두 번째, 척도별 연관성에 대한 분석으로 각 척도에서의 점수범위가 의미하는 것과 그것들이 나타낼 가설들을 종합하고, 어느 특정 척도의 점수를 근거로 하여 다른 척도들에 대한 예측을 시도하게 된다.

세 번째, 척도 간의 응집 또는 분산을 찾아보고 그에 따른 해석적 가설을 형성하는 과정으로 두 개 척도 간의 관계만을 가지고 해석하게 된다.

네 번째, 매우 낮은 임상 척도에 대한 검토로서, 일부 척도에서 낮은 점수가 특별히 의미 있는 경우가 있기 때문에 신중히 다뤄지게 된다.

다섯 번째, 타당성 및 임상 척도에 대한 형태적 분석으로서 타당성 척도들과 임상 척도들 전체의 형태적 분석이다. 주로 척도들의 상승도와 기울기 및 굴곡을 해석해서 피검사자에 대한 종합적이고 총체적인 추론적 해석을 하게 된다.

1. MMPI 척도구성

(1) 타당성 척도

타당성 척도는 피검사자가 검사에 올바른 태도를 보였는지, 또 피검사자가 응답한 검사문항들의 결론이 신뢰할 수 있는 결론인가를 알아보는 라이스케일(허위척도)이라 할 수 있다. 타당성 4개 척도는 잘못된 검사태도를 탐지하게 할 뿐만 아니라, 임상 척도와 더불어 검사 이외의 행동에 대하여 유추할 수 있는 자료를 제공해 줌으로써, 의미 있는 인성 요인을 밝혀주기도 한다.

〈타당성 4개 척도구성〉

무응답 척도 (?)	무응답 척도는 피검사자가 응답하지 않은 문항과 '그렇다'와 '아니다'에 모두 답한 문항들의 총합이다. 척도점수의 크기는 다른 척도점수에 영향을 미치게 되므로, 빠뜨린 문항의 수를 최소로 줄이는 것이 중요하다.
허구 척도 (L)	L 척도는 피검사자가 자신을 좋은 인상으로 나타내 보이기 위해 하는 고의적이고 부정직하며 세련되지 못한 시도를 측정하는 허구 척도이다. L 척도의 문항들은 정직하지 못하거나 결점들을 고의적으로 감춰 자신을 좋게 보이려는 사람들의 장점마저도 부인하게 된다.
신뢰성 척도 (F)	F 척도는 검사 문항에 빗나간 방식의 답변을 응답하는 경향을 평가하기 위한 척도로 정상적인 집단의 10% 이하가 응답한 내용을 기준으로 일반 대중의 생각이나 경험과 다른 정도를 측정한다.
교정 척도 (K)	K 척도는 분명한 정신적인 장애를 지니면서도 정상적인 프로파일을 보이는 사람들을 식별하기 위한 것이다. K 척도는 L 척도와 유사하게 거짓 답안을 확인하지만 L 척도보다 더 미세하고 효과적으로 측정한다.

(2) 임상 척도

임상 척도는 검사의 주된 내용으로써 비정상 행동의 종류를 측정하는 10가지 척도로 되어 있다. 임상 척도의 수치는 높은 것이 좋다고 해석하는 경우도 있지만, 개별 척도별로 해석을 참고하는 경우가 대부분이다.

건강염려증(Hs) Hypochondriasis	개인이 말하는 신체적 증상과 이러한 증상들이 다른 사람을 조정하는 데 사용되고 있지는 않은지 여부를 측정하는 척도로서, 측정 내용은 신체의 기능에 대한 과도한 집착 및 이와 관련된 질환이나 비정상적인 상태에 대한 불안감 등이다.
우울증(D) Depression	개인의 비관 및 슬픔의 정도를 나타내는 기분 상태의 척도로서, 자신에 대한 태도와 타인과의 관계에 대한 태도, 절망감, 희망의 상실, 무력감 등을 원인으로 나타나는 활동에 대한 흥미의 결여, 불면증과 같은 신체적 증상 및 과도한 민감성 등을 표현한다.
히스테리(Hy) Hysteria	현실에 직면한 어려움이나 갈등을 회피하는 방법인 부인 기제를 사용하는 경향 정도를 진단하려는 것으로서 특정한 신체적 증상을 나타내는 문항들과 아무런 심리적 · 정서적 장애도 가지고 있지 않다고 주장하는 것을 나타내는 문항들의 두 가지 다른 유형으로 구성되어 있다.
반사회성(Pd) Psychopathic Deviate	가정이나 일반사회에 대한 불만, 자신 및 사회와의 격리, 권태 등을 주로 측정하는 것으로서 반사회적 성격, 비도덕적인 성격 경향 정도를 알아보기 위한 척도이다.
남성-여성특성(Mf) Masculinity-Femininity	직업에 관한 관심, 취미, 종교적 취향, 능동 · 수동성, 대인감수성 등의 내용을 담고 있으며, 흥미형태의 남성특성과 여성특성을 측정하고 진단하는 검사이다.
편집증(Pa) Paranoia	편집증을 평가하기 위한 것으로서 정신병적인 행동과 과대의심, 관계망상, 피해망상, 과대망상, 과민함, 비사교적 행동, 타인에 대한 불안감 같은 내용의 문항들로 구성되어 있다.
강박증(Pt) Psychasthenia	병적인 공포, 불안감, 과대근심, 강박관념, 자기 비판적 행동, 집중력 곤란, 죄책감 등을 검사하는 내용으로 구성되어 있으며, 주로 오랫동안 지속된 만성적인 불안을 측정한다.
정신분열증(Sc) Schizophrenia	정신적 혼란을 측정하는 척도로서 가장 많은 문항에 내포하고 있다. 이 척도는 별난 사고방식이나 행동양식을 지닌 사람을 판별하는 것으로서 사회적 고립, 가족관계의 문제, 성적 관심, 충동억제불능, 두려움, 불만족 등의 내용으로 구성되어 있다.
경조증(Ma) Hypomania	정신적 에너지를 측정하는 것으로서 사고의 다양성과 과장성, 행동영역의 불안정성, 흥분성, 민감성 등을 나타낸다. 이 척도가 높으면 무엇인가를 하지 않고는 못 견디는 정력적인 사람이다.
내향성(Si) Social Introversion	피검사자의 내향성과 외향성을 측정하기 위한 척도로서, 개인의 사회적 접촉 회피, 대인관계의 기피, 비사회성 등의 인성 요인을 측정한다. 이 척도의 내향성과 외향성은 어느 하나가 좋고 나쁨을 나타내는 것이 아니라, 피검사자가 어떤 성향의 사람인가를 알아내는 것이다.

2. CPI 척도구성

〈18 척도〉

지배성 척도 (Do)	강력하고 지배적이며, 리더십이 강하고 대인관계에서 주도권을 잡는 지배적인 사람을 변별하고자 하는 척도이다.
지위능력 척도 (Cs)	현재의 개인 자신의 지위를 측정하는 것이 아니라, 개인의 내부에 잠재되어 있어 어떤 지위에 도달하게끔 하는 자기 확신, 야심, 자신감 등을 평가하기 위한 척도이다.
사교성 척도 (Sy)	사교적이고 활달하며 참여기질이 좋은 사람과, 사회적으로 자신을 나타내기 싫어하고 참여기질이 좋지 않은 사람을 변별하고자 하는 척도이다.
사회적 태도 척도 (Sp)	사회생활에서의 안정감, 활력, 자발성, 자신감 등을 평가하기 위한 척도로서, 사교성과 밀접한 관계가 있다. 고득점자는 타인 앞에 나서기를 좋아하고, 타인의 방어기제를 공격하여 즐거움을 얻고자 하는 성격을 가지고 있다.
자기수용 척도 (Sa)	자신에 대한 믿음, 자신의 생각을 수용하는 자기확신감을 가지고 있는 사람을 변별하기 위한 척도이다.
행복감 척도 (Wb)	근본 목적은 행복감을 느끼는 사람과 그렇지 않은 사람을 변별해 내는 척도 검사이지만, 긍정적인 성격으로 가장하기 위해서 반응한 사람을 변별해 내는 타당성 척도로서의 목적도 가지고 있다.
책임감 척도 (Re)	법과 질서에 대해서 철저하고 양심적이며 책임감이 강해 신뢰할 수 있는 사람과 인생은 이성에 의해서 지배되어야 한다고 믿는 사람을 변별하기 위한 척도이다.
사회성 척도 (So)	사회생활에서 이탈된 행동이나 범죄의 가능성이 있는 사람을 변별하기 위한 척도로서 범죄자 유형의 사람은 정상인보다 매우 낮은 점수를 나타낸다.
자기통제 척도 (Sc)	자기통제의 유무, 충동, 자기중심에서 벗어날 수 있는 통제의 적절성, 규율과 규칙에 동의하는 정도를 측정하는 척도로서, 점수가 높은 사람은 지나치게 자신을 통제하려 하며, 낮은 사람은 자기 통제가 잘 안되므로 충동적이 된다.
관용성 척도 (To)	침묵을 지키고 어떤 사실에 대하여 성급하게 판단하기를 삼가고 다양한 관점을 수용하려는 사회적 신념과 태도를 재려는 척도이다.
좋은 인상 척도 (Gi)	타인이 자신에 대해 어떻게 반응하는가, 타인에게 좋은 인상을 주었는가에 흥미를 느끼는 사람을 변별하고, 자신을 긍정적으로 보이기 위해 솔직하지 못한 반응을 하는 사람을 찾아내기 위한 타당성 척도이다.
추종성 척도 (Cm)	사회에 대한 보수적인 태도와 생각을 측정하는 척도검사이다. 아무렇게나 적당히 반응한 피검사자를 찾아내는 타당성 척도로서의 목적도 있다.
순응을 위한 성취 척도 (Ac)	강한 성취욕구를 측정하기 위한 척도로서 학업성취에 관련된 동기요인과 성격요인을 측정하기 위해서 만들어졌다.
독립성을 통한 성취 척도 (Ai)	독립적인 사고, 창조력, 자기실현을 위한 성취능력의 정도를 측정하는 척도이다.
지적 능률 척도 (Ie)	지적 능률성을 측정하기 위한 척도이며, 지능과 의미 있는 상관관계를 가지고 있는 성격특성을 나타내는 항목을 제공한다.
심리적 예민성 척도 (Py)	동기, 내적 욕구, 타인의 경험에 공명하고 흥미를 느끼는 정도를 재는 척도이다.
유연성 척도 (Fx)	개인의 사고와 사회적 행동에 대한 유연성, 순응성 정도를 나타내는 척도이다.
여향성 척도 (Fe)	흥미의 남향성과 여향성을 측정하기 위한 척도이다.

(1) 충분한 휴식으로 불안을 없애고 정서적인 안정을 취한다. 심신이 안정되어야 자신의 마음을 표현할 수 있다.

(2) 생각나는 대로 솔직하게 응답한다. 자신을 너무 과대포장하지도, 너무 비하하지 않도록 한다. 답변을 꾸며서 하면 앞뒤가 맞지 않게끔 구성돼 있어 불리한 평가를 받게 되므로 솔직하게 답하도록 한다.

(3) 검사문항에 대해 지나치게 골똘히 생각해서는 안 된다. 지나치게 몰두하면 엉뚱한 답변이 나올 수 있으므로 불필요한 생각은 삼간다.

(4) 인성검사는 대개 문항 수가 많기에 자칫 건너뛰는 경우가 있는데, 가능한 모든 문항에 답해야 한다. 응답하지 않은 문항이 많을 경우 평가자가 정확한 평가를 내리지 못해 불리한 평가를 받을 수 있기 때문이다.

04   인성검사 모의연습

※ 인성검사는 정답이 따로 없는 유형의 검사이므로 결과지를 제공하지 않습니다.

※ 다음 문항을 읽고 '예' 또는 '아니요'에 ○표 하시오. [1~300]

번호	문항	응답	
01	필요 이상으로 고민하지 않는 편이다.	예	아니요
02	다른 사람을 가르치는 일을 좋아한다.	예	아니요
03	특이한 일을 하는 것이 좋고 착상도 독창적이다.	예	아니요
04	주변 사람들의 평가에 신경이 쓰인다.	예	아니요
05	견문을 간략한 문장으로 정리해 표현하는 것을 좋아한다.	예	아니요
06	우산 없이 외출해도 비나 눈이 올까봐 불안하지 않다.	예	아니요
07	많은 사람들과 함께 있으면 쉽게 피곤을 느낀다.	예	아니요
08	활자가 많은 기사나 도서를 집중해서 읽는 편이다.	예	아니요
09	단체 관광할 기회가 생긴다면 기쁘게 참여할 것이다.	예	아니요
10	거래 내역 계산, 출납부 기록·정리 등이 귀찮지 않다.	예	아니요
11	온종일 책상 앞에만 있어도 우울하지 않은 편이다.	예	아니요
12	학창 시절에 도서부장보다는 체육부장을 선호했다.	예	아니요
13	감각이 민감하고 감성도 날카로운 편이다.	예	아니요

14	주변 사람들과 함께 고민할 때 보람을 느낀다.	예	아니요
15	여행을 위해 계획을 짜는 것을 좋아한다.	예	아니요
16	일이 실패한 원인을 찾아내지 못하면 스트레스를 받는다.	예	아니요
17	파티에서 장기자랑을 하는 것에 거리낌이 없는 편이다.	예	아니요
18	미적 감각을 활용해 좋은 소설을 쓸 수 있을 것 같다.	예	아니요
19	남에게 보이는 것을 중시하고 경쟁에서 꼭 이겨야 한다.	예	아니요
20	자료를 종류대로 정리하고 통계를 작성하는 일이 싫지 않다.	예	아니요
21	노심초사하거나 애태우는 일이 별로 없다.	예	아니요
22	타인들에게 지시를 하며 그들을 통솔하고 싶다.	예	아니요
23	기행문 등을 창작하는 것을 좋아한다.	예	아니요
24	남을 위해 선물을 사는 일이 성가시게 느껴진다.	예	아니요
25	제품 설명회에서 홍보하는 일도 잘할 자신이 있다.	예	아니요
26	타인의 비판을 받아도 여간해서 스트레스를 받지 않는다.	예	아니요
27	대중에게 신상품을 홍보하는 일에 활력과 열정을 느낀다.	예	아니요
28	나의 먼 미래에 대해 상상할 때가 자주 있다.	예	아니요
29	나 자신의 이익을 꼭 지키려는 편이다.	예	아니요
30	발전이 적고 많이 노력해야 하는 일도 잘할 자신이 있다.	예	아니요
31	장래의 일을 생각하면 불안해질 때가 종종 있다.	예	아니요
32	홀로 지내는 일에 능숙한 편이다.	예	아니요
33	연극배우나 탤런트가 되고 싶다는 꿈을 꾼 적이 있다.	예	아니요
34	타인과 싸움을 한 적이 별로 없다.	예	아니요
35	항공기 시간표에 늦지 않고 도착할 자신이 있다.	예	아니요
36	소외감을 느낄 때가 있다.	예	아니요
37	자신을 둘러싼 주위의 여건에 흡족하고 즐거울 때가 많다.	예	아니요
38	제품 구입 시에 색상, 디자인처럼 미적 요소를 중시한다.	예	아니요
39	다른 사람의 충고를 기분 좋게 듣는 편이다.	예	아니요
40	언행이 조심스러운 편이다.	예	아니요
41	어떠한 경우에도 희망이 있다는 낙관론자이다.	예	아니요
42	고객을 끌어모으기 위해 호객 행위도 잘할 자신이 있다.	예	아니요
43	학창 시절에는 미술과 음악 시간을 좋아했다.	예	아니요
44	다른 사람에게 의존적일 때가 많다.	예	아니요
45	남에게 설명할 때 이해하기 쉽게 핵심을 간추려 말한다.	예	아니요

46	병이 아닌지 걱정이 들 때가 많다.	예	아니요
47	소수의 사적인 모임에서 총무를 하는 것을 좋아하는 편이다.	예	아니요
48	예쁜 인테리어 소품이나 장신구 등에 흥미를 느낀다.	예	아니요
49	다른 사람이 내가 하는 일에 참견하는 게 몹시 싫다.	예	아니요
50	어떤 일에 얽매여 융통성을 잃을 때가 종종 있다.	예	아니요
51	자의식 과잉이라는 생각이 들 때가 있다.	예	아니요
52	자연 속에서 혼자 명상하는 것을 좋아한다.	예	아니요
53	발명품 전시회에 큰 흥미를 느낀다.	예	아니요
54	'모난 돌이 정 맞는다.'는 핀잔을 들을 때가 종종 있다.	예	아니요
55	연습하면 복잡한 기계 조작도 잘할 자신이 있다.	예	아니요
56	희망이 보이지 않을 때도 낙담한 적이 별로 없다.	예	아니요
57	모임에서 가능한 한 많은 사람들과 인사를 나누는 편이다.	예	아니요
58	전통 공예품을 판매하는 새로운 방법을 궁리하곤 한다.	예	아니요
59	단순한 게임이라도 이기지 못하면 의욕을 잃는 편이다.	예	아니요
60	잘못이나 실수를 하지 않으려고 매우 신중한 편이다.	예	아니요
61	필요 이상으로 걱정할 때가 종종 있다.	예	아니요
62	온종일 돌아다녀도 별로 피로를 느끼지 않는다.	예	아니요
63	시계태엽 등 기계의 작동 원리를 궁금해한 적이 많다.	예	아니요
64	타인의 욕구를 알아채는 감각이 날카로운 편이다.	예	아니요
65	어떤 일을 대할 때 심사숙고하는 편이다.	예	아니요
66	매사에 얽매인다.	예	아니요
67	공동 작업보다는 혼자서 일하는 것이 더 재미있다.	예	아니요
68	창의적으로 혁신적인 신상품을 만드는 일에 흥미를 느낀다.	예	아니요
69	토론에서 이겨야 직성이 풀린다.	예	아니요
70	포기하지 않고 착실하게 노력하는 것이 가장 중요하다.	예	아니요
71	쉽게 침울해한다.	예	아니요
72	몸가짐이 민첩한 편이라고 생각한다.	예	아니요
73	능숙하지 않은 일도 마다하지 않고 끝까지 하는 편이다.	예	아니요
74	다른 사람들의 험담을 하는 것을 꺼리지 않는다.	예	아니요
75	일주일 단위의 단기 목표를 세우는 것을 좋아한다.	예	아니요
76	권태를 쉽게 느끼는 편이다.	예	아니요
77	의견이나 생각을 당당하고 강하게 주장하는 편이다.	예	아니요

78	새로운 환경으로 옮겨가는 것을 싫어한다.	예	아니요
79	다른 사람의 일에 관심이 없다.	예	아니요
80	눈에 보이지 않는 노력보다는 가시적인 결과가 중요하다.	예	아니요
81	불만 때문에 화를 낸 적이 별로 없다.	예	아니요
82	사람들을 떠나 혼자 여행을 가고 싶을 때가 많다.	예	아니요
83	옷을 고르는 취향이 여간해서 변하지 않는다.	예	아니요
84	다른 사람으로부터 지적받는 것이 몹시 싫다.	예	아니요
85	융통성이 부족해 신속하게 판단을 하지 못할 때가 많다.	예	아니요
86	모든 일에 여유롭고 침착하게 대처하려고 노력한다.	예	아니요
87	대인관계가 성가시게 느껴질 때가 있다.	예	아니요
88	슬픈 내용의 소설을 읽으면 눈물이 잘 나는 편이다.	예	아니요
89	타인이 나에게 왜 화를 내는지 모를 때가 많다.	예	아니요
90	어떤 취미 활동을 장기간 유지하는 편이다.	예	아니요
91	어려운 상황에서도 평정심을 지키며 직접 맞서는 편이다.	예	아니요
92	타인에게 나의 의사를 잘 내세우지 못하는 편이다.	예	아니요
93	1년 후에는 현재보다 변화된 다른 삶을 살고 싶다.	예	아니요
94	타인에게 위해를 가할 것 같은 기분이 들 때가 있다.	예	아니요
95	일단 시작한 일은 끝까지 해내려고 애쓰는 편이다.	예	아니요
96	당황하면 갑자기 땀이 나서 신경 쓰일 때가 있다.	예	아니요
97	친구들과 수다 떠는 것을 좋아한다.	예	아니요
98	항상 새로운 흥미를 추구하며 개성적이고 싶다.	예	아니요
99	진정으로 마음을 허락할 수 있는 사람은 거의 없다.	예	아니요
100	결심한 것을 실천하는 데 시간이 다소 걸리는 편이다.	예	아니요
101	감정적으로 될 때가 많다.	예	아니요
102	주변 사람들은 내가 활동적인 사람이라고 평가하곤 한다.	예	아니요
103	타인의 설득을 수용해 나의 생각을 바꿀 때가 많다.	예	아니요
104	줏대가 없고 너무 의존적이라는 말을 들을 때가 많다.	예	아니요
105	나는 타인들이 불가능하다고 생각하는 일을 하고 싶다.	예	아니요
106	친구들은 나를 진지한 사람이라고 생각하고 있다.	예	아니요
107	나는 성공해서 대중의 주목을 끌고 싶다.	예	아니요
108	나의 성향은 보수보다는 진보에 가깝다고 생각한다.	예	아니요
109	갈등 상황에서 갈등을 해소하기보다는 기피하곤 한다.	예	아니요

110	반드시 해야 하는 일은 먼저 빨리 마무리하려 한다.	예	아니요
111	지루하면 마구 떠들고 싶어진다.	예	아니요
112	옆에 사람이 있으면 성가심을 느껴 피하게 된다.	예	아니요
113	낯선 음식에 도전하기보다는 좋아하는 음식만 먹는 편이다.	예	아니요
114	타인의 기분을 배려하려고 주의를 기울이는 편이다.	예	아니요
115	막무가내라는 말을 들을 때가 많다.	예	아니요
116	괴로움이나 어려움을 잘 참고 견디는 편이다.	예	아니요
117	집에서 아무것도 하지 않고 있으면 마음이 답답해진다.	예	아니요
118	예술 작품에 대한 새로운 해석에 더 큰 관심이 간다.	예	아니요
119	남들은 내가 남을 염려하는 마음씨가 있다고 평가한다.	예	아니요
120	사물과 현상을 꿰뚫어보는 능력이 있다고 자부한다.	예	아니요
121	천재지변을 당하지 않을까 항상 걱정하고 있다.	예	아니요
122	권력자가 되기를 바라지 않는 사람은 없다고 생각한다.	예	아니요
123	조직의 분위기 쇄신에 빨리 적응하지 못하는 편이다.	예	아니요
124	남들이 내 생각에 찬성하지 않아도 내 생각을 고수한다.	예	아니요
125	좋은 생각도 실행하기 전에 여러 방면으로 따져본다.	예	아니요
126	곤란한 상황에서도 담대하게 행동하는 편이다.	예	아니요
127	윗사람에게 자신의 감정을 표현한 적이 한 번도 없다.	예	아니요
128	새로운 사고방식과 참신한 생각에 민감하게 반응한다.	예	아니요
129	누구와도 편하게 이야기할 수 있다.	예	아니요
130	잘 아는 일이라도 세심하게 주의를 기울이는 편이다.	예	아니요
131	후회할 때가 자주 있다.	예	아니요
132	겉으로 드러내기보다는 마음속으로만 생각하는 편이다.	예	아니요
133	고졸 채용의 확산 등 학력 파괴는 매우 좋은 제도이다.	예	아니요
134	다른 사람을 싫어한 적이 한 번도 없다.	예	아니요
135	전망에 따라 행동할 때가 많다.	예	아니요
136	어떤 사람이나 일을 기다리다가 역정이 날 때가 많다.	예	아니요
137	행동거지에 거침이 없고 활발한 편이다.	예	아니요
138	새로운 제도의 도입에 방해되는 것은 얼마든지 폐지할 수 있다.	예	아니요
139	별다른 까닭 없이 타인과 마찰을 겪을 때가 있다.	예	아니요
140	규범의 엄수보다는 기대한 결과를 얻는 것이 중요하다.	예	아니요
141	불안 때문에 침착함을 유지하기 어려울 때가 많다.	예	아니요

142	대인관계가 닫혀있다는 말을 종종 듣는다.	예	아니요
143	현재의 시류에 맞지 않는 전통적 제도는 시급히 폐지해야 한다고 생각한다.	예	아니요
144	타인의 일에는 별로 관여하고 싶지 않다.	예	아니요
145	모든 일에 진중하며 세심한 편이라고 생각한다.	예	아니요
146	가만히 있지 못할 정도로 침착하지 못할 때가 있다.	예	아니요
147	잠자리에서 일어나는 즉시 외출할 준비를 시작한다.	예	아니요
148	지금까지 감정적이 된 적은 거의 없다.	예	아니요
149	나의 존재를 남들보다 크게 나타내어 보이고 싶다.	예	아니요
150	일을 하다가 장해를 만나도 이겨내기 위해 매진한다.	예	아니요
151	내 성격이 온순하고 양전하다는 평가를 자주 받는다.	예	아니요
152	지도자로서 긍정적인 평가를 받고 싶다.	예	아니요
153	때로는 다수보다 소수의 의견이 최선에 가깝다고 생각한다.	예	아니요
154	자신의 우쭐대는 언행을 뉘우치는 일이 별로 없다.	예	아니요
155	일을 실제로 수행하기 전에 거듭해서 확인하는 편이다.	예	아니요
156	사소한 일로 우는 일이 많다.	예	아니요
157	조직 내에서 다른 사람의 주도에 따라 행동할 때가 많다.	예	아니요
158	'악법도 법'이라는 말에 전적으로 동의한다.	예	아니요
159	나에 대한 집단의 평가를 긍정적으로 이해한다.	예	아니요
160	일을 추진할 때는 항상 의지를 갖고 정성을 들인다.	예	아니요
161	자신감이 부족해 좌절을 느낄 때가 종종 있다.	예	아니요
162	선망의 대상이 되는 유명한 사람이 되고 싶은 적이 있다.	예	아니요
163	타인의 주장에서 '사실'과 '의견'을 꼼꼼히 구분한다.	예	아니요
164	친구와 갈등을 빚을 때 친구를 원망할 때가 많다.	예	아니요
165	과제 수행을 위해 자주 깊은 생각에 잠긴다.	예	아니요
166	자신이 무기력하다고 느껴질 때가 종종 있다.	예	아니요
167	휴일에는 외출해 등산 같은 야외 활동을 즐긴다.	예	아니요
168	정치권의 선거 후보 단일화 움직임은 다양성을 훼손할 수 있으므로 민주주의 실현을 저해한다고 생각한다.	예	아니요
169	다른 사람의 의견을 긍정적인 방향으로 받아들인다.	예	아니요
170	사람들이 꺼려하는 일도 혼자서 열심히 할 자신이 있다.	예	아니요
171	타인이 나에게 상처를 주면 몹시 화가 난다.	예	아니요
172	사람을 많이 만나는 것을 좋아한다.	예	아니요
173	디자인을 다듬는 것보다는 실용성을 높이는 것이 중요하다고 생각한다.	예	아니요

PART 4

174	어떤 경우에도 다른 사람의 생각을 고려하지 않는다.	예	아니요
175	그날그날의 구체적 수행 목표에 따라 생활하려 노력한다.	예	아니요
176	사전 계획에 없는 지출을 하고 나면 불안해진다.	예	아니요
177	주변 사람들은 내가 말수가 적다고 평가한다.	예	아니요
178	익숙하지 않은 일을 할 때 새로운 자극을 느낀다.	예	아니요
179	여성 할당제 등 상대적 약자를 위한 제도는 반드시 필요하다.	예	아니요
180	자신이 남들보다 무능력하다고 느껴질 때가 많다.	예	아니요
181	환경에 따라 감정이 잘 바뀌는 편이다.	예	아니요
182	소수의 사람들하고만 사귀는 편이다.	예	아니요
183	낭만적인 소설보다는 현실적인 소설에서 감동을 받는다.	예	아니요
184	상호 신뢰와 조화가 반드시 최우선이라고 생각한다.	예	아니요
185	무슨 일이든 일단 시도를 해야 이룰 수 있다고 생각한다.	예	아니요
186	내가 가지고 있는 물건은 남의 것보다 나빠 보인다.	예	아니요
187	내가 먼저 친구에게 말을 거는 편이다.	예	아니요
188	부모님의 권위를 존중해 그분들의 의견에 거의 반대하지 않는다.	예	아니요
189	다른 사람의 마음에 상처를 준 일이 별로 없다.	예	아니요
190	게으름 부리는 것을 몹시 싫어한다.	예	아니요
191	유명인이 입은 옷을 보면 그 옷을 꼭 사고 싶어진다.	예	아니요
192	친구만 있어도 행복할 수 있다고 생각한다.	예	아니요
193	감상자와 시대에 따라 음악의 의미는 변한다고 생각한다.	예	아니요
194	일사일촌(一社一村) 운동은 사회에 매우 필요하다고 생각한다.	예	아니요
195	복잡한 문제가 생기면 뒤로 미루는 편이다.	예	아니요
196	세상과 인생에는 희망적인 면이 더 많다고 생각한다.	예	아니요
197	여러 사람 앞에서 발표하는 것에 능숙하지 않다.	예	아니요
198	모험적인 것보다는 현실적인 가능성에 관심이 더 끌린다.	예	아니요
199	금융 소외 계층을 위한 개인 회생 제도는 반드시 필요하다고 생각한다.	예	아니요
200	자신을 유능하지 못한 인간이라고 생각할 때가 있다.	예	아니요
201	걱정거리가 있어도 대수롭지 않게 생각한다.	예	아니요
202	송년회 같은 소모임에서 자주 책임을 맡는다.	예	아니요
203	세상에 불변하는 가치는 하나도 없다고 생각한다.	예	아니요
204	조직을 위해 자신을 희생할 수 있다.	예	아니요
205	다른 사람의 능력을 부러워한 적이 거의 없다.	예	아니요

206	어려운 일에 낙담하지 않고 자신감을 가지고 행동한다.	예	아니요
207	누구와도 허물없이 가까이 지낼 수 있다.	예	아니요
208	단조로운 추상화는 몹시 따분하게 느껴진다.	예	아니요
209	다수의 반대가 있더라도 자신의 생각대로 행동한다.	예	아니요
210	다른 사람보다 자신이 더 잘한다고 느낄 때가 많다.	예	아니요
211	소심한 탓에 작은 소리도 신경 쓰는 편이다.	예	아니요
212	에스컬레이터에서는 걷지 않고 가만히 있는 편이다.	예	아니요
213	슬픈 드라마를 보아도 감정이 무딘 편이다.	예	아니요
214	전통 시장이 생존하려면 대형마트의 주말 강제 휴무가 필요하다고 생각한다.	예	아니요
215	경솔하게 속이 훤히 보이는 거짓말을 한 적이 거의 없다.	예	아니요
216	자질구레한 걱정이 많다.	예	아니요
217	다른 사람과 동떨어져 있는 것이 편안하다.	예	아니요
218	과제 완수를 위해서는 전문가들의 의견만 확인하면 된다.	예	아니요
219	다른 사람보다 쉽게 우쭐해진다.	예	아니요
220	다른 사람보다 뛰어나다고 생각한다.	예	아니요
221	이유 없이 화가 치밀 때가 있다.	예	아니요
222	유명인과 서로 아는 사람이 되고 싶다.	예	아니요
223	실종자 찾기 전단지를 볼 때 내 일처럼 느껴진다.	예	아니요
224	다른 사람을 의심한 적이 거의 없다.	예	아니요
225	경솔한 행동을 할 때가 많다.	예	아니요
226	다른 사람을 부러워한 적이 거의 없다.	예	아니요
227	다른 사람보다 기가 센 편이다.	예	아니요
228	정해진 용도 외에 무엇을 할 수 있을지 궁리하곤 한다.	예	아니요
229	남과 다투면 관계를 끊고 싶을 때가 종종 있다.	예	아니요
230	약속을 어긴 적이 거의 없다.	예	아니요
231	침울해지면 아무것도 손에 잡히지 않는다.	예	아니요
232	아는 사람을 발견해도 피해버릴 때가 있다.	예	아니요
233	새로운 지식을 쌓는 것은 언제나 즐겁다.	예	아니요
234	다른 사람과 교섭을 잘하지 못한다.	예	아니요
235	나는 자신을 신뢰하고 있다.	예	아니요
236	성격이 대담하며 낙천적이라는 말을 듣곤 한다.	예	아니요
237	자극적인 것을 좋아한다.	예	아니요

PART 4

238	이미 검증된 것과 보편적인 것을 선호하는 편이다.	예	아니요
239	너그럽다는 말을 자주 듣는다.	예	아니요
240	정돈을 잘해 물건을 잃어버린 적이 거의 없다.	예	아니요
241	문제를 만나면 타인에게 의지하지 않고 대범하게 행동한다.	예	아니요
242	혼자 있는 것이 여럿이 있는 것보다 마음이 편하다.	예	아니요
243	전통과 권위에 대한 존중은 사회를 규제하는 제1의 원칙이라고 생각한다.	예	아니요
244	타인이 불순한 의도로 내게 접근했는지 의심할 때가 있다.	예	아니요
245	융통성이 없다고 비판 받더라도 완벽주의자가 되고 싶다.	예	아니요
246	자제력을 잃고 행동이 산만해질 때가 많다.	예	아니요
247	농담으로 다른 사람에게 즐거움을 줄 때가 많다.	예	아니요
248	판타지 영화의 특수 효과는 비현실적이라서 싫다.	예	아니요
249	주위 사람에게 정이 떨어질 때가 많다.	예	아니요
250	일에서 동기를 찾지 못할 때 나태해지는 경향이 있다.	예	아니요
251	매일 자신을 위협하는 일이 자주 일어나는 것 같다.	예	아니요
252	다른 사람을 설득해 내 주장을 따르게 할 자신이 있다.	예	아니요
253	밤하늘을 보면서 공상에 잠길 때가 종종 있다.	예	아니요
254	다른 사람에게 훈계를 듣는 것이 싫다.	예	아니요
255	어질러진 내 방에서 필요한 물건을 찾느라 시간을 허비할 때가 종종 있다.	예	아니요
256	아무 이유 없이 물건을 부수고 싶어진다.	예	아니요
257	다른 사람과 교제하는 것이 귀찮다.	예	아니요
258	감정보다는 이성적·객관적 사고에 따라 행동하는 편이다.	예	아니요
259	중요한 일을 할 때 남들을 믿지 못해 혼자 해결하려 한다.	예	아니요
260	시험기간에도 공부하기보다는 한가하게 보낼 때가 많았다.	예	아니요
261	사람들 앞에서 얼굴이 붉어지지 않는지 자주 걱정한다.	예	아니요
262	때로는 고독한 것도 나쁘지 않다고 생각한다.	예	아니요
263	상상력은 내 삶을 풍요롭게 하는 원동력이라고 생각한다.	예	아니요
264	다른 사람에게 친절한 편이다.	예	아니요
265	준비가 부족해 일을 그르치고 회피할 때가 종종 있다.	예	아니요
266	이유 없이 소리 지르고 떠들고 싶어질 때가 있다.	예	아니요
267	나를 따르는 사람이 많은 편이다.	예	아니요
268	내면의 목소리와 감정에 충실하게 행동하는 편이다.	예	아니요
269	타인을 원망하거나 미워한 적이 별로 없다.	예	아니요

270	목표 완수를 위해 자신을 채찍질하는 편이다.	예	아니요
271	우울해질 때가 많다.	예	아니요
272	화려하며 다소 자극적인 복장을 좋아한다.	예	아니요
273	이미 결정된 사안도 언제든 재검토해야 한다고 생각한다.	예	아니요
274	자존심이 세다는 말을 들을 때가 많다.	예	아니요
275	남들로부터 책임감이 높다는 평가를 받을 때가 많다.	예	아니요
276	사건을 지나치게 비관적으로 해석할 때가 자주 있다.	예	아니요
277	혼자 있으면 마음이 뒤숭숭해진다.	예	아니요
278	단조롭더라도 익숙한 길로 가는 것을 선호한다.	예	아니요
279	타인에게 결점을 지적받으면 계속해서 짜증이 난다.	예	아니요
280	다소 경솔한 행동 때문에 자신을 책망할 때가 종종 있다.	예	아니요
281	친구들로부터 싫증을 잘 낸다는 말을 듣는다.	예	아니요
282	주위로부터 주목을 받으면 기분이 좋다.	예	아니요
283	한 종류의 꽃다발보다는 여러 가지 꽃을 묶은 부케를 사겠다.	예	아니요
284	비록 다른 사람이 이해해 주지 않아도 상관없다.	예	아니요
285	일의 진행 단계마다 질서 있게 정리하고 다음 단계로 넘어가는 편이다.	예	아니요
286	잠이 잘 오지 않아서 힘들 때가 많다.	예	아니요
287	자기주장이 강하고 지배적인 편이다.	예	아니요
288	남들보다 감정을 강렬하게 느끼는 편이다.	예	아니요
289	의견이 대립되었을 때 조정을 잘한다.	예	아니요
290	이루기 힘들수록 더 큰 흥미를 느껴 열의를 갖는 편이다.	예	아니요
291	사물을 불리한 쪽으로 생각할 때가 많다.	예	아니요
292	언제나 주변의 시선을 끌고 싶은 마음이 있다.	예	아니요
293	밝게 타오르는 촛불을 보면 감정이 북받칠 때가 있다.	예	아니요
294	타사와 경쟁할 때는 자사의 이익을 지키는 것이 최우선이다.	예	아니요
295	자신을 통제하지 못해 소란을 일으킨 적이 많다.	예	아니요
296	내 맘대로 지내고 싶다고 생각할 때가 있다.	예	아니요
297	떠들썩한 연회를 좋아한다.	예	아니요
298	친숙한 것을 선호하고 새로운 것에 흥미가 적은 편이다.	예	아니요
299	나는 비유적이기보다는 단도직입적으로 말하는 편이다.	예	아니요
300	자신이 무엇을 잘할 수 있는지 잘 알고 있다고 생각한다.	예	아니요

교육이란 사람이 학교에서 배운 것을 잊어버린 후에 남은 것을 말한다.

– 알버트 아인슈타인 –

PART 5

면접

01 | 면접 유형 및 실전 대책

01   면접 주요사항

면접의 사전적 정의는 면접관이 지원자를 직접 만나보고 인품(人品)이나 언행(言行) 따위를 시험하는 일로, 흔히 필기시험 후에 최종적으로 심사하는 방법이다.

최근 주요 기업의 인사담당자들을 대상으로 채용 시 면접이 차지하는 비중을 설문조사했을 때, 50 ~ 80% 이상이라고 답한 사람이 전체 응답자의 80%를 넘었다. 이와 대조적으로 지원자들을 대상으로 취업 시험에서 면접을 준비하는 기간을 물었을 때, 대부분의 응답자가 2 ~ 3일 정도라고 대답했다.

지원자가 일정 수준의 스펙을 갖추기 위해 자격증 시험과 토익을 치르고 이력서와 자기소개서까지 쓰다 보면 면접까지 챙길 여유가 없는 것이 사실이다. 그리고 서류전형과 인적성검사를 통과해야만 면접을 볼 수 있기 때문에 자연스럽게 면접은 취업시험 과정에서 그 비중이 작아질 수밖에 없다. 하지만 아이러니하게도 실제 채용 과정에서 면접이 차지하는 비중은 절대적이라고 해도 과언이 아니다.

기업들은 채용 과정에서 토론 면접, 인성 면접, 프레젠테이션 면접, 역량 면접 등의 다양한 면접을 실시한다. 1차 커트라인이라고 할 수 있는 서류전형을 통과한 지원자들의 스펙이나 능력은 서로 엇비슷하다고 판단되기 때문에 서류상 보이는 자격증이나 토익 성적보다는 지원자의 인성을 파악하기 위해 면접을 더욱 강화하는 것이다. 일부 기업은 의도적으로 압박 면접을 실시하기도 한다. 지원자가 당황할 수 있는 질문을 던져서 그것에 대한 지원자의 반응을 살펴보는 것이다.

면접은 다르게 생각한다면 '나는 누구인가'에 대한 물음에 해답을 줄 수 있는 가장 현실적이고 미래적인 경험이 될 수 있다. 취업난 속에서 자격증을 취득하고 토익 성적을 올리기 위해 앞만 보고 달려온 지원자들은 자신에 대해서 고민하고 탐구할 수 있는 시간을 평소 쉽게 가질 수 없었을 것이다. 자신을 잘 알고 있어야 자신에 대해서 자신감 있게 말할 수 있다. 대체로 사람들은 자신에게 관대한 편이기 때문에 자신에 대해서 어떤 기대와 환상을 가지고 있는 경우가 많다. 하지만 면접은 제삼자에 의해 개인의 능력을 객관적으로 평가받는 시험이다. 어떤 지원자들은 다른 사람에게 자신을 표현하는 것을 어려워한다. 평소에 잘 사용하지 않는 용어를 내뱉으면서 거창하게 자신을 포장하는 지원자도 많다. 면접에서 가장 기본은 자기 자신을 면접관에게 알기 쉽게 표현하는 것이다.

이러한 표현을 바탕으로 자신이 앞으로 하고자 하는 것과 그에 대한 이유를 설명해야 한다. 최근에는 자신감을 향상시키거나 말하는 능력을 높이는 학원도 많기 때문에 얼마든지 자신의 단점을 극복할 수 있다.

1. 자기소개의 기술

자기소개를 시키는 이유는 면접자가 지원자의 자기소개서를 압축해서 듣고, 지원자의 첫인상을 평가할 시간을 가질 수 있기 때문이다. 면접을 위한 워밍업이라고 할 수 있으며, 첫인상을 결정하는 과정이므로 매우 중요한 순간이다.

(1) 정해진 시간에 자기소개를 마쳐야 한다.

쉬워 보이지만 의외로 지원자들이 정해진 시간을 넘기거나 혹은 빨리 끝내서 면접관에게 지적을 받는 경우가 많다. 본인이 면접을 받는 마지막 지원자가 아닌 이상, 정해진 시간을 지키지 않는 것은 수많은 지원자를 상대하기에 바쁜 면접관과 대기 시간에 지친 다른 지원자들에게 불쾌감을 줄 수 있다.

또한 회사에서 시간관념은 절대적인 것이므로 반드시 자기소개 시간을 지켜야 한다. 말하기는 1분에 200자 원고지 2장 분량의 글을 읽는 만큼의 속도가 가장 적당하다. 이를 A4 용지에 10point 글자 크기로 작성하면 반 장 분량이 된다.

(2) 간단하지만 신선한 문구로 자기소개를 시작하자.

요즈음 많은 지원자가 이 방법을 사용하고 있기 때문에 웬만한 소재의 문구가 아니면 면접관의 관심을 받을 수 없다. 이러한 문구는 시대적으로 유행하는 광고 카피를 패러디하는 경우와 격언 등을 인용하는 경우, 그리고 지원한 회사의 IC나 경영이념, 인재상 등을 사용하는 경우 등이 있다. 지원자는 이러한 여러 문구 중에 자신의 첫인상을 북돋아 줄 수 있는 것을 선택해서 말해야 한다. 자신의 이름을 문구 속에 적절하게 넣어서 말한다면 좀 더 효과적인 자기소개가 될 것이다.

(3) 무엇을 먼저 말할 것인지 고민하자.

면접관이 많이 던지는 질문 중 하나가 지원동기이다. 그래서 성장기를 바로 건너뛰고, 지원한 회사에 들어오기 위해 대학에서 어떻게 준비했는지를 설명하는 자기소개가 대세이다.

(4) 면접관의 호기심을 자극해 관심을 불러일으킬 수 있게 말하라.

면접관에게 질문을 많이 받는 지원자의 합격률이 반드시 높은 것은 아니지만, 질문을 전혀 안 받는 것보다는 좋은 평가를 기대할 수 있다. 질문을 받기 위해 면접관의 호기심을 자극할 수 있는 가장 좋은 방법은 대학생활을 이야기하면서 자신의 장기를 잠깐 넣는 것이다. 물론 장기자랑에 자신감이 있어야 한다 (최근에는 장기자랑을 개인별로 시키는 곳이 많아졌다).

지원한 분야와 관련된 수상 경력이나 프로젝트 등을 말하는 것도 좋다. 이는 지원자의 업무 능력과 직접 연결되는 것이므로 효과적인 자기 홍보가 될 수 있다. 일부 지원자들은 자신만의 특별한 경험을 이야기하는데, 이때는 그 경험이 보편적으로 사람들의 공감대를 얻을 수 있는 것인지 다시 생각해 봐야 한다.

(5) 마지막 고개를 넘기가 가장 힘들다.

첫 단추도 중요하지만, 마지막 단추도 중요하다. 하지만 왠지 격식을 따지는 인사말은 지나가는 인사말 같고, 다르게 하자니 예의에 어긋나는 것 같은 기분이 든다. 이때는 처음에 했던 자신만의 문구를 다시 한 번 말하는 것도 좋은 방법이다. 자연스러운 끝맺음이 될 수 있도록 적절한 연습이 필요하다.

2. 1분 자기소개 시 주의사항

(1) 자기소개서와 자기소개가 똑같다면 감점일까?

아무리 자기소개서를 외워서 말한다 해도 자기소개가 자기소개서와 완전히 똑같을 수는 없다. 자기소개서의 분량이 더 많고 회사마다 요구하는 필수 항목들이 있기 때문에 굳이 고민할 필요는 없다. 오히려 자기소개서의 내용을 잘 정리한 자기소개가 더 좋은 결과를 만들 수 있다. 하지만 자기소개서와 상반된 내용을 말하는 것은 적절하지 않다. 지원자의 신뢰성이 떨어진다는 것은 곧 불합격을 의미하기 때문이다.

(2) 말하는 자세를 바르게 익혀라.

지원자가 자기소개를 하는 동안 면접관은 지원자의 동작 하나하나를 관찰한다. 그렇기 때문에 바른 자세가 중요하다는 것은 우리가 익히 알고 있다. 하지만 문제는 무의식적으로 나오는 습관 때문에 자세가 흐트러져 나쁜 인상을 줄 수 있다는 것이다. 이러한 습관을 고칠 수 있는 가장 좋은 방법은 캠코더 등으로 자신의 모습을 담는 것이다. 거울을 사용할 경우에는 시선이 자꾸 자기 눈과 마주치기 때문에 집중하기 힘들다. 하지만 촬영된 동영상은 제삼자의 입장에서 자신을 볼 수 있기 때문에 많은 도움이 된다.

(3) 정확한 발음과 억양으로 자신 있게 말하라.

지원자의 모양새가 아무리 뛰어나도, 목소리가 작고 발음이 부정확하면 큰 감점을 받는다. 이러한 모습은 지원자의 좋은 점에까지 악영향을 끼칠 수 있다. 직장을 흔히 사회생활의 시작이라고 말하는 시대적 정서에서 사람들과 의사소통을 하는 데 문제가 있다고 판단되는 지원자는 부적절한 인재로 평가될 수밖에 없다.

3. 대화법

전문가들이 말하는 대화법의 핵심은 '상대방을 배려하면서 이야기하라.'는 것이다. 대화는 나와 다른 사람의 소통이다. 내용에 대한 공감이나 이해가 없다면 대화는 더 진전되지 않는다.

『카네기 인간관계론』이라는 베스트셀러의 작가인 철학자 카네기가 말하는 최상의 대화법은 자신의 경험을 토대로 이야기하는 것이다. 즉, 살아오면서 직접 겪은 경험이 상대방의 관심을 끌 수 있는 가장 좋은 이야깃거리인 것이다. 특히, 어떤 일을 이루기 위해 노력하는 과정에서 겪은 실패나 희망에 대해 진솔하게 얘기한다면 상대방은 어느새 당신의 편에 서서 그 이야기에 동조할 것이다.

독일의 사업가이자, 동기부여 트레이너인 위르겐 힐러의 연설법 중 가장 유명한 것은 '시즐(Sizzle)'을 잡는 것이다. 시즐이란, 새우튀김이나 돈가스가 기름에서 지글지글 튀겨질 때 나는 소리이다. 즉, 자신의 말을 듣고 시즐처럼 반응하는 상대방의 감정에 적절하게 대응하라는 것이다.

말을 시작한 지 10 ~ 15초 안에 상대방의 '시즐'을 알아차려야 한다. 자신의 이야기에 대한 상대방의 첫 반응에 따라 말하기 전략도 달라져야 한다. 첫 이야기의 반응이 미지근하다면 가능한 한 그 이야기를 빨리 마무리하고 새로운 이야깃거리를 생각해 내야 한다. 길지 않은 면접 시간 내에 몇 번 오지 않는 대답의 기회를 살리기 위해서 보다 전략적이고 냉철해야 하는 것이다.

4. 차림새

(1) 구두

면접에 어떤 옷을 입어야 할지를 며칠 동안 고민하면서 정작 구두는 면접 보는 날 현관을 나서면서 즉흥적으로 신고 가는 지원자들이 많다. 특히, 남자 지원자들이 이러한 실수를 많이 한다. 구두를 보면 그 사람의 됨됨이를 알 수 있다고 한다. 면접관 역시 이러한 것을 놓치지 않기 때문에 지원자는 자신의 구두에 더욱 신경을 써야 한다. 스타일의 마무리는 발끝에서 이루어지는 것이다. 아무리 멋진 옷을 입고 있어도 구두가 어울리지 않는다면 전체 스타일이 흐트러지기 때문이다.

정장용 구두는 디자인이 깔끔하고, 에나멜 가공처리를 하여 광택이 도는 페이턴트 가죽 소재 제품이 무난하다. 검정 계열 구두는 회색과 감색 정장에, 브라운 계열의 구두는 베이지나 갈색 정장에 어울린다. 참고로 구두는 오전에 사는 것보다 발이 충분히 부은 상태인 저녁에 사는 것이 좋다. 마지막으로 당연한 일이지만 반드시 면접을 보는 전날 구두 뒤축이 닳지는 않았는지 확인하고 구두에 광을 내둔다.

(2) 양말

양말은 정장과 구두의 색상을 비교해서 골라야 한다. 특히 검정이나 감색의 진한 색상의 바지에 흰 양말을 신는 것은 시대에 뒤처지는 일이다. 일반적으로 양말의 색깔은 바지의 색깔과 같아야 한다. 또한 양말의 길이도 신경 써야 한다. 남성의 경우에 의자에 바르게 앉거나 다리를 꼬아서 앉을 때 다리털이 보여서는 안 된다. 반드시 긴 정장 양말을 신어야 한다.

(3) 정장

지원자는 평소에 정장을 입을 기회가 많지 않기 때문에 면접을 볼 때 본인 스스로도 옷을 어색하게 느끼는 경우가 많다. 옷을 불편하게 느끼기 때문에 자세마저 불안정한 지원자도 볼 수 있다. 그러므로 면접 전에 정장을 입고 생활해 보는 것도 나쁘지는 않다.

일반적으로 면접을 볼 때는 상대방에게 신뢰감을 줄 수 있는 남색 계열의 옷이나 어떤 계절이든 무난하고 깔끔해 보이는 회색 계열의 정장을 많이 입는다. 정장은 유행에 따라서 재킷의 디자인이나 버튼의 개수가 바뀌기 때문에 특히 남성 지원자의 경우, 너무 오래된 옷을 입어서 아버지 옷을 빌려 입고 나온 듯한 인상을 주어서는 안 된다.

(4) 헤어스타일과 메이크업

헤어스타일에 자신이 없다면 미용실에 다녀오는 것도 좋은 방법이다. 그리고 여성 지원자의 경우에는 자신에게 어울리는 메이크업을 하는 것도 괜찮다. 메이크업은 상대에 대한 예의를 갖추는 것이므로 지나치게 화려한 메이크업이 아니라면 보다 준비된 지원자처럼 보일 수 있다.

PART 5

5. 첫인상

취업을 위해 성형수술을 받는 사람들에 대한 이야기는 더 이상 뉴스거리가 되지 않는다. 그만큼 많은 사람이 좁은 취업문을 뚫기 위해 이미지 향상에 신경을 쓰고 있다. 이는 면접관에게 좋은 첫인상을 주기 위한 것으로, 지원서에 올리는 증명사진을 이미지 프로그램을 통해 수정하는 이른바 '사이버 성형'이 유행하는 것과 같은 맥락이다. 실제로 외모가 채용 과정에서 영향을 끼치는가에 대한 설문조사에서도 60% 이상의 인사담당자들이 그렇다고 답변했다.

하지만 외모와 첫인상을 절대적인 관계로 이해하는 것은 잘못된 판단이다. 외모가 첫인상에서 많은 부분을 차지하지만, 외모 외에 다른 결점이 발견된다면 그로 인해 장점들이 가려질 수도 있다. 이러한 현상은 아래에서 다시 논하겠다.

첫인상은 말 그대로 한 번밖에 기회가 주어지지 않으며 몇 초 안에 결정된다. 첫인상을 결정짓는 요소 중 시각적인 요소가 80% 이상을 차지한다. 첫눈에 들어오는 생김새나 복장, 표정 등에 의해서 결정되는 것이다. 면접을 시작할 때 자기소개를 시키는 것도 지원자별로 첫인상을 평가하기 위해서이다. 첫인상이 중요한 이유는 만약 첫인상이 부정적으로 인지될 경우, 지원자의 다른 좋은 면까지 거부당하기 때문이다. 이러한 현상을 심리학에서는 초두효과(Primacy Effect)라고 한다.

한 번 형성된 첫인상은 여간해서 바꾸기 힘들다. 이는 첫인상이 나중에 들어오는 정보까지 영향을 주기 때문이다. 첫인상의 정보가 나중에 들어오는 정보 처리의 지침이 되는 것을 심리학에서는 맥락효과(Context Effect)라고 한다. 따라서 평소에 첫인상을 좋게 만들기 위한 노력을 꾸준히 해야만 하는 것이다.

좋은 첫인상이 반드시 외모에만 집중되는 것은 아니다. 오히려 깔끔한 옷차림과 부드러운 표정 그리고 말과 행동 등에 의해 전반적인 이미지가 만들어진다. 누구나 이러한 것 중에 한두 가지 단점을 가지고 있다. 요즈음은 이미지 컨설팅을 통해서 자신의 단점들을 보완하는 지원자도 있다. 특히 표정이 밝지 않은 지원자는 평소 웃는 연습을 의식적으로 하여 면접을 받는 동안 계속해서 여유 있는 표정을 짓는 것이 중요하다. 성공한 사람들은 인상이 좋다는 것을 명심하자.

1. 면접의 유형

과거 천편일률적인 일대일 면접과 달리 면접에는 다양한 유형이 도입되어 현재는 "면접은 이렇게 보는 것이다."라고 말할 수 있는 정해진 유형이 없어졌다. 그러나 전국수협 면접에서는 현재까지는 다대일 면접이 진행되고 있으므로 어느 정도 유형을 파악하여 사전에 대비가 가능하다. 면접의 기본인 단독 면접부터, 다대일 면접, 집단 면접의 유형과 그 대책에 대해 알아보자.

(1) 단독 면접

단독 면접이란 응시자와 면접관이 1대1로 마주하는 형식을 말한다. 면접위원 한 사람과 응시자 한 사람이 마주 앉아 자유로운 화제를 가지고 질의응답을 되풀이하는 방식이다. 이 방식은 면접의 가장 기본적인 방법으로 소요 시간은 10 ~ 20분 정도가 일반적이다.

① 장점

필기시험 등으로 판단할 수 없는 성품이나 능력을 알아내는 데 가장 적합하다고 평가받아 온 면접방식으로 응시자 한 사람 한 사람에 대해 여러 면에서 비교적 폭넓게 파악할 수 있다. 응시자의 입장에서는 한 사람의 면접관만을 대하는 것이므로 상대방에게 집중할 수 있으며, 긴장감도 다른 면접방식에 비해서는 적은 편이다.

② 단점

면접관의 주관이 강하게 작용해 객관성을 저해할 소지가 있으며, 면접 평가표를 활용한다 하더라도 일면적인 평가에 그칠 가능성을 배제할 수 없다. 또한 시간이 많이 소요되는 것도 단점이다.

> **단독 면접 준비 Point**
>
> 단독 면접에 대비하기 위해서는 평소 1대1로 논리 정연하게 대화를 나눌 수 있는 능력을 기르는 것이 중요하다. 그리고 면접장에서는 면접관을 선배나 선생님 혹은 아버지를 대하는 기분으로 면접에 임하는 것이 부담도 훨씬 적고 실력을 발휘할 수 있는 방법이 될 것이다.

PART 5

(2) 다대일 면접

다대일 면접은 일반적으로 가장 많이 사용되는 면접방법으로 보통 2~5명의 면접관이 1명의 응시자에게 질문하는 형태의 면접방법이다. 면접관이 여러 명이므로 다각도에서 질문을 하여 응시자에 대한 정보를 많이 알아낼 수 있다는 점 때문에 선호하는 면접방법이다.

하지만 응시자의 입장에서는 질문도 면접관에 따라 각양각색이고 동료 응시자가 없으므로 숨 돌릴 틈도 없게 느껴진다. 또한 관찰하는 눈도 많아서 조그만 실수라도 지나치는 법이 없기 때문에 정신적 압박과 긴장감이 높은 면접방법이다. 따라서 응시자는 긴장을 풀고 한 시험관이 묻더라도 면접관 전원을 향해 대답한다는 느낌으로 또박또박 대답하는 자세가 필요하다.

① 장점

면접관이 집중적인 질문과 다양한 관찰을 통해 응시자가 과연 조직에 필요한 인물인가를 완벽히 검증할 수 있다.

② 단점

면접시간이 보통 10~30분 정도로 좀 긴 편이고 응시자에게 지나친 긴장감을 조성하는 면접방법이다.

다대일 면접 준비 Point

질문을 들을 때 시선은 면접위원을 향하고 다른 데로 돌리지 말아야 하며, 대답할 때에도 고개를 숙이거나 입속에서 우물거리는 소극적인 태도는 피하도록 한다. 면접위원과 대등하다는 마음가짐으로 편안한 태도를 유지하면 대답도 자연스러운 상태에서 좀 더 충실히 할 수 있고, 이에 따라 면접위원이 받는 인상도 달라진다.

(3) 집단 면접

집단 면접은 다수의 면접관이 여러 명의 응시자를 한꺼번에 평가하는 방식으로 짧은 시간에 능률적으로 면접을 진행할 수 있다. 각 응시자에 대한 질문내용, 질문횟수, 시간배분이 똑같지는 않으며 모두에게 같은 질문이 주어지기도 하고, 각각 다른 질문을 받기도 한다.

또한 어떤 응시자가 한 대답에 대한 의견을 묻는 등 그때그때의 분위기나 면접관의 의향에 따라 변수가 많다. 집단 면접은 응시자의 입장에서는 개별 면접에 비해 긴장감은 다소 덜한 반면에 다른 응시자들과의 비교가 확실하게 나타나므로 응시자는 몸가짐이나 표현력·논리성 등이 결여되지 않도록 자신의 생각이나 의견을 솔직하게 발표하여 집단 속에 묻히거나 밀려나지 않도록 주의해야 한다.

① 장점

집단 면접의 장점은 면접관이 응시자 한 사람에 대한 관찰시간이 상대적으로 길고, 비교 평가가 가능하기 때문에 결과적으로 평가의 객관성과 신뢰성을 높일 수 있다는 점이며, 응시자는 동료들과 함께 면접을 받기 때문에 긴장감이 다소 덜하다는 것을 들 수 있다. 또한 동료가 답변하는 것을 들으며, 자신의 답변 방식이나 자세를 조정할 수 있다는 것도 큰 이점이다.

② 단점

응답하는 순서에 따라 응시자마다 유리하고 불리한 점이 있고, 면접위원의 입장에서는 각각의 개인적인 문제를 깊게 다루기가 곤란하다는 것이 단점이다.

(4) 집단 토론식 면접

집단 토론식 면접은 집단 면접과 형태는 유사하지만 질의응답이 아니라 응시자들끼리의 토론이 중심이 되는 면접방법으로 최근 들어 급증세를 보이고 있다. 이는 공통의 주제에 대해 다양한 견해들이 개진되고 결론을 도출하는 과정, 즉 토론을 통해 응시자의 다양한 면에 대한 평가가 가능하다는 집단 토론식 면접의 장점이 널리 확산된 데 따른 것으로 보인다. 사실 집단 토론식 면접을 활용하면 주제와 관련된 지식 정도와 이해력, 판단력, 설득력, 협동성은 물론 리더십, 조직 적응력, 적극성과 대인관계 능력 등을 쉽게 파악할 수 있다.

토론식 면접에서는 자신의 의견을 명확히 제시하면서도 상대방의 의견을 경청하는 토론의 기본자세가 필수적이며, 지나친 경쟁심이나 자기 과시욕은 접어두는 것이 좋다. 또한 집단 토론의 목적이 결론을 도출해 나가는 과정에 있다는 것을 감안하여 무리하게 자신의 주장을 관철시키기보다 오히려 토론의 질을 높이는 데 기여하는 것이 좋은 인상을 줄 수 있다는 점을 알아야 한다. 취업 희망자들은 토론식 면접이 급속도로 확산되는 추세임을 감안해 특히 철저한 준비를 해야 한다. 평소에 신문의 사설이나 매스컴 등의 토론 프로그램을 주의 깊게 보면서 논리 전개방식을 비롯한 토론 과정을 익히도록 하고, 친구들과 함께 간단한 주제를 놓고 토론을 진행해 볼 필요가 있다. 또한 사회·시사문제에 대해 자기 나름대로의 관점을 정립해두는 것도 꼭 필요하다.

(5) PT 면접

PT 면접, 즉 프레젠테이션 면접은 최근 들어 집단 토론 면접과 더불어 그 활용도가 점차 커지고 있다. PT 면접은 기업마다 특성이 다르고 인재상이 다른 만큼 인성 면접만으로는 알 수 없는 지원자의 문제해결 능력, 전문성, 창의성, 기본 실무능력, 논리성 등을 관찰하는 데 중점을 두는 면접으로, 지원자 간의 변별력이 높아 대부분의 기업에서 적용하고 있으며, 확산되는 추세이다.

면접 시간은 기업별로 차이가 있지만, 전문지식, 시사성 관련 주제를 제시한 다음, 보통 20 ~ 50분 정도 준비하여 5분가량 발표할 시간을 준다. 면접관과 지원자의 단순한 질의응답식이 아닌, 주제에 대해 일정 시간 동안 지원자의 발언과 발표하는 모습 등을 관찰하게 된다. 정확한 답이나 지식보다는 논리적 사고와 의사표현력이 더 중시되기 때문에 자신의 생각을 어떻게 설명하느냐가 매우 중요하다.

PT 면접에서 같은 주제라도 직무별로 평가요소가 달리 나타난다. 예를 들어, 영업직은 설득력과 의사소통 능력에 중점을 둘 수 있겠고, 관리직은 신뢰성과 창의성 등을 더 중요하게 평가한다.

PT 면접 준비 Point

- 면접관의 관심과 주의를 집중시키고, 발표 태도에 유의한다.
- 모의 면접이나 거울 면접으로 미리 점검한다.
- PT 내용은 세 가지 정도로 정리해서 말한다.
- PT 내용에는 자신의 생각이 담겨 있어야 한다.
- PT 중간에 자문자답 방식을 활용한다.
- 평소 지원하는 업계의 동향이나 직무에 대한 전문지식을 쌓아둔다.
- 부적절한 용어 사용이나 무리한 주장 등은 하지 않는다.

(6) 합숙 면접

합숙 면접은 대체로 1박 2일이나 2박 3일 동안 해당 기업의 연수원이나 수련원 등에서 이루어지는 면접으로, 평가 항목으로는 PT 면접, 토론 면접, 인성 면접 등을 기본으로 새벽등산, 레크리에이션, 게임 등 다양한 형태로 진행된다. 경쟁자들과 함께 생활하고 협동해야 하는 만큼 스트레스도 많이 받는 경우가 허다하다.

모든 지원자를 하루 동안 평가하게 되므로 지원자 1명을 평가하는 데 걸리는 시간은 짧게는 5분에서 길게는 1시간 이상 정도인데, 이 시간으로는 지원자를 제대로 평가하기에는 한계가 있다. 합숙 면접은 24시간 이상을 지원자와 면접관이 함께 생활하면서 다양한 프로그램을 통해 지원자의 역량을 폭넓게 평가할 수 있기 때문에 기업에서는 합숙 면접을 선호한다. 대체로 은행, 증권 등 금융권에서 합숙 면접을 통해 지원자의 의도되고 꾸며진 모습 외에 창의력, 의사소통 능력, 협동심, 책임감, 리더십 등 다양한 모습을 평가하였지만, 최근에는 기업에서도 많이 실시되고 있다.

합숙 면접에서 좋은 점수를 얻기 위해서는 무엇보다 팀워크를 중시하는 모습을 보여야 한다. 합숙 면접은 일반 면접과는 달리 개인보다는 그룹별로 과제가 주어지고 해결해야 하므로 조원 또는 동료와 얼마나 잘 어울리느냐가 중요한 평가기준이 된다. 장시간에 걸쳐 평가하기 때문에 힘든 부분도 있지만, 지원자들이 지쳐 있거나 당황하고 있는 사이에도 면접관들은 지원자들의 조직 적응력, 적극성, 사회성, 친화력 등을 꼼꼼하게 체크하기 때문에 잠시도 긴장을 늦춰서는 안 된다.

2. 면접의 실전 대책

(1) 면접 대비사항

① 지원 회사에 대한 사전지식을 충분히 준비한다.

필기시험에서 합격 또는 서류전형에서의 합격통지가 온 후 면접시험 날짜가 정해지는 것이 보통이다. 이때 수험자는 면접시험을 대비해 사전에 자기가 지원한 계열사 또는 부서에 대해 폭넓은 지식을 준비할 필요가 있다.

> **지원 회사에 대해 알아두어야 할 사항**
>
> - 회사의 연혁
> - 회장 또는 사장의 이름, 출신학교, 관심사
> - 회장 또는 사장이 요구하는 신입사원의 인재상
> - 회사의 사훈, 사시, 경영이념, 창업정신
> - 회사의 대표적 상품, 특색
> - 업종별 계열회사의 수
> - 해외지사의 수와 그 위치
> - 신 개발품에 대한 기획 여부
> - 자기가 생각하는 회사의 장단점
> - 회사의 잠재적 능력개발에 대한 제언

② 충분한 수면을 취한다.

충분한 수면으로 안정감을 유지하고 첫 출발의 상쾌한 마음가짐을 갖는다.

③ 얼굴을 생기 있게 한다.

첫인상은 면접에 있어서 가장 결정적인 당락요인이다. 면접관에게 좋은 인상을 줄 수 있도록 화장하는 것도 필요하다. 면접관들이 가장 좋아하는 인상은 얼굴에 생기가 있고 눈동자가 살아 있는 사람, 즉 기가 살아 있는 사람이다.

④ 아침에 인터넷 뉴스를 읽고 간다.

그날의 뉴스가 질문 대상에 오를 수가 있다. 특히 경제면, 정치면, 문화면 등을 유의해서 볼 필요가 있다.

> **출발 전 확인할 사항**
>
> 이력서, 자기소개서, 지갑, 신분증(주민등록증), 손수건, 휴지, 노트, 볼펜, 예비스타킹 등을 준비하자.

(2) 면접 시 옷차림

면접에서 옷차림은 간결하고 단정한 느낌을 주는 것이 가장 중요하다. 색상과 디자인 면에서 지나치게 화려한 색상이나, 노출이 심한 디자인은 자칫 면접관의 눈살을 찌푸리게 할 수 있다. 단정한 차림을 유지하면서 자신만의 독특한 멋을 연출하는 것, 지원하는 회사의 분위기를 파악했다는 센스를 보여주는 것 또한 코디네이션의 포인트이다.

> **복장 점검**
>
> • 구두는 잘 닦여 있는가?
> • 옷은 깨끗이 다려져 있으며 스커트 길이는 적당한가?
> • 손톱은 길지 않고 깨끗한가?
> • 머리는 흐트러짐 없이 단정한가?

(3) 면접요령

① 첫인상을 중요시한다.

상대에게 인상을 좋게 주지 않으면 어떠한 얘기를 해도 이쪽의 기분이 충분히 전달되지 않을 수 있다. 예를 들어, '저 친구는 표정이 없고 무엇을 생각하고 있는지 전혀 알 길이 없다.'처럼 생각되면 최악의 상태이다. 우선 청결한 복장, 바른 자세로 침착하게 들어가야 한다. 건강하고 신선한 이미지를 주어야 하기 때문이다.

② 좋은 표정을 짓는다.

얘기를 할 때의 표정은 중요한 사항의 하나다. 거울 앞에서 웃는 연습을 해본다. 웃는 얼굴은 상대를 편안하게 하고, 특히 면접 등 긴박한 분위기에서는 천금의 값이 있다 할 것이다. 그렇다고 하여 항상 웃고만 있어서는 안 된다. 자기의 할 얘기를 진정으로 전하고 싶을 때는 진지한 얼굴로 상대의 눈을 바라보며 얘기한다. 면접을 볼 때 눈을 감고 있으면 마이너스 이미지를 주게 된다.

③ 결론부터 이야기한다.

자기의 의사나 생각을 상대에게 정확하게 전달하기 위해서 먼저 무엇을 말하고자 하는가를 명확히 결정해 두어야 한다. 대답을 할 경우에는 결론을 먼저 이야기하고 나서 그에 따른 설명과 이유를 덧붙이면 논지(論旨)가 명확해지고 이야기가 깔끔하게 정리된다.

한 가지 사실을 이야기하거나 설명하는 데는 3분이면 충분하다. 복잡한 이야기라도 어느 정도의 길이로 요약해서 이야기하면 상대도 이해하기 쉽고 자기도 정리할 수 있다. 긴 이야기는 오히려 상대를 불쾌하게 할 수가 있다.

④ 질문의 요지를 파악한다.

　면접 때의 이야기는 간결성만으로는 부족하다. 상대의 질문이나 이야기에 대해 적절하고 필요한 대답을 하지 않으면 대화는 끊어지고 자기의 생각도 제대로 표현하지 못하여 면접자로 하여금 수험생의 인품이나 사고방식 등을 명확히 파악할 수 없게 한다. 무엇을 묻고 있는지, 무슨 이야기를 하고 있는지 그 요점을 정확히 알아내야 한다.

면접에서 고득점을 받을 수 있는 성공요령

1. 자기 자신을 겸허하게 판단하라.
2. 지원한 회사에 대해 100% 이해하라.
3. 실전과 같은 연습으로 감각을 익히라.
4. 단답형 답변보다는 구체적으로 이야기를 풀어나가라.
5. 거짓말을 하지 말라.
6. 면접하는 동안 대화의 흐름을 유지하라.
7. 친밀감과 신뢰를 구축하라.
8. 상대방의 말을 성실하게 들으라.
9. 근로조건에 대한 이야기를 풀어나갈 준비를 하라.
10. 끝까지 긴장을 풀지 말라.

02 | 전국수협 실제 면접

전국수협의 면접은 면접관 6~9명과 지원자 3~4명의 다대다 면접으로 진행된다. 인성 위주로 4~5개의 공통 질문을 받게 된다. 경우에 따라 마이크가 주어지기도 하며, 자기소개서를 기반으로 개인 질문도 받을 수 있다. 약 10분에서 15분 정도 소요된다. 전국수협의 정보를 바탕으로 한 면접 기출 질문으로 연습한다면 어려움 없이 면접을 볼 수 있을 것이다.

[기출 질문]
• 자기소개를 해 보시오.
• 많은 수협 중 해당 수협에 지원한 이유를 말해 보시오.
• 발령받고 싶은 부서를 말해 보시오.
• 본인의 장점과 단점에 대해 말해 보시오.
• 어떤 선임과 일하고 싶은지 말해 보시오.
• 본인이 지원한 지점이 하고 있는 사업에 대해 말해 보시오.
• 지원한 선택과목은 어떻게 공부했는지 말해 보시오.
• 지역수협에 대해 아는 것을 말해 보시오.
• 조합이 예전에 비해 어려움에 처해있는데 이유가 무엇인지 말해 보시오.
• 직원이 가져야 할 중요한 자질이 무엇인지 말해 보시오.
• 수협에 올 때 둘러보며 느낀점이 있다면 말해 보시오.
• 생활기반이 여수가 아닌데 여수수협을 선택한 이유를 말해 보시오.
• 우리 조합에 지원하게 된 동기를 말해 보시오.
• 자기소개서가 조합이 아니고 중앙회에 맞춰 썼다고 생각하는데, 중앙회와 조합의 차이에 대해 설명해 보시오.
• 지역지점에서 근무하다가 본점에서 근무하게 된다면 어떨 것 같은지 말해 보시오.
• 전공이 특이한데 어떻게 기여할 수 있는지 말해 보시오.
• 마지막으로 하고 싶은 말이 있다면 해 보시오.
• 주변에서 본인에 대해 어떻게 평가하는지 말해 보시오.
• 수협 홈페이지에 기재된 인재상 중 가장 중요한 게 무엇인지 말해 보시오.
• 수협에서 해보고 싶은 직무를 말해 보시오.
• 본인의 강점을 사례를 들어 설명하시오.
• 업무적으로 상사와 자주 충돌하게 된다면 어떻게 행동할 것인지 말해 보시오.
• 수협에 입사 후 이루어내고 싶은 것을 말해 보시오.
• 최근 가장 열심히 해본 것은 무엇이며 그것을 이루어내기 위한 과정을 말해 보시오.
• 본인을 색깔로 표현하고 그 이유를 말해 보시오.
• 평소 수협에 대해 어떤 이미지를 가지고 있는지 말해 보시오.
• 협동조합의 특징에 대해 설명하시오.

미래는 자신이 가진 꿈의 아름다움을 믿는 사람들의 것이다.

– 엘리노어 루즈벨트 –

답안채점 • 성적분석 서비스

모바일 OMR

 → → → → → → →

| 도서 내 모의고사 우측 상단에 위치한 QR코드 찍기 | 로그인 하기 | '시작하기' 클릭 | '응시하기' 클릭 | 나의 답안을 모바일 OMR 카드에 입력 | '성적분석 & 채점결과' 클릭 | 현재 내 실력 확인하기 |

도서에 수록된 모의고사에 대한
객관적인 결과(정답률, 순위)를
종합적으로 분석하여 제공합니다.

※OMR 답안채점 / 성적분석 서비스는 등록 후 30일간 사용 가능합니다.

시대에듀

금융권 필기시험
시리즈

알차다!	친절하다!	명쾌하다!	핵심을 뚫는다!
꼭 알아야 할 내용을 담고 있으니까	핵심내용을 쉽게 설명하고 있으니까	상세한 풀이로 완벽하게 익힐 수 있으니까	시험 유형과 흡사한 문제를 다루니까

"신뢰와 책임의 마음으로 수험생 여러분에게 다가갑니다."

"농협" 합격을 위한 시리즈

농협 계열사 취업의 문을 여는
Master Key!

※도서의 이미지 및 구성은 변동될 수 있습니다.

2025 최신판 All-New

| 모바일 OMR 답안채점 / 성적분석 서비스 · NCS 핵심이론 및 대표유형 무료 PDF · 온라인 모의고사 무료쿠폰

일반관리계 / 기술·기능계

전국수협

정답 및 해설

편저 | SDC(Sidae Data Center)

SDC

SDC는 **시대에듀 데이터 센터**의 약자로 약 **30만 개의 NCS · 적성 문제 데이터**를
바탕으로 최신 출제경향을 반영하여 문제를 출제합니다.

최신기출유형 + **모의고사 5회** + **무료 NCS 특강**

대표기출유형 및 기출응용문제로 필기고시 대비!

2024년 상·하반기 적성검사 출제경향 완벽 반영!

시대에듀

PART 1

적성검사

끝까지 책임진다! 시대에듀!

QR코드를 통해 도서 출간 이후 발견된 오류나 개정법령, 변경된 시험 정보, 최신기출문제, 도서 업데이트 자료 등이 있는지 확인해 보세요! **시대에듀 합격 스마트 앱**을 통해서도 알려 드리고 있으니 구글 플레이나 앱 스토어에서 다운받아 사용하세요. 또한, 파본 도서인 경우에는 구입하신 곳에서 교환해 드립니다.

01 | 의사소통능력

대표기출유형 01 | 기출응용문제

01

정답 ④

밑줄 친 '막다'는 '어떤 현상이 일어나지 못하게 하다.'의 의미로 쓰였으며, 이와 같은 의미로 사용된 것은 ④이다.

오답분석

① 길, 통로 따위가 통하지 못하게 하다.
② 강물, 추위, 햇빛 따위가 어떤 대상에 미치지 못하게 하다.
③ 외부의 공격이나 침입 따위에 버티어 지키다.
⑤ 돈을 갚거나 결제하다.

02

정답 ①

'데'는 '장소'를 의미하는 의존명사이므로 띄어 쓴다.

오답분석

② 목포간에 → 목포 간에 : '간'은 '한 대상에서 다른 대상까지의 사이'를 의미하는 의존명사이므로 띄어 쓴다.
③ 있는만큼만 → 있는 만큼만 : '만큼'은 '정도'를 의미하는 의존명사이므로 띄어 쓴다.
④ 같은 데 → 같은데 : '데'가 연결형 어미일 때는 붙여 쓴다.
⑤ 떠난지가 → 떠난 지가 : '지'는 '어떤 일이 있었던 때로부터 지금까지의 동안'을 나타내는 의존명사이므로 띄어 쓴다.

03

정답 ③

'어찌 된'의 뜻을 나타내는 관형사는 '웬'이므로, '어찌 된 일로'라는 함의를 가진 '웬일'이 옳은 말이다.

오답분석

① 메다 : 어떤 감정이 북받쳐 목소리가 잘 나지 않음
② 치다꺼리 : 남의 자잘한 일을 보살펴서 도와줌
④ 베다 : 날이 있는 연장 따위로 무엇을 끊거나 자르거나 가름
⑤ 지그시 : 슬며시 힘을 주는 모양

대표기출유형 02 | 기출응용문제

01

정답 ④

'원고'는 '법원에 민사 소송을 제기한 사람'이라는 뜻이므로 '민사 소송에서 소송을 당한 측의 당사자'라는 뜻인 '피고'와 반의 관계이고, 나머지는 유의 관계이다.

① • 시종 : 처음과 끝을 아울러 이르는 말
   • 수미 : 일의 시작과 끝
② • 시비 : 옳음과 그름
   • 선악 : 착한 것과 악한 것을 아울러 이르는 말
③ • 추세 : 어떤 형상이 일정한 방향으로 나아가는 경향
   • 형편 : 일이 되어 가는 상태나 경로 또는 결과
⑤ • 구속 : 행동이나 의사의 자유를 제한하거나 속박함
   • 속박 : 어떤 행위나 권리의 행사를 자유로이 하지 못하도록 강압적으로 얽어매거나 제한함

02

정답 ②

제시문에서 밑줄 친 단어 '안정'과 '동요', ①・③・④・⑤는 반의 관계이다. 반면, ②의 '운영'과 '운용'은 유의 관계이므로, 다른 단어 관계와 동일하지 않다.

03

정답 ④

'벽'은 '한계'를 비유하는 관용적 표현이다. 따라서 '장애'를 '걸림돌'로 비유한 ④가 이와 의미 관계가 같다.

대표기출유형 03 기출응용문제

01

정답 ④

제시된 한자어는 '높이고 중히 여김'이라는 뜻의 존중(尊重)이며, 반대의 의미를 가진 한자어는 '사람을 깔보거나 업신여김'이라는 뜻의 무시(無視)이다.

① 애정(愛情) : 사랑하는 마음 또는 남녀 사이에 서로 그리워하는 정
② 존경(尊敬) : 존중히 여겨 공경함
③ 효도(孝道) : 부모를 잘 섬기는 도리 또는 부모를 정성껏 잘 섬기는 일
⑤ 우정(友情) : 친구와의 정

02

정답 ②

읍참마속(泣斬馬謖)은 '큰 목적을 위하여 자기가 아끼는 사람을 버림'을 이르는 말로, 중국 촉나라 제갈량이 군령을 어기어 전투에서 패한 마속을 눈물을 머금고 참형에 처하였다는 데서 유래하였다.

① 일패도지(一敗塗地) : 싸움에 한 번 패하여 땅바닥에 떨어진다는 뜻으로, 여지없이 패하여 다시 일어날 수 없게 되는 지경에 이름을 이르는 말
③ 도청도설(道聽塗說) : 길에서 듣고 길에서 말한다는 뜻으로, 길거리에 퍼져 돌아다니는 뜬소문을 이르는 말
④ 원교근공(遠交近攻) : 먼 나라와 친교를 맺고 가까운 나라를 공격함
⑤ 신상필벌(信賞必罰) : 상을 줄 만한 훈공이 있는 자에게 반드시 상을 주고, 벌할 죄가 있는 자에게는 반드시 벌을 준다는 뜻으로, 상벌(賞罰)을 공정(公正)・엄중(嚴重)히 하는 일을 말함

03

정답 ④

'마디가 있어야 새순이 난다.'는 '나무의 마디는 새순이 나는 곳이다.'라는 뜻이다. 즉, 마디는 성장하기 위한 디딤돌이자 발판이 되므로, 어떤 일의 과정에서 생기는 역경이 오히려 일의 결과에 좋은 영향을 미침을 비유하는 의미이다.

오답분석

① 쫓아가서 벼락 맞는다 : 피해야 할 화를 괜히 나서서 당한다.
② 곤장 메고 매품 팔러 간다 : 공연한 일을 하여 스스로 화를 자초한다.
③ 고기도 저 놀던 물이 좋다 : 평소에 낯익은 제 고향이나 익숙한 환경이 좋다.
⑤ 대추나무에 연 걸리듯 하다 : 여기저기에 빚을 많이 진 것을 뜻한다.

대표기출유형 04   기출응용문제

01

정답 ③

보기의 문장은 미첼이 찾아낸 '탈출 속도'의 계산법과 공식에 대한 것이다. 그러므로 탈출 속도에 대한 언급이 본문의 어디서 시작되는지 살펴봐야 한다. 본문의 경우 (가) 영국의 자연철학자 존 미첼이 제시한 이론에 대한 소개, (나) 해당 이론에 대한 가정과 '탈출 속도'의 소개, (다) '임계 둘레'에 대한 소개와 사고 실험, (라) 앞선 임계 둘레 사고 실험의 결과, (마) 사고 실험을 통한 미첼의 추측의 순서로 쓰여 있다. 따라서 보기의 문장은 (다)에 들어가는 것이 가장 적절하다.

02

정답 ⑤

(마)의 앞 문단에서는 정보와 지식이 커뮤니케이션 속에서 살아 움직이며 진화함을 말하고 있다. 따라서 정보의 순환 속에서 새로운 정보로 거듭나는 역동성에 대한 설명의 사례로 보기의 내용이 이어질 수 있다. 한 나라의 관광 안내 책자 속 정보가 섬세하고 정확한 것은 소비자들에 의해 오류가 수정되고 개정되는 것이, 정보와 지식이 커뮤니케이션 속에서 새로운 정보로 거듭나는 것을 잘 나타내고 있기 때문이다.

03

정답 ④

㉠ : ㉠에서 '민간화'와 '경영화'의 두 가지 방법으로써 지역 주민의 요구를 수용하려는 이유는 첫 번째 문단의 내용처럼 전문적인 행정 담당자 중심의 정책 결정으로 인해 정책이 지역 주민의 의사와 무관하거나 배치되는 문제를 개선하기 위한 것이다. 또한 (나)의 바로 뒤에 있는 문장의 '이 둘'은 '민간화'와 '경영화'를 가리킨다. 따라서 ㉠이 들어갈 위치로 (나)가 가장 적절하다.
㉡ : 마지막 문단 첫 문장의 '이러한 한계'는 ㉡에서 말하는 '행정 담당자들이 기존의 관행에 따라 업무를 처리하는 경향'을 가리키므로 ㉡은 마지막 문단의 바로 앞에 있어야 한다. 마지막 문단은 앞선 문단에서 지적한 문제의 개선 방안을 제시하고 있는 것이다. 따라서 ㉡이 들어갈 위치로 (라)가 가장 적절하다.

대표기출유형 05   기출응용문제

01

정답 ②

첫 번째 문단에 따르면 범죄는 취잿감으로 찾아내기가 쉽고 편의에 따라 기사화할 수 있을 뿐만 아니라 범죄 보도를 통해 시청자의 관심을 끌 수 있기 때문에 언론이 범죄를 보도의 주요 소재로 삼지만, 지나친 범죄 보도는 범죄자나 범죄 피의자의 초상권을 침해하여 법적·윤리적 문제를 일으킨다. 마지막 문단의 내용처럼 범죄 보도가 초래하는 법적·윤리적 논란은 언론계 전체의 신뢰도에 치명적인 손상을 가져올 수도 있다. 따라서 이를 비유하기에 가장 적절한 표현은 '부메랑'이다. 부메랑은 그것을 던진 사람에게 되돌아와 상처를 입힐 수도 있기 때문이다.

오답분석
① 시금석(試金石) : 귀금속의 순도를 판정하는 데 쓰는 검은색의 현무암이나 규질의 암석을 뜻하며, 가치·능력·역량 등을 알아 볼 수 있는 기준이 되는 기회나 사물을 비유적으로 이르는 말로도 쓰인다.
③ 아킬레스건(Achilles 腱) : 치명적인 약점을 비유하는 말이다.
④ 악어의 눈물 : 일반적으로 강자가 약자에게 보이는 '거짓 눈물'을 비유하는 말이다.
⑤ 뜨거운 감자 : 삼킬 수도 뱉을 수도 없다는 뜻에서 할 수도 안 할 수도 없는 난처한 경우 또는 다루기 어려운 미묘한 문제를 비유하는 말이다.

02

정답 ④

알려지지 않은 것에서는 불안정, 걱정, 공포감이 뒤따라 나오기 때문에 우리 마음의 불안한 상태를 없애고자 한다면, 알려지지 않은 것을 알려진 것으로 바꿔야 한다. 이러한 환원은 우리의 마음을 편하게 해주고 만족하게 한다. 이 때문에 우리는 이미 알려진 것, 체험한 것, 기억에 각인된 것을 원인으로 설정하게 되고, 낯설고 체험하지 않았다는 느낌을 빠르게 제거해 버려, 특정 유형의 설명만이 남아 우리의 사고방식을 지배하게 만든다. 따라서 빈칸에는 이것은 '낯설고 체험하지 않았다는 느낌을 가장 빠르고 가장 쉽게 제거해 버린다.'는 내용이 들어가는 것이 가장 적절하다.

03

정답 ①

증거를 표현할 때 포함될 수밖에 없는 발룽엔의 의미는 본질적으로 불명료하기 때문에 그 의미를 정확하고 엄밀하게 규정할 수 없다. 한편, 증거와 가설의 논리적 관계를 판단하기 위해서는 증거의 의미 파악이 선행되어야 한다. 그러나 이미 발룽엔이 포함된 증거는 그 의미를 명확하게 규정하기 어렵다. 따라서 증거의 의미가 정확하게 파악되지 않는다면, 과학적 가설과 증거의 논리적 관계 역시 정확하게 판단할 수 없다.

오답분석
② 과학적 이론이나 가설을 검사하는 과정에는 물리학적 언어 외에 감각적 경험을 표현하는 일상적 언어도 사용될 수밖에 없다.
③ 과학적 이론이나 가설을 검사하는 과정에 사용되는 일상적 언어에는 발룽엔이 포함되므로 발룽엔은 증거를 표현할 때 포함될 수밖에 없다.
④ 과학적 가설을 표현하는 데에는 물리학적 언어가 사용되며, 발룽엔은 과학적 가설을 검사하는 과정에서 개입된다.
⑤ 증거를 표현할 때 발룽엔이 포함되므로 증거가 의미하는 것이 무엇인지 정확히 파악할 수 없다.

대표기출유형 06   기출응용문제

01

정답 ①

마지막 문단에서 과거제 출신의 관리들이 공동체에 대한 소속감이 낮고 출세 지향적이었다는 내용을 확인할 수 있다.

오답분석
② 첫 번째 문단에서 고염무는 관료제의 상층에는 능력주의적 제도를 유지하되, 지방관인 지현들은 그 지위를 평생 유지시켜 주고 세습의 길까지 열어놓는 방안을 제안했다고 했으므로 옳지 않다.
③ 첫 번째 문단에서 황종희가 '벽소'와 같은 옛 제도를 되살리는 방법으로 과거제를 보완하자고 주장했다는 내용을 볼 수 있다. 따라서 벽소는 과거제를 없애고자 등장한 새로운 제도가 아니라 과거제를 보완하고자 되살린 옛 제도이므로 옳지 않다.
④ 두 번째 문단에서 과거제는 학습 능력 이외의 인성이나 실무 능력을 평가할 수 없다는 이유로 시험의 익명성에 대한 회의도 있었다고 하였으므로 옳지 않다.
⑤ 마지막 문단에서 과거제를 통해 임용된 관리들은 승진을 위해서 빨리 성과를 낼 필요가 있었기에, 지역 사회를 위해 장기적인 전망을 가지고 정책을 추진하기보다 가시적이고 단기적인 결과만을 중시하는 부작용을 가져왔다고 하였으므로 옳지 않다.

02

기준작의 설정을 전적으로 기록에만 의존하는 것도 곤란하다. 왜냐하면 물질자료와 달리 기록은 상황에 따라 왜곡되거나 윤색될 수도 있고, 후대에 가필되는 경우도 있기 때문이다. 따라서 작품에 명문이 있다 하더라도 기준작으로 삼기 위해서는 그것이 과연 신뢰할 만한 사료인가에 대한 엄정한 사료적 비판이 선행되어야 한다.

03

약관의 제7항을 살펴보면 '변경 기준일로부터 1개월간'이라고 제시되어 있다. 따라서 바르게 이해하지 못한 사람은 D주임이다.

대표기출유형 07 | 기출응용문제

01

제시문은 동양과 서양에서 서로 다른 의미를 부여하고 있는 달에 대해 설명하고 있는 글이다. 따라서 (나) 동양에서 나타나는 해와 달의 의미 – (라) 동양과 상반되는 서양에서의 해와 달의 의미 – (다) 최근까지 지속되고 있는 달에 대한 서양의 부정적 의미 – (가) 동양에서의 변화된 달의 이미지 순으로 나열하는 것이 적절하다.

02

제시된 글에서는 경기적 실업에 대한 고전학파의 입장을 설명하고 있으며, (나)의 '이들'은 바로 이 고전학파를 지시하고 있다. 따라서 제시된 글 바로 다음에 (나)가 와야 함을 알 수 있다. 다음으로 (가)의 '이렇게 실질임금이 상승하게 되면'을 통해 실질임금 상승에 관해 언급하는 (나) 뒤에 (가)가 와야 함을 알 수 있다. 마지막으로 정부의 역할에 반대하는 고전학파의 주장을 강조하는 (다)는 결론에 해당하므로, '(나) – (가) – (다)'의 순으로 나열하는 것이 적절하다.

03

내용상 기업 결합 심사의 '시작' 부분을 설명한 (다)가 제시된 글 뒤에 가장 먼저 오고, (다)에서 언급한 '단일 지배 관계의 형성'을 확인하는 예가 되는 (마)가 그 다음에 이어진다. 다음으로 '반면에'라는 접속어를 사용하여 (마)와 상반되는 결합 성립의 경우에 대하여 설명한 (나), (나)에서 언급한 정부의 '시장 범위 확정'의 기준에 대한 설명인 (가), (가)의 '민감도'에 대한 보충 설명인 (라)가 순서대로 이어진다. 따라서 '(다) – (마) – (나) – (가) – (라)'의 순으로 나열하는 것이 적절하다.

대표기출유형 08 | 기출응용문제

01

쇼펜하우어는 표상의 세계 안에서의 이성의 역할, 즉 시간과 공간, 인과율을 통해서 세계를 파악하는 주인의 역할을 함에도 불구하고 이 이성이 다시 의지에 종속됨으로써 제한적이며 표면적일 수밖에 없다는 한계를 지적하고 있다. 따라서 글의 중심 내용으로 '표상 세계 안에서의 이성의 역할과 한계'가 가장 적절하다.

[오답분석]
① 세계의 본질은 의지의 세계라는 내용은 쇼펜하우어 주장의 핵심 내용이라는 점에서는 옳지만, 제시문의 주요 내용은 주관 또는 이성 인식으로 만들어내는 표상의 세계는 결국 한계를 가질 수밖에 없다는 것이다.

② 제시문에서는 표상 세계의 한계를 지적했을 뿐, 표상 세계의 극복과 그 해결 방안에 대한 내용은 없다.
③ 제시문에서 의지의 세계와 표상 세계는 의지가 표상을 지배하는 종속관계라는 차이를 파악할 수는 있으나, 중심 내용으로는
　적절하지 않다.
④ 쇼펜하우어가 주관 또는 이성을 표상의 세계를 이끌어 가는 능력으로 주장하고 있다는 점에서 타당하나 글의 중심 내용은 아니다.

02

제시문에서는 종합지급결제사업자 제도가 등장한 배경과 해당 제도를 통해 얻을 수 있는 이익과 우려되는 상황에 대해 다루고
있다. 따라서 '종합지급결제사업자 제도의 득과 실'이 가장 적절한 주제이다.

오답분석

① 제시문에서는 은행의 과점체제 해소를 위한 여러 방안 중 금융당국 판단에서 가장 큰 효과가 기대되는 종합지급결제사업자
　제도에 대해서만 언급하고 있으므로 지나치게 포괄적인 주제이다.
③ 제시문은 비은행 업계가 은행의 권리를 침해한다기보다는 은행의 과점체제인 현 상황을 개선하기 위해 은행 업무 중 일부를
　비은행 기관이 같이 하게 된 배경과 그로 인해 발생하는 장점과 단점을 다루고 있다. 따라서 글의 주제로 적절하지 않다.
④ 제시문은 종합지급결제사업자 제도의 도입으로 인한 은행과 비은행의 경쟁과 그로 인해 발생할 수 있는 장점과 단점을 다루고
　있으며, 이는 소비자의 실익에만 국한되어 있지 않기 때문에 주제로 보기에는 적절하지 않다.
⑤ 제시문의 마지막 문단에서 비은행권 관련 문제점들이 제기되었지만, 글 전체를 포괄하는 주제로 보기에는 적절하지 않다.

03

제시문은 시장집중률의 정의와 측정 방법 등 그 개념과 의의에 대해 이야기하고 있다.

대표기출유형 09 ┃ 기출응용문제

01

제시문에서는 인간에게 사회성과 반사회성이 공존하고 있다고 설명하고 있으며, 이 중 반사회성이 없다면 재능을 꽃피울 수 없다고
하였으므로 사회성만으로도 자신의 재능을 키울 수 있다는 주장인 ④가 반박으로 가장 적절하다. 반사회성이 재능을 계발한다는
주장을 포함하는 동시에 반사회성을 포함한 다른 어떤 요소가 있어야 한다는 주장인 ②는 제시문에 대한 직접적인 반박은 될 수
없다.

02

제시문의 핵심 내용은 4차 산업혁명의 신기술로 인해 금융의 종말이 올 것임을 예상하는 것이다. 따라서 앞으로도 기술 발전은
금융업의 본질을 바꾸지 못할 것임을 나타내는 ③이 글에 대한 비판으로 가장 적절하다.

03

밑줄 친 부분을 반박하는 주장은 '인간에게 동물의 복제 기술을 적용해서는 안 된다.'이므로, 이를 뒷받침하는 근거이되 인터뷰의
내용과 부합하지 않는 것이 문제가 요구하는 답이다. 인터뷰에서 복제 기술을 인간에게 적용했을 때 발생할 수 있는 문제점으로
지적한 것은 '기존 인간관계의 근간을 파괴하는 사회 문제'와 '바이러스 등 통제 불능한 생물체가 만들어질 가능성', 그리고 '어느
국가 또는 특정 집단이 복제 기술을 악용할 위험성' 등이다. 그러나 ③의 내용은 인간에게 복제 기술을 적용했을 때 나타날 수
있는 부작용인지를 판단할 자료가 인터뷰에 제시되지 않았다. 또한 상식적인 수준에서도 생산되는 복제 인간의 수는 통제할 수
있으므로 밑줄 친 부분을 반박할 근거로는 부적절하다.

CHAPTER 01 의사소통능력 • 7

01

정답 ③

레일리 산란의 세기는 보랏빛이 가장 강하지만, 우리 눈은 보랏빛보다 파란빛을 더 잘 감지하기 때문에 하늘이 파랗게 보이는 것이다.

[오답분석]
①·② 첫 번째 문단을 통해 추론할 수 있다.
④ 빛의 진동수는 파장과 반비례하고, 레일리 산란의 세기는 파장의 네제곱에 반비례한다. 즉, 빛의 진동수가 2배가 되면 파장은 1/2배가 되고, 레일리 산란의 세기는 $2^4 = 16$배가 된다.
⑤ 마지막 문단을 통해 추론할 수 있다.

02

정답 ②

자제력이 있는 사람은 합리적 선택에 따라 행위를 하고, 합리적 선택에 따르는 행위는 모두 자발적 행위라고 했다. 따라서 '자제력이 있는 사람은 자발적으로 행위를 한다.'를 추론할 수 있다.

03

정답 ⑤

제시문의 마지막 문단에서 드론의 악용 가능성에 대해 언급하고 있으므로 뒤에 이를 방지하기 위한 법 제정의 필요성에 대한 이야기가 이어지는 것이 가장 적절하다.

02 | 수리능력

대표기출유형 01 | 기출응용문제

01

정답 ②

$(59,378-36,824) \div 42$
$=22,554 \div 42$
$=537$

02

정답 ①

$(48+48+48+48) \times \dfrac{11}{6} \div \dfrac{16}{13}$
$=48 \times 4 \times \dfrac{11}{6} \times \dfrac{13}{16}$
$=2 \times 11 \times 13$
$=286$

03

정답 ④

$(5^2 \times 4^2 \times 6^2) \div 12^2$
$=(5^2 \times 4^2 \times 2^2 \times 3^2) \times \dfrac{1}{3^2 \times 4^2}$
$=5^2 \times 2^2$
$=100$

01

정답 ②

분자는 +5를 분모는 ×3+1을 하는 수열이다.

따라서 (   )=$\dfrac{6+5}{10\times3+1}=\dfrac{11}{31}$ 이다.

02

정답 ④

앞의 항에 $+2^0\times10$, $+2^1\times10$, $+2^2\times10$, $+2^3\times10$, $+2^4\times10$, $+2^5\times10$, …인 수열이다.

따라서 (   )$=632+2^6\times10=632+640=1,272$이다.

03

정답 ②

나열된 수를 각각 A, B, C라고 하면 다음과 같은 규칙이 성립한다.

$\underline{A\ B\ C} \rightarrow B=(A+C)\div3$

따라서 (   )$=(12-1)\div3=\dfrac{11}{3}$ 이다.

01

정답 ①

홀수 항과 짝수 항에 각각 +5, +6, +7, …인 수열이다.

E	C	J	H	P	N	(W)
5	3	10	8	16	14	23

02

정답 ①

-1, +2, -3, +4, -5, …인 수열이다.

ㄹ	ㄷ	ㅁ	ㄴ	ㅂ	(ㄱ)
4	3	5	2	6	1

03

정답 ④

대문자 알파벳, 한글 자음, 한자 순서로 나열되며, 앞의 항에 -5, -4, -3, -2, -1, …인 수열이다.

S	ㅎ	十	G	ㅁ	(四)
19	14	10	7	5	4

01

정답 ⑤

두 사람이 걸은 시간을 x분이라고 하면, 두 사람이 만날 때 현민이가 걸은 거리와 형빈이가 걸은 거리의 합이 산책길의 둘레와 같다.

$60x+90x=1,500 \rightarrow 150x=1,500$

$\therefore x=10$

따라서 두 사람은 동시에 출발하여 10분 후에 만나게 된다.

02

정답 ①

A소금물과 B소금물의 소금의 양을 구하면 각각 $300\times0.09=27$g, $250\times0.112=28$g이다.

이에 따라 C소금물의 농도는 $\dfrac{27+28}{300+250}\times100=\dfrac{55}{550}\times100=10\%$이다.

소금물을 덜어내도 농도는 변하지 않으므로 소금물은 $550\times0.8=440$g이고, 소금의 양은 44g이다.

따라서 소금을 10g 더 추가했을 때의 소금물의 농도는 $\dfrac{44+10}{440+10}\times100=\dfrac{54}{450}\times100=12\%$이다.

03

정답 ③

전체 일의 양을 1이라고 하면, A사원이 혼자 자료를 정리하는 데 걸리는 기간은 15일, A, B사원이 같이 할 때는 6일이다. B사원이 혼자 자료를 정리하는 데 걸리는 기간을 b일이라고 하면 식은 다음과 같다.

$\dfrac{1}{15}+\dfrac{1}{b}=\dfrac{1}{6}$

$\rightarrow 6b+6\times15=15b \rightarrow 9b=6\times15$

$\therefore b=10$

따라서 B사원 혼자 자료를 정리하는 데 걸리는 기간은 10일이다.

04

정답 ②

365일은 52주+1일이므로 평년인 해에 1월 1일과 12월 31일은 같은 요일이다.

그러므로 평년인 해에 1월 1일이 월, 화, 수, 목, 금요일 중 하나라면 휴일 수는 $52\times2=104$일이고, 1월 1일이 토, 일요일 중 하나라면 휴일 수는 $52\times2+1=105$일이다.

재작년을 0년으로 두고 1월 1일이 토, 일요일인 경우로 조건을 따져보면 다음과 같다.

• 1월 1일이 토요일인 경우

구분	1월 1일	12월 31일	휴일 수
0년(평년)	토	토	105일
1년(윤년)	일	월	105일
2년(평년)	화	화	104일

• 1월 1일이 일요일인 경우

구분	1월 1일	12월 31일	휴일 수
0년(평년)	일	일	105일
1년(윤년)	월	화	104일
2년(평년)	수	수	104일

따라서 올해 1월 1일은 평일이고, 휴일 수는 104일이다.

05

50만 원을 먼저 지불하였으므로 남은 금액은 250−50=200만 원이다.

매달 갚아야 할 금액을 a만 원이라고 하면, 매달 a만 원을 갚고 남은 금액은 다음과 같다.

• 1개월 후 : $(200 \times 1.005 - a)$만 원

• 2개월 후 : $(200 \times 1.005^2 - a \times 1.005 - a)$만 원

• 3개월 후 : $(200 \times 1.005^3 - a \times 1.005^2 - a \times 1.005 - a)$만 원

　　　　　　⋮

• 12개월 후 : $(200 \times 1.005^{12} - a \times 1.005^{11} - a \times 1.005^{10} - \cdots - a)$만 원

12개월 후 갚아야 할 금액이 0원이므로 $200 \times 1.005^{12} - a \times 1.005^{11} - a \times 1.005^{10} - \cdots - a = 0$이다.

따라서 $200 \times 1.005^{12} = a \times 1.005^{11} + a \times 1.005^{10} + \cdots + a = \dfrac{a(1.005^{12}-1)}{1.005-1}$ 이므로 다음 식이 성립한다.

$$a = \frac{200 \times 0.005 \times 1.005^{12}}{1.005^{12}-1} = \frac{200 \times 0.005 \times 1.062}{1.062-1} \fallingdotseq 17.13$$

따라서 S씨가 매달 갚아야 하는 금액은 171,300원이다.

06

• 7권의 소설책 중 3권을 선택하는 경우의 수 : $_7\mathrm{C}_3 = \dfrac{7 \times 6 \times 5}{3 \times 2 \times 1} = 35$가지

• 5권의 시집 중 2권을 선택하는 경우의 수 : $_5\mathrm{C}_2 = \dfrac{5 \times 4}{2 \times 1} = 10$가지

따라서 소설책 3권과 시집 2권을 선택하는 경우의 수는 $35 \times 10 = 350$가지이다.

07

탁구공 12개 중에서 4개를 꺼내는 경우의 수는 $_{12}\mathrm{C}_4 = \dfrac{12 \times 11 \times 10 \times 9}{4 \times 3 \times 2 \times 1} = 495$가지이다.

흰색 탁구공이 노란색 탁구공보다 많은 경우는 흰색 탁구공 3개, 노란색 탁구공 1개 또는 흰색 탁구공 4개를 꺼내는 경우이다.

• 흰색 탁구공 3개, 노란색 탁구공 1개를 꺼내는 경우의 수 : $_7\mathrm{C}_3 \times {_5\mathrm{C}_1} = 35 \times 5 = 175$가지

• 흰색 탁구공 4개를 꺼내는 경우의 수 : $_7\mathrm{C}_4 = 35$가지

따라서 구하고자 하는 확률은 $\dfrac{175+35}{495} = \dfrac{210}{495} = \dfrac{14}{33}$이다.

08

베트남 현금 1,670만 동을 환전하기 위해 필요한 한국 돈은 수수료를 제외하고 1,670만 동×483원/만 동=806,610원이다.
우대사항에 따르면 50만 원 이상 환전 시 70만 원까지 수수료가 0.4%로 낮아지므로 70만 원에는 수수료가 0.4% 적용되고, 나머지는 0.5%가 적용되어 총수수료를 구하면 $700,000 \times 0.004 + (806,610 - 700,000) \times 0.005 = 2,800 + 533.05 \fallingdotseq 3,330$원(∵ 십 원 단위 미만 절사)이다.
따라서 수수료까지 포함하여 수인이가 원하는 금액을 환전하는 데 필요한 총금액은 806,610+3,330=809,940원이다.

09

정답 ③

B고객이 예금을 만기해서 찾게 되면 받을 수 있는 이율은 기본금리 3%와 우대금리 0.2%p로 총 3+0.2=3.2%이다.

5년간 예금을 만기했을 때 B고객이 받을 수 있는 금액은 $1,000,000 \times \left(1+0.032 \times \dfrac{60}{12}\right)=1,160,000$원이다.

예금을 중도해지할 경우, 최초 가입 시 설정된 (기본금리)+(우대금리)가 아닌 중도해지이율이 적용된다.

B고객은 해당 예금 상품을 1년 동안 보유했으므로 중도해지이율 중 18개월 미만인 (기본금리)×30%가 적용된다.

중도해지 시 B고객이 받을 수 있는 금액은 $1,000,000 \times \left(1+0.03 \times 0.3 \times \dfrac{12}{12}\right)=1,009,000$원이다.

따라서 B고객에게 안내할 금액은 $1,160,000-1,009,000=151,000$원이다.

대표기출유형 05 | 기출응용문제

01

정답 ③

제시된 자료를 바탕으로 지점 수를 정리하면 다음과 같다. 증감표의 부호를 반대로 하여 2022년 지점 수에 대입하면 쉽게 계산이 가능하다.

(단위 : 개)

구분	2019년 지점 수	2020년 지점 수	2021년 지점 수	2022년 지점 수
서울	15	17	19	17
경기	13	15	16	14
인천	14	13	15	10
부산	13	11	7	10

2019년에 지점 수가 두 번째로 많은 지역은 인천이며, 지점 수는 14개이다.

02

정답 ①

(가)는 2021년 대비 2022년 의료 폐기물의 증감률로 $\dfrac{48,934-49,159}{49,159} \times 100 ≒ -0.5\%$이고,

(나)는 2019년 대비 2020년 사업장 배출시설계 폐기물의 증감률로 $\dfrac{123,604-130,777}{130,777} \times 100 ≒ -5.5\%$이다.

03

정답 ④

(단위 : 명)

구분	2023년 하반기 입사자 수	2024년 상반기 입사자 수
마케팅	50	100
영업	a	$a+30$
상품기획	100	$100 \times (1-0.2)=80$
인사	b	$50 \times 2=100$
합계	320	$320 \times (1+0.25)=400$

• 2024년 상반기 입사자 수의 합 : $400=100+(a+30)+80+100 \rightarrow a=90$
• 2023년 하반기 입사자 수의 합 : $320=50+90+100+b \rightarrow b=80$

따라서 2023년 하반기 대비 2024년 상반기 인사팀 입사자 수의 증감률 : $\dfrac{100-80}{80} \times 100=25\%$이다.

04

정답 ④

A, B, E구의 1인당 소비량을 각각 a, b, e라고 하여, 제시된 조건을 식으로 나타내면 다음과 같다.

• 첫 번째 조건 : $a+b=30$ ⋯ ㉠
• 두 번째 조건 : $a+12=2e$ ⋯ ㉡
• 세 번째 조건 : $e=b+6$ ⋯ ㉢

㉢을 ㉡에 대입하여 식을 정리하면, $a+12=2(b+6)$ → $a-2b=0$ ⋯ ㉣
㉠-㉣을 하면 $3b=30$
∴ $b=10$, $a=20$, $e=16$

A~E구의 변동계수를 구하면 다음과 같다.

• A구 : $\dfrac{5}{20}\times100=25\%$

• B구 : $\dfrac{4}{10}\times100=40\%$

• C구 : $\dfrac{6}{30}\times100=20\%$

• D구 : $\dfrac{4}{12}\times100≒33.33\%$

• E구 : $\dfrac{8}{16}\times100=50\%$

따라서 변동계수가 3번째로 큰 구는 D구이다.

05

정답 ①

증감률을 구하는 식은 다음과 같다.

$$[\text{실업률 증감}(\%)]=\frac{(11\text{월 실업률})-(2\text{월 실업률})}{(2\text{월 실업률})}\times100=\frac{3.1-4.9}{4.9}\times100≒-37$$

따라서 2023년 11월의 실업률은 2024년 2월 대비 -37% 증감했다.

대표기출유형 06   기출응용문제

01

정답 ④

2019년과 2020년의 노령연금 대비 유족연금 비율은 다음과 같다.

• 2019년 : $\dfrac{485}{2,532}\times100≒19.2\%$

• 2020년 : $\dfrac{571}{3,103}\times100≒18.4\%$

따라서 2019년이 2020년보다 높다.

오답분석

① 매년 가장 낮은 것은 장애연금 지급액이다.
② 일시금 지급액은 2021년과 2022년에 감소했다.
③ 2019년 지급 총액의 2배는 $3,586\times2=7,172$억 원이므로 2023에 2배를 넘어섰다.
⑤ 유족연금의 경우에는 485 : 949로 2배가 되지 않지만, 노령연금의 경우에는 2,532 : 6,862로 2배가 넘는다.

02

정답 ③

2018년 대비 2019년에 생산가능인구는 12명 증가했으므로 옳지 않다.

오답분석

① 2018 ~ 2020년까지 고용률의 전년 대비 증감 추이와 실업률의 전년 대비 증감 추이는 '감소 – 감소 – 감소'로 동일하다.
② 전년과 비교했을 때, 2018년에 경제활동인구가 202명으로 가장 많이 감소했다.
④ 분모가 작고 분자가 크면 비율이 높으므로, 고용률이 낮고 실업률이 높은 2021년과 2022년의 비율만 비교하면 된다.

- 2021년 : $\dfrac{8.1}{40.5}=0.2\%$

- 2022년 : $\dfrac{8.0}{40.3}≒0.1985\%$

따라서 2021년의 비율이 더 높으므로 옳은 설명이다.
⑤ 제시된 자료를 통해 확인할 수 있다.

03

정답 ④

ⓒ 2021년 대비 2024년 분야별 침해사고 건수 감소율은 다음과 같다.

- 홈페이지 변조 : $\dfrac{650-390}{650}×100=40\%$

- 스팸릴레이 : $\dfrac{100-40}{100}×100=60\%$

- 기타 해킹 : $\dfrac{300-165}{300}×100=45\%$

- 단순 침입시도 : $\dfrac{250-175}{250}×100=30\%$

- 피싱 경유지 : $\dfrac{200-130}{200}×100=35\%$

따라서 50% 이상 감소한 분야는 '스팸릴레이'한 분야이다.
ⓔ 기타 해킹 분야의 2024년 침해사고 건수는 2022년 대비 증가했으므로 옳지 않은 설명이다.

오답분석

⑤ 단순 침입시도 분야의 침해사고는 매년 스팸릴레이 분야의 침해사고 건수의 2배 이상인 것을 확인할 수 있다.

ⓒ 2023년 전체 침해사고 건수 중 홈페이지 변조 분야의 침해사고 건수가 차지하는 비중은 $\dfrac{600}{1,500}×100=40\%$로, 35% 이상이다.

04

정답 ②

유로/달러 환율은 $\dfrac{(원/달러\ 환율)}{(원/유로\ 환율)}$로 구할 수 있다. 유로/달러 환율은 10월이 약 0.808로 약 0.801인 11월보다 높다.

오답분석

① 9월에는 전월 대비 원/달러 환율은 불변이고, 원/100엔 환율은 증가했다. 또한 10월에는 전월 대비 원/달러 환율은 증가했지만 원/100엔 환율은 불변이다.
③ 9월에 원/달러 환율이 원/유로 환율보다 낮으므로 유럽보다 미국으로 유학을 가는 것이 경제적으로 더 이득이다.
④ 12월의 원/100엔 환율은 1,100.00으로 7월 환율의 110%인 1,108.80보다 낮으므로 옳지 않다.
⑤ 7월보다 11월에 원/100엔 환율이 더 높으므로 11월에 하는 것이 더 경제적이다.

05

ⓒ 보험금 지급 부문에서 지원된 금융 구조조정 자금 중 저축은행이 지원받은 금액의 비중은 $\frac{72,892}{303,125} \times 100 ≒ 24.0\%$로 20%를 초과한다.

ⓒ 제2금융에서 지원받은 금융 구조조정 자금 중 보험금 지급 부문으로 지원받은 금액이 차지하는 비중은 $\frac{182,718}{217,080} \times 100 ≒$ 84.2%로 80% 이상이다.

ⓔ 부실자산 매입 부문에서 지원된 금융 구조조정 자금 중 은행이 지급받은 금액의 비중은 $\frac{81,064}{105,798} \times 100 ≒ 76.6\%$로, 보험사가 지급받은 금액의 비중의 20배인 $\frac{3,495}{105,798} \times 100 \times 20 ≒ 66.1\%$ 이상이다.

오답분석
ⓐ 출자 부문에서 은행이 지원받은 금융 구조조정 자금은 222,039억 원으로, 증권사가 지원받은 금융 구조조정 자금의 3배인 99,769×3=299,307억 원보다 적다.

대표기출유형 07 | 기출응용문제

01

남녀 국회의원의 여야별 SNS 이용자 구성비 중 여자의 경우 여당이 $\frac{22}{38} \times 100 ≒ 57.9\%$이고, 야당은 $\frac{16}{38} \times 100 ≒ 42.1\%$이므로 ②는 옳지 않은 그래프이다.

오답분석
① 국회의원의 여야별 SNS 이용자 수는 각각 145명, 85명이다.
③ 야당 국회의원의 당선 횟수별 SNS 이용자 구성비는 85명 중 초선 36명, 2선 28명, 3선 14명, 4선 이상 7명이므로 각각 계산해 보면 42.4%, 32.9%, 16.5%, 8.2%이다.
④ 2선 이상 국회의원의 정당별 SNS 이용자는 A당 29+22+12=63명, B당 25+13+6=44명, C당 3+1+1=5명이다.
⑤ 여당 국회의원의 당선 유형별 SNS 이용자 구성비는 145명 중 지역구가 126명이고, 비례대표가 19명이므로 각각 86.9%와 13.1%이다.

02

마지막 문단에 제시된 영업용으로 등록된 특수차의 수에 따라 2021~2024년 전년 대비 증가량 중 2021년과 2024년의 전년 대비 증가량이 자료보다 높다.

구분	2021년	2022년	2023년	2024년
증가량	59,281-57,277=2,004대	60,902-59,281=1,621대	62,554-60,902=1,652대	62,946-62,554=392대

오답분석
① 두 번째 문단에서 자가용으로 등록된 특수차의 연도별 수를 계산하면 2020년 2만 대, 2021년 2.4만 대, 2022년 2.8만 대이며, 2023년 3만 대, 2024년 3.07만 대가 된다.
② 두 번째 문단에서 자가용으로 등록된 연도별 승용차 수와 일치한다.
③ 마지막 문단에서 영업용으로 등록된 연도별 특수차 수와 일치한다.
⑤ 세 번째 문단에서 관용차로 등록된 연도별 승합차 수와 일치한다.

03

㉠ 연도별 층간소음 분쟁은 2021년 430건, 2022년 520건, 2023년 860건, 2024년 1,280건이다.

㉡ 2022년 전체 분쟁신고에서 각 항목이 차지하는 비중을 구하면 다음과 같다.

- 2022년 전체 분쟁신고 건수 : 280+60+20+10+110+520=1,000건

- 관리비 회계 분쟁 : $\dfrac{280}{1,000}\times100=28\%$

- 입주자대표회의 운영 분쟁 : $\dfrac{60}{1,000}\times100=6\%$

- 정보공개 관련 분쟁 : $\dfrac{20}{1,000}\times100=2\%$

- 하자처리 분쟁 : $\dfrac{10}{1,000}\times100=1\%$

- 여름철 누수 분쟁 : $\dfrac{110}{1,000}\times100=11\%$

- 층간소음 분쟁 : $\dfrac{520}{1,000}\times100=52\%$

[오답분석]

㉢ 연도별 분쟁신고 건수를 구하면 다음과 같다.

- 2021년 : 220+40+10+20+80+430=800건
- 2022년 : 280+60+20+10+110+520=1,000건
- 2023년 : 340+100+10+10+180+860=1,500건
- 2024년 : 350+120+30+20+200+1,280=2,000건

전년 대비 아파트 분쟁신고 증가율을 구하면 다음과 같다.

- 2022년 : $\dfrac{1,000-800}{800}\times100=25\%$

- 2023년 : $\dfrac{1,500-1,000}{1,000}\times100=50\%$

- 2024년 : $\dfrac{2,000-1,500}{1,500}\times100≒33\%$

㉣ 2022년 아파트 분쟁신고 건수가 2021년 값으로 잘못 입력되어 있다.

03 | 문제해결능력

대표기출유형 01 | 기출응용문제

01
정답 ②

'하루에 두 끼를 먹는 어떤 사람도 뚱뚱하지 않다.'를 다르게 표현하면 '하루에 두 끼를 먹는 사람은 뚱뚱하지 않다.'이다. 두 번째 명제와 연결하면 '아침을 먹는 모든 사람은 하루에 두 끼를 먹고, 하루에 두 끼를 먹는 사람은 뚱뚱하지 않다.'가 된다.
이를 정리하면 ②가 된다.
따라서 빈칸에 들어갈 명제로 '아침을 먹는 모든 사람은 뚱뚱하지 않다.'가 적절하다.

02
정답 ⑤

'축산산업이 발전함'을 a, '소득이 늘어남'을 b, '해외 수입이 줄어듦'을 c라고 하면, 첫 번째 명제는 $a \to b$이고, 두 번째 명제는 $c \to a$이다.
따라서 빈칸에 들어갈 명제는 $c \to a \to b$의 관계가 되는 $c \to b$인 ⑤가 적절하다.

03
정답 ③

'A가 외근을 나감'을 a, 'B가 외근을 나감'을 b, 'C가 외근을 나감'을 c, 'D가 외근을 나감'을 d, 'E가 외근을 나감'을 e라고 할 때, 네 번째 조건과 다섯 번째 조건의 대우인 $b \to c$, $c \to d$에 따라 $a \to b \to c \to d \to e$가 성립한다.
따라서 'A가 외근을 나가면 E도 외근을 나간다.'는 반드시 참이다.

04
정답 ④

'등산을 하는 사람'을 A, '심폐지구력이 좋은 사람'을 B, '마라톤 대회에 출전하는 사람'을 C, '자전거를 타는 사람'을 D라고 하면, 첫 번째 명제와 세 번째 명제, 네 번째 명제는 다음과 같은 벤 다이어그램으로 나타낼 수 있다.

1) 첫 번째 명제

2) 세 번째 명제

3) 네 번째 명제

이를 정리하면 다음과 같은 벤 다이어그램이 성립한다.

따라서 '심폐지구력이 좋은 어떤 사람은 등산을 하고 자전거도 탄다.'는 반드시 참이다.

두 번째 명제를 벤 다이어그램으로 나타내면 다음과 같으며, C와 A·D가 공통되는 부분이 있는지 여부에 따라 반례를 찾아 답을 지워나가야 한다.

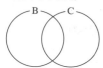

① C와 A가 공통되는 부분이 없는 다음과 같은 경우 성립하지 않는다.

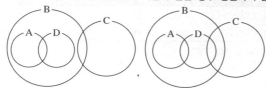

② C와 D가 공통되는 부분이 없는 다음과 같은 경우 성립하지 않는다.

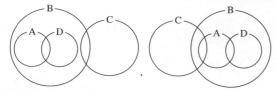

③ 다음과 같은 경우 성립하지 않는다.

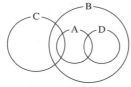

⑤ 다음과 같은 경우 성립하지 않는다.

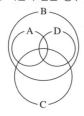

05

④

D팀은 파란색을 선택하였으므로 보라색을 사용하지 않고, B팀과 C팀도 보라색을 사용한 적이 있으므로 A팀은 보라색을 선택한다. B팀은 빨간색을 사용한 적이 있고, 파란색과 보라색은 사용할 수 없으므로 노란색을 선택한다. C팀은 나머지 빨간색을 선택한다. 이를 정리하면 다음과 같다.

A팀	B팀	C팀	D팀
보라색	노란색	빨간색	파란색

따라서 반드시 참인 것은 ④이다.

①·③·⑤ 주어진 조건만으로는 판단하기 힘들다.
② A팀의 상징색은 보라색이다.

06

정답 ⑤

먼저 첫 번째 조건에 따라 A과장은 네 지역으로 모두 출장을 가므로 E사원과 함께 광주광역시로 출장을 가는 직원은 A과장임을 알 수 있다. 다음으로 두 번째 조건에 따라 광역시가 아닌 세종특별자치시와 서울특별시에는 A과장과 B대리가 출장을 가므로 C대리와 D대리는 세종특별자치시와 서울특별시로 함께 출장을 갈 수 없다. 결국 세 번째 조건에서의 C대리와 D대리가 함께 출장을 가는 지역은 인천광역시임을 알 수 있다. 또한 마지막 조건에 따라 한 지역으로만 출장을 가는 사람은 E사원뿐이므로 C대리와 D대리는 세종특별자치시 또는 서울특별시 중 한 곳으로 더 출장을 가야 한다.
출장 지역에 따른 팀원을 정리하면 다음과 같다.

구분	세종특별자치시	서울특별시	광주광역시	인천광역시
경우 1	A과장, B대리, C대리	A과장, B대리, D대리	A과장, E사원	A과장, C대리, D대리
경우 2	A과장, B대리, D대리	A과장, B대리, C대리	A과장, E사원	A과장, C대리, D대리

따라서 항상 참이 되는 것은 'D대리는 E사원과 함께 출장을 가지 않는다.'이다.

대표기출유형 02   기출응용문제

01

정답 ③

을과 정은 상반된 이야기를 하고 있으므로 둘 중 1명은 진실, 다른 1명은 거짓을 말하고 있다.
ⅰ) 을이 진실, 정이 거짓인 경우 : 정을 제외한 네 사람의 말은 모두 참이므로 합격자는 병, 정이 되는데, 합격자는 1명이어야 하므로 모순이다. 따라서 을은 거짓, 정은 진실을 말한다.
ⅱ) 을이 거짓, 정이 진실인 경우 : 을을 제외한 네 사람의 말은 모두 참이므로 합격자는 병이다.
따라서 S그룹 합격자는 병이다.

02

정답 ③

B의 진술에 따르면 A가 참이면 B도 참이므로, A와 B는 모두 참을 말하거나 모두 거짓을 말한다. 또한 C와 E의 진술은 서로 모순되므로 둘 중에 1명의 진술은 참이고, 다른 1명의 진술은 거짓이 된다. 이때, A와 B의 진술이 모두 거짓일 경우 3명의 진술이 거짓이 되므로 2명의 학생이 거짓을 말한다는 조건에 맞지 않는다. 그러므로 A와 B의 진술은 모두 참이 된다.
ⅰ) C와 D의 진술이 거짓인 경우
　C와 E의 진술에 따라 범인은 C이다.
ⅱ) D와 E의 진술이 거짓인 경우
　C의 진술에 따르면 A가 범인이나, A와 B의 진술에 따르면 A는 양호실에 있었으므로 성립하지 않는다.
따라서 범인은 C이다.

03

정답 ④

ⅰ) A의 말이 거짓인 경우

구분	A(원료 분류)	B(제품 성형)	C(제품 색칠)	D(포장)
실수	○		×	○

실수는 한 곳에서만 발생했으므로 A의 말은 진실이다.
ⅱ) B의 말이 거짓인 경우

구분	A(원료 분류)	B(제품 성형)	C(제품 색칠)	D(포장)
실수	× / ○		×	×

A와 D 두 사람 말이 모두 진실일 때 모순이 발생하므로 B의 말은 진실이다.

iii) C의 말이 거짓인 경우

구분	A(원료 분류)	B(제품 성형)	C(제품 색칠)	D(포장)
실수	✕ / ○		○	○

A와 D 두 사람 말이 모두 진실일 때 모순이 발생하며 실수는 한 곳에서만 발생했으므로 C의 말은 진실이다.

iv) D의 말이 거짓인 경우

구분	A(원료 분류)	B(제품 성형)	C(제품 색칠)	D(포장)
실수	✕		✕	○

D가 거짓을 말했을 때 조건이 성립한다.

따라서 거짓을 말한 사람은 D이며, 실수는 포장 단계에서 발생했다.

04

정답 ③

A ~ D 4명의 진술을 정리하면 다음과 같다.

구분	진술 1	진술 2
A	C는 B를 이길 수 있는 것을 냈다.	B는 가위를 냈다.
B	A는 C와 같은 것을 냈다.	A가 편 손가락의 수는 B보다 적다.
C	B는 바위를 냈다.	A ~ D는 같은 것을 내지 않았다.
D	A, B, C 모두 참 또는 거짓을 말한 순서가 동일하다.	이 판은 승자가 나온 판이었다.

먼저 A ~ D는 반드시 가위, 바위, 보 세 가지 중 하나를 내야 하므로 그 누구도 같은 것을 내지 않았다는 C의 진술 2는 거짓이 된다. 그러므로 C의 진술 중 진술 1은 참이 되므로 B가 바위를 냈다는 것을 알 수 있다. 이때, B가 가위를 냈다는 A의 진술 2는 참인 C의 진술 1과 모순되므로 A의 진술 중 진술 2가 거짓이 되는 것을 알 수 있다. 결국 A의 진술 중 진술 1이 참이 되므로 C는 바위를 낸 B를 이길 수 있는 보를 냈다는 것을 알 수 있다.

한편, 바위를 낸 B는 손가락을 펴지 않으므로 A가 편 손가락의 수가 자신보다 적었다는 B의 진술 2는 거짓이 되므로 B의 진술 중 진술 1이 참이 되므로 A는 C와 같은 보를 냈다는 것을 알 수 있다. 이를 바탕으로 A ~ C의 진술에 대한 참, 거짓 여부와 가위바위보를 정리하면 다음과 같다.

구분	진술 1	진술 2	가위바위보
A	참	거짓	보
B	참	거짓	바위
C	참	거짓	보

따라서 참 또는 거짓에 대한 A ~ C의 진술 순서가 동일하므로 D의 진술 1은 참이 되고, 진술 2는 거짓이 되어야 한다. 이때, 승자가 나오지 않으려면 D는 반드시 A ~ C와 다른 것을 내야 하므로 가위를 낸 것을 알 수 있다.

[오답분석]

① B와 같은 것을 낸 사람은 없다.
② 보를 낸 사람은 2명이다.
④ B가 기권했다면 가위를 낸 D가 이기게 된다.
⑤ 바위를 낸 사람은 1명이다.

05

정답 ⑤

5명 중 단 1명만이 거짓을 말하고 있으므로 C와 D 중 1명은 반드시 거짓을 말하고 있다.

ⅰ) C의 진술이 거짓일 경우
    B와 C의 말이 모두 거짓이 되므로 1명만 거짓을 말하고 있다는 조건이 성립하지 않는다.

ⅱ) D의 진술이 거짓일 경우

구분	A	B	C	D	E
출장지역	잠실		여의도	강남	

이때, B는 상암으로 출장을 가지 않는다는 A의 진술에 따라 상암으로 출장을 가는 사람은 E임을 알 수 있다.
따라서 'E는 상암으로 출장을 가지 않는다.'는 반드시 거짓이 된다.

06

C업체가 참일 경우 나머지 미국과 서부지역 설비를 다른 업체가 맡아야 한다. 이때, 두 번째 정보에서 B업체의 설비 구축지역은 거짓이 되고, 첫 번째 정보와 같이 A업체가 맡게 되면 4개의 설비를 구축해야 하므로 A업체의 설비 구축계획은 참이 된다. 따라서 장대리의 말은 참이 됨을 알 수 있다.

오답분석

• 이사원 : A업체가 참일 경우에 A업체가 설비 3개만 맡는다고 하면, B업체 또는 C업체가 5개의 설비를 맡아야 하므로 나머지 정보는 거짓이 된다. 하지만 A업체가 B업체와 같은 곳의 설비 4개를 맡는다고 할 때, B업체는 참이 될 수 있으므로 옳지 않다.
• 김주임 : B업체가 거짓일 경우에 만약 6개의 설비를 맡는다고 하면, A업체는 나머지 2개를 맡게 되므로 거짓이 된다. 또한 B업체가 참일 경우 똑같은 곳의 설비 하나씩 4개를 A업체가 구축해야 하므로 옳지 않다.

대표기출유형 03 | 기출응용문제

01

정답 ②

조건에 따라 A ~ D 4명의 사무실 위치를 정리하면 다음과 같다.

구분	2층	3층	4층	5층
경우 1	부장	B과장	대리	A부장
경우 2	B과장	대리	부장	A부장
경우 3	B과장	부장	대리	A부장

따라서 B가 과장이므로 대리가 아닌 A는 부장의 직위를 가진다.

오답분석

① A부장 외의 또 다른 부장은 2층, 3층 또는 4층에 근무한다.
③ 대리는 3층 또는 4층에 근무한다.
④ B는 2층 또는 3층에 근무한다.
⑤ C가 누구인지 알 수 없다.

02

정답 ①

6명이 앉은 테이블은 빈자리가 없고, 4명이 앉은 테이블에만 빈자리가 있으므로 첫 번째, 세 번째 조건에 따라 A, I, F는 4명이 앉은 테이블에 앉아 있음을 알 수 있다. 4명이 앉은 테이블에서 남은 자리는 1개뿐이므로 두 번째, 다섯 번째, 마지막 조건에 따라 C, D, G, H, J는 6명이 앉은 테이블에 앉아야 한다. 마주보고 앉는 H와 J를 6명이 앉은 테이블에 먼저 배치하면 G는 H의 왼쪽 또는 오른쪽 자리에 앉고, C와 D는 J를 사이에 두고 앉아야 한다. 이때 네 번째 조건에 따라 어떤 경우에도 E는 6명이 앉은 테이블에 앉을 수 없으므로, 4명이 앉은 테이블에 앉아야 한다.

따라서 4명이 앉은 테이블에는 A, E, F, I가, 6명이 앉은 테이블에는 B, C, D, G, H, J가 앉는다. 이를 정리하면 다음과 같다.

ⅰ) 4명이 앉은 테이블 : A와 I 사이에 빈자리가 하나 있고, F는 양 옆 중 오른쪽 자리만 비어 있다.

따라서 다음과 같이 4가지 경우의 수가 발생한다.

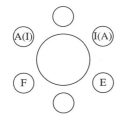 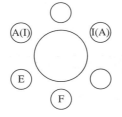

ⅱ) 6명이 앉은 테이블 : H와 J가 마주본 상태에서 G가 H의 왼쪽 또는 오른쪽 자리에 앉고, C와 D는 J를 사이에 두고 앉는다. 따라서 다음과 같이 4가지 경우의 수가 발생한다.

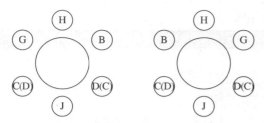

따라서 어떤 경우에도 A와 B는 다른 테이블에 앉으므로 ①은 항상 거짓이다.

03

정답 ③

세 번째 조건에 따라 D는 6명 중 두 번째로 키가 크므로 1팀에 배치되는 것을 알 수 있다. 또한 두 번째 조건에 따라 B는 2팀에 배치되므로 한 팀에 배치되어야 하는 E와 F는 아무도 배치되지 않은 3팀에 배치되는 것을 알 수 있다. 마지막으로 네 번째 조건에 따라 B보다 키가 큰 A는 2팀에 배치되므로 결국 A ~ F 6명은 다음과 같이 배치된다.

1팀	2팀	3팀
C > D	A > B	E, F

따라서 키가 가장 큰 사람은 C이다.

04

정답 ⑤

1명의 말이 거짓이므로 서로 상반된 주장을 하고 있는 박과장과 이부장을 비교해 본다.
ⅰ) 박과장이 거짓일 경우 : 김대리와 이부장이 참이므로 이부장은 가장 왼쪽에, 김대리는 가장 오른쪽에 위치하게 된다. 이 경우 김대리가 자신의 옆에 있다는 박과장의 주장이 참이 되므로 모순이 된다.
ⅱ) 이부장이 거짓일 경우 : 김대리와 박과장이 참이므로 이부장은 가장 왼쪽에 위치하고, 이부장이 거짓이므로 김대리는 가운데, 박과장은 가장 오른쪽에 위치하게 된다. 이 경우 이부장의 옆에 주차하지 않았으며 김대리 옆에 주차했다는 박과장의 주장과도 일치한다.
따라서 주차장에 주차된 순서는 '이부장 – 김대리 – 박과장'순이다.

05

정답 ③

두 번째 조건에 따라 회장실의 위치를 기준으로 각 팀의 위치를 정리하면 다음과 같다.
• A에 회장실이 있을 때
  세 번째 조건에 의해 회장실 맞은편인 E는 응접실이다. 네 번째 조건에 의해 B는 재무회계팀이고, F는 홍보팀이다. 다섯 번째 조건에 의해 G는 법무팀이고 일곱 번째 조건에 의해 C는 탕비실이다. 여섯 번째 조건에 의해 H는 연구개발팀이므로 남은 D가 인사팀이다.
• E에 회장실이 있을 때
  세 번째 조건에 의해 회장실 맞은편인 A는 응접실이다. 네 번째 조건에 의해 F는 재무회계팀이고, B는 홍보팀이다. 다섯 번째 조건에 의해 C는 법무팀이고 일곱 번째 조건에 의해 G는 탕비실이다. 여섯 번째 조건에 의해 H는 연구개발팀이므로 남은 D가 인사팀이다.
따라서 인사팀의 위치는 D이다.

정답 ③

김대리의 10월 일정을 달력에 정리하면 다음과 같다.

〈10월 일정〉

일	월	화	수	목	금	토
				1 추석	2 추석연휴, 제주도 여행	3 개천절, 제주도 여행
4 제주도 여행	5 제주도 여행	6 제주도 여행, 휴가 마지막 날	7	8	9 한글날	10
11	12	13	14	15	16	17
18	19	20 외부 출장	21 외부 출장	22 외부 출장	23 외부 출장	24
25	26	27	28 프로젝트 발표	29 프로젝트 발표	30	31

따라서 12일 월요일부터 그 주에 스케줄이 없으므로 이틀간 연차를 쓰고 할머니댁 방문이 가능하다.

오답분석

① 제주도 여행 기간이며, 주말에는 할머니댁에 가지 않는다고 하였다.
② 6일은 제주도 여행에서 돌아오는 날로 휴가기간이다.
④ 20 ~ 23일까지 외부 출장이 있다.
⑤ 28일 프로젝트 발표가 있다.

01

정답　③

휴대품 손해로 인한 보상 시, 가입금액 한도 내에서 보상하되 휴대품 1개 또는 1쌍에 대해서 20만 원 한도로 보상한다.

02

정답　⑤

S교통카드 본사에서 10만 원 이상의 고액 환불 시 내방 당일 카드잔액 차감 후 익일 18시 이후 계좌로 입금받는다.

오답분석

① 부분환불은 환불요청금액이 1만 원 이상 ~ 5만 원 이하일 때 가능하며, S교통카드 본사와 지하철 역사 내 S교통카드 서비스센터에서 환불이 가능하다.

② 모바일 환불 시 1인 최대 50만 원까지 환불 가능하며, 수수료는 500원이므로 카드 잔액이 40만 원일 경우 399,500원이 계좌로 입금된다.

③ 카드 잔액이 30만 원일 경우, 20만 원 이하까지만 환불이 가능한 A은행을 제외한 은행 ATM기에서 수수료 500원을 제외하고 299,500원 환불이 가능하다.

④ S교통카드 본사 방문 시에는 월 누적 50만 원까지 수수료 없이 환불이 가능하므로, 13만 원 전액 환불 가능하다.

03

정답　④

'계약기간 3/4 경과 후 적립할 수 있는 금액은 이전 적립누계액의 1/2 이내'라고 했기 때문에 12개월의 3/4이 경과하지 않은 8개월째에는 조건에 해당하지 않으므로 적립이 가능하다.

04

정답　③

구분	1인당 비용(원)	총무팀	영업팀	개발팀	홍보팀	공장 1	공장 2	합계
A상품	500,000	2	1	2	0	15	6	26
B상품	750,000	1	2	1	1	20	5	30
C상품	600,000	3	1	0	1	10	4	19
D상품	1,000,000	3	4	2	1	30	10	50
E상품	850,000	1	2	0	2	5	5	15
합계		10	10	5	5	80	30	140

㉠ 가장 인기가 높은 상품은 D상품이다. 그러나 공장 1의 고려사항은 회사에 손해를 줄 수 있으므로, 2박 3일 상품이 아닌 1박 2일 상품 중 가장 인기 있는 B상품이 선택된다. 따라서 총 여행상품 비용은 750,000×140=105,000,000원이므로 옳다.

㉢ B상품을 고른 30명의 2/3인 20명이 공장 1 직원이므로 절대다수를 차지하고 있으므로 옳다.

오답분석

㉡ 가장 인기가 높은 상품은 D상품이므로 옳지 않다.

01

정답 ④

ⓒ 특허를 통한 기술 독점은 기업의 내부 환경으로 볼 수 있다. 따라서 내부 환경의 강점(Strength) 사례이다.
ⓔ 점점 증가하는 유전자 의뢰는 기업의 외부 환경(고객)으로 볼 수 있다. 따라서 외부 환경에서 비롯된 기회(Opportunity) 사례이다.

오답분석

㉠ 투자 유치의 어려움은 기업의 외부 환경(거시적 환경)으로 볼 수 있다. 따라서 외부 환경에서 비롯된 위협(Threat) 사례이다.
ⓒ 높은 실험 비용은 기업의 내부 환경으로 볼 수 있다. 따라서 내부 환경의 약점(Weakness) 사례이다.

02

정답 ③

해결해야 할 전략 과제란 취약한 부분에 대해 보완해야 할 과제를 말한다. 따라서 이미 우수한 고객서비스 부문을 강화한다는 것은 해결해야 할 전략 과제로 삼기에는 적절하지 않다.

오답분석

① 해외 판매망이 취약하다고 분석되었으므로 중국 시장의 판매유통망을 구축하는 전략 과제를 세우는 것은 적절하다.
② 중국 시장에서 보조배터리 제품의 구매 방식이 대부분 온라인으로 이루어지는 데 반해, 자사의 온라인 구매시스템은 미흡하기 때문에 온라인 구매시스템을 강화한다는 전략 과제는 적절하다.
④ 보조배터리 제품에 대해 중국기업들 간의 가격 경쟁이 치열하다는 것은 제품의 가격이 내려가고 있다는 의미인데, 자사는 생산원가가 높다는 약점이 있다. 따라서 원가 절감을 통한 가격경쟁력 강화 전략은 적절하다.
⑤ 중국 시장에서 인간공학이 적용된 제품을 지향하고 있으므로 인간공학을 기반으로 한 제품 개발을 강화하는 것은 적절한 전략 과제이다.

03

정답 ②

기회는 외부 환경에서 비롯된 요인 중 해당 회사에 긍정적으로 작용할 수 요인을 뜻한다. 따라서 관광 분야 예산 확대 등 정부의 여행 산업 육성 정책은 여행 산업에 긍정적인 영향을 끼치므로 S사에는 충분히 기회로 활용할 수 있는 외부적 요인이 된다.

오답분석

① 약점은 내부 환경에서 비롯된 요인 중에서 기업 목표 달성을 저해할 수 있으나 통제가 가능한 요인을 말한다. 자회사들의 수년간 누적된 적자는 경영 목표 달성을 방해할 수 있으나 노력의 정도에 따라 통제 가능하므로 약점 요인에 해당한다.
③ㆍ④ 위협은 외부 환경에서 비롯된 요인 중에서 통제하기 어려우며 해당 회사에 부정적으로 작용할 수 요인을 뜻한다. 여행사를 이용하지 않는 여행객의 증가 추세는 여행사인 S사에는 경영 여건을 위협하는 외부적 요인이므로 위협 요인에 해당한다. 또한 온라인 플랫폼(OTA) 기업들의 여행업 진출은 새로운 경쟁자와의 경쟁 심화를 초래할 수 있는 외부적 요인이므로 위협 요인에 해당한다.
⑤ 강점은 경영 자원 등 기업 목표 달성을 촉진할 수 있는 통제 가능한 내부적 요인을 뜻한다. 고객과의 소통이 원활한 기업이라는 평가는 이미 충분히 갖추고 있는 강점 요인에 해당한다.

04 | 자원관리능력

대표기출유형 01 | 기출응용문제

01

정답 ①

두 번째 조건에서 경유지는 서울보다 +1시간, 출장지는 경유지보다 −2시간이므로 서울과 −1시간 차이다.

김대리가 서울에서 경유지를 거쳐 출장지까지 가는 과정을 서울시간 기준으로 정리하면 다음과 같다.

서울 5일 오후 1시 35분 출발 → 오후 1시 35분+3시간 45분=오후 5시 20분 경유지 도착 → 오후 5시 20분+3시간 50분(대기시간)=오후 9시 10분 경유지에서 출발 → 오후 9시 10분+9시간 25분=6일 오전 6시 35분 출장지 도착

따라서 출장지에 도착했을 때 현지 시각은 서울보다 1시간 느리므로 김대리가 출장지에 도착했을 때는 오전 5시 35분이다.

02

정답 ④

공정별 순서는
$$\begin{matrix} A \to B \searrow \\ \quad\quad\quad C \to F \\ D \to E \nearrow \end{matrix}$$
이고, C공정을 시작하기 전에 B공정과 E공정이 선행되어야 하는데 B공정까지 끝나려면 4시간이 소요되고, E공정까지 끝나려면 3시간이 소요된다. 선행작업이 완료되어야 이후 작업을 할 수 있으므로 C공정을 진행하기 위해서는 최소 4시간이 걸린다.

따라서 완제품은 F공정이 완료된 후 생산되므로 첫 번째 완제품 생산의 소요시간은 9시간이다.

대표기출유형 02 | 기출응용문제

01

정답 ③

상별로 수상인원을 고려하여, 상패 및 물품별 총수량과 비용을 계산하면 다음과 같다.

구분	총수량(개)	개당 가격(원)	총비용(원)
금 도금 상패	7	49,500원(10% 할인)	7×49,500=346,500
은 도금 상패	5	42,000	42,000×4(1개 무료)=168,000
동 상패	2	35,000	35,000×2=70,000
식기 세트	5	450,000	5×450,000=2,250,000
신형 노트북	1	1,500,000	1×1,500,000=1,500,000
태블릿 PC	6	600,000	6×600,000=3,600,000
만년필	8	100,000	8×100,000=800,000
안마의자	4	1,700,000	4×1,700,000=6,800,000
합계	−	−	15,534,500

따라서 총상품 구입비는 15,534,500원이다.

02

제시된 조건을 정리하면 다음과 같다.

- $(B+C+D) \times 0.2=A \rightarrow B+C+D=5A \cdots$ ⓐ
- $(A+B) \times 0.4=C \rightarrow A+B=2.5C \cdots$ ⓑ
- $A+B=C+D \cdots$ ⓒ
- $D-16,000=A \cdots$ ⓓ

ⓑ를 ⓒ에 대입하면 $C+D=2.5C \rightarrow D=1.5C \cdots$ ㉠

㉠을 ⓓ에 대입하면 $A=1.5C-16,000 \cdots$ ㉡

㉠을 ⓒ에 대입하면 $B=2.5C-A$, 여기에 ㉡을 대입하면 $B=2.5C-1.5C+16,000=C+16,000 \cdots$ ㉢

㉠, ㉡, ㉢을 이용해 ⓐ를 C에 대한 식으로 정리하면 다음과 같다.

$C+16,000+C+1.5C=7.5C-80,000$

$\rightarrow 3.5C+16,000=7.5C-80,000$

$\rightarrow 16,000+80,000=7.5C-3.5C$

$\rightarrow 96,000=4C$

$\therefore C=24,000$

따라서 C가 낸 금액은 24,000원이다.

대표기출유형 03 기출응용문제

01

선정 기준에 부합하지 않는 U펜션 강당을 제외하고 나머지 장소들의 대여료와 식사비용 등을 구하면 다음과 같다.

- G빌딩 다목적홀 : $(250,000 \times 5)+90,000=1,340,000$원
- O빌딩 세미나홀 : $(120,000 \times 5)+(50 \times 6,000)=900,000$원
- I공연장 : $(100,000 \times 5)+(50 \times 8,000)+50,000=950,000$원
- P호텔 연회홀 : $300,000 \times 5=1,500,000$원

선정 기준에 부합하면서 가장 가격이 저렴한 O빌딩 세미나홀이 A사원이 예약하기에 가장 적절한 장소이다.

02

두 번째 조건에서 총구매 금액이 30만 원 이상이면 총금액에서 5%를 할인해 주므로 한 벌당 가격이 $300,000 \div 50=6,000$원 이상인 품목은 할인 적용이 들어간다. 업체별 품목 금액을 보면 모든 품목이 6,000원 이상이므로 5% 할인 적용 대상이다. 그러므로 모든 품목에 할인이 적용되어 정가로 비교가 가능하다. 또한 마지막 조건에서 차순위 품목이 1순위 품목보다 총금액이 20% 이상 저렴한 경우 차순위를 선택한다고 했으므로 한 벌당 가격으로 계산하면 1순위인 카라 티셔츠의 20% 할인된 가격은 $8,000 \times 0.8=6,400$원이다.

따라서 정가가 6,400원 이하인 품목은 A업체의 티셔츠이므로 팀장은 1순위인 카라 티셔츠보다 2순위인 A업체의 티셔츠를 구입할 것이다.

03

$20 \times 10 = 200$부이며, $200 \times 30 = 6,000$페이지이다. 이를 활용하여 업체별로 인쇄 비용을 구하면 다음과 같다.

구분	페이지 인쇄 비용	유광표지 비용	제본 비용	할인을 적용한 총비용
A인쇄소	$6,000 \times 50 = 30$만 원	$200 \times 500 = 10$만 원	$200 \times 1,500 = 30$만 원	$30 + 10 + 30 = 70$만 원
B인쇄소	$6,000 \times 70 = 42$만 원	$200 \times 300 = 6$만 원	$200 \times 1,300 = 26$만 원	$42 + 6 + 26 = 74$만 원
C인쇄소	$6,000 \times 70 = 42$만 원	$200 \times 500 = 10$만 원	$200 \times 1,000 = 20$만 원	$42 + 10 + 20 = 72$만 원 → 200부 중 100부 5% 할인 → (할인 안 한 100부 비용)+(할인한 100부 비용) $36 + (36 \times 0.95) = 70$만 2천 원
D인쇄소	$6,000 \times 60 = 36$만 원	$200 \times 300 = 6$만 원	$200 \times 1,000 = 20$만 원	$36 + 6 + 20 = 62$만 원
E인쇄소	$6,000 \times 100 = 60$만 원	$200 \times 200 = 4$만 원	$200 \times 1,000 = 20$만 원	$60 + 4 + 20 = 84$만 원 → 총비용 20% 할인 $84 \times 0.8 = 67$만 2천 원

따라서 가장 저렴한 비용으로 인쇄할 수 있는 업체는 D인쇄소이다.

대표기출유형 04　기출응용문제

01

사원별 성과지표의 평균을 구하면 다음과 같다.
- A사원 : $(3+3+4+4+4) \div 5 = 3.6$
- B사원 : $(3+3+3+4+4) \div 5 = 3.4$
- C사원 : $(5+2+2+3+2) \div 5 = 2.8$
- D사원 : $(3+3+2+2+5) \div 5 = 3$
- E사원 : $(4+2+5+3+3) \div 5 = 3.4$

즉, A사원만 당해 연도 연봉에 1,000,000원이 추가된다. 각 사원의 당해 연도 연봉을 구하면 다음과 같다.
- A사원 : 300만$+(3 \times 300$만$)+(3 \times 200$만$)+(4 \times 100$만$)+(4 \times 150$만$)+(4 \times 100$만$)+100$만$=33,000,000$원
- B사원 : 300만$+(3 \times 300$만$)+(3 \times 200$만$)+(3 \times 100$만$)+(4 \times 150$만$)+(4 \times 100$만$)=31,000,000$원
- C사원 : 300만$+(5 \times 300$만$)+(2 \times 200$만$)+(2 \times 100$만$)+(3 \times 150$만$)+(2 \times 100$만$)=30,500,000$원
- D사원 : 300만$+(3 \times 300$만$)+(3 \times 200$만$)+(2 \times 100$만$)+(2 \times 150$만$)+(5 \times 100$만$)=28,000,000$원
- E사원 : 300만$+(4 \times 300$만$)+(2 \times 200$만$)+(5 \times 100$만$)+(3 \times 150$만$)+(3 \times 100$만$)=31,500,000$원

따라서 가장 많은 연봉을 받을 사람은 A사원이다.

02

승진후보자 A ~ E 5명의 승진점수를 계산하면 다음과 같다.

(단위 : 점)

구분	실적평가점수	동료평가점수	혁신사례점수	이수교육	총점
A	34	26	22	다자협력	82+2=84
B	36	25	18	혁신역량	79+3=82
C	39	26	24	–	89
D	37	21	23	조직문화, 혁신역량	81+2+3=86
E	36	29	21	–	86

2순위로 동점인 D와 E 중에 실적평가점수가 더 높은 D가 선발된다. 따라서 승진자는 C와 D이다.

03

변경된 승진자 선발 방식에 따라 승진후보자 A ~ E 5명의 승진점수를 계산하면 다음과 같다.

(단위 : 점)

구분	실적평가점수	동료평가점수	혁신사례점수	이수교육	총점
A	34	26	33	다자협력	93+2=95
B	36	25	27	혁신역량	88+4=92
C	39	26	36	–	101
D	37	21	34.5	조직문화, 혁신역량	92.5+2+4=98.5
E	36	29	31.5	–	96.5

따라서 승진점수가 가장 높은 2명 C와 D가 승진한다.

대표기출유형 01 | 기출응용문제

01

정답 ③

경영전략 추진과정
- 전략 목표 설정 : 비전 설정, 미션 설정
- 환경분석 : 내부 환경 분석, 외부 환경 분석
- 경영전략 도출 : 조직전략, 사업전략, 부문전략
- 경영전략 실행 : 경영목적 달성
- 평가 및 피드백 : 경영전략 결과 평가, 전략목표 및 경영전략 재조정

02

정답 ②

경영활동을 구성하는 요소는 경영목적, 인적자원, 자금, 경영전략이다. (나)의 경우와 같이 봉사활동을 수행하는 일은 목적과 인력, 자금 등이 필요한 일이지만, 정해진 목표를 달성하기 위한 조직의 관리, 전략, 운영활동이라고 볼 수 없으므로 경영활동이 아니다.

03

정답 ①

스톡옵션제도에 대한 설명으로 자본참가 유형에 해당한다.

[오답분석]
② 스캔런 플랜에 대한 설명으로 성과참가 유형에 해당한다.
③ 럭커 플랜에 대한 설명으로 성과참가 유형에 해당한다.
④ 노사협의제도에 대한 설명으로 의사결정참가 유형에 해당한다.
⑤ 노사공동결정제도에 대한 설명으로 의사결정참가 유형에 해당한다.

04

정답 ③

제시문의 내용을 살펴보면, H전자는 성장성이 높은 LCD 사업 대신에 익숙한 PDP 사업에 더욱 몰입하였으나, 점차 LCD의 경쟁력이 높아짐으로써 PDP는 무용지물이 되었다는 것을 알 수 있다. 따라서 H전자는 LCD 시장으로의 사업전략을 수정할 수 있었지만 보다 익숙한 PDP 사업을 선택하고 집중함으로써 시장에서 경쟁력을 잃는 결과를 얻게 되었다.

05

정답 ④

④는 제품차별화에 대한 설명으로 반도체의 이러한 특성은 반도체산업 내의 경쟁을 심화시키고, 신규기업의 진입 장벽을 낮추기도 한다. 또한 낮은 차별성으로 인한 치열한 가격경쟁은 구매자의 교섭력을 높이는 반면, 공급자의 교섭력은 낮아지게 한다. 그러므로 ④는 ㉣을 제외한 ㉠·㉡·㉢·㉤에 해당하는 사례이다.
따라서 ㉣은 반도체를 대체할 수 있는 다른 제품의 여부에 대한 것으로 대체재의 상대가격, 대체재에 대한 구매자의 성향 등이 해당한다.

〈포터의 산업구조분석기법〉

공급자의 교섭력
공급자의 교섭력 결정요인은 구매자의 교섭력 결정요인과 동일

잠재적 진입
1. 자본소요량
2. 규모의 경제
3. 절대비용우위
4. 제품차별화
5. 유통채널

→

산업 내의 경쟁
1. 산업의 집중도
2. 제품차별화
3. 초과설비
4. 퇴거장벽
5. 비용구조

←

대체재의 위협
1. 대체재의 상대 가격
2. 대체재에 대한 구매자의 성향

↑

구매자의 교섭력
1. 구매자가 갖고 있는 정보력
2. 전환비용
3. 수직적 통합

06
정답 ⑤

구매자의 교섭력은 소수의 구매자만 존재하거나 구매자의 구매량이 판매자의 규모에 비해 클 때, 시장에 다수 기업의 제품이 존재할 때, 구매자가 직접 상품을 생산할 수 있을 때, 공급자의 제품 차별성이 낮을 때, 구매자가 공급자를 바꾸는 데 전환 비용이 거의 발생하지 않을 때 높아진다.

대표기출유형 02 기출응용문제

01
정답 ②

매트릭스 조직은 기존의 기능 부서 상태를 유지하면서 특정 프로젝트를 위해 서로 다른 부서의 인력이 함께 일하는 현대적인 조직 설계 방식이다.

[오답분석]
① 네트워크 조직 : 네트워크를 이용하거나 네트워크 방식을 활용한 조직이다.
③ 관료제 조직 : 특정 목표를 달성하기 위해 구성원의 역할을 명확하게 구분하고, 공식적인 규칙과 규정에 따라 운영하는 규모 위계 조직이다.
④ 팀제 조직 : 조직 간의 수직적 장벽을 허물고 보다 자율적인 환경 속에서 경영자원의 효율성을 극대화하기 위해 내부운영에 유연성을 부여한 조직이다.
⑤ 학습 조직 : 급변하는 경영 환경에 적응하기 위해 조직원이 학습할 수 있도록 기업이 모든 기회와 자원을 제공하고 학습 결과에 따라 지속적 변화를 이루는 조직이다.

02

정답 ⑤

명령통일의 원리는 조직의 각 구성원은 누구나 한 사람의 직속상관에게만 보고하고, 또 그로부터 명령을 받아야 한다는 것을 의미한다.

[오답분석]
① 계층의 원리 : 조직목표를 달성하기 위한 업무를 수행함에 있어 권한과 책임의 정도에 따라 직위가 수직적으로 서열화되어 있다.
② 기능적 분업의 원리 : 조직의 업무를 직능 또는 성질별로 구분하여 한 사람에게 동일한 업무를 분담시키는 것이다.
③ 조정의 원리 : 조직 내에서 업무의 수행을 조절하고 조화로운 인간관계를 유지함으로써 협동의 효과를 최대한 거두려는 것이다.
④ 적도집권의 원리 : 중앙집권제와 분권제 사이에 적절한 균형을 도모하려는 것이다.

03

정답 ①

조직 개편 방향 및 기준에 따르면 마케팅본부를 신설한다고 하였다.

04

정답 ③

마케팅본부에는 '글로벌마케팅 1・2팀, 국내마케팅팀, 홍보팀'이 속한다.

05

정답 ②

• 경영본부 : 기획조정실, 경영지원팀, 재무관리팀, 미래사업팀, 사회가치실현(TF팀), 인사관리팀 → 6팀
• 운영본부 : 물류전략실, 항만관리팀, 물류단지팀, 물류정보팀, 안전・보안(TF)팀 → 5팀
• 건설본부 : 항만개발실, 항만건설팀, 항만시설팀, 갑문운영팀, 스마트갑문(TF)팀 → 5팀

06

정답 ②

②는 업무의 내용이 유사하고 관련성이 있는 업무들을 결합해서 구분한 것으로, 기능식 조직 구조의 형태로 볼 수 있다.

01
정답 ②

직무전결표 중 각종 위원회 위원 위촉에 관한 전결규정은 없으므로 ②의 처리는 옳지 않다. 단, 대표이사의 부재중에 부득이하게 위촉을 해야 하는 경우가 발생했다면 차하위자(전무)가 대결을 할 수는 있다.

02
정답 ⑤

홍보용 보도 자료 작성은 홍보팀의 업무이며, 물품 구매는 총무팀의 업무이다. 즉, 영업팀이 아닌 홍보팀이 홍보용 보도 자료를 작성해야 하며, 홍보용 사은품 역시 직접 구매하는 것이 아니라 홍보팀이 총무팀에 업무협조를 요청하여 총무팀이 구매하도록 하여야 한다.

03
정답 ④

교육 홍보물의 교육내용은 '연구개발의 성공을 보장하는 R&D 기획서 작성'과 'R&D 기획서 작성 및 사업화 연계'이므로 A사원이 속한 부서의 업무는 R&D 연구 기획과 사업 연계이다. 따라서 장비 활용 지원은 부서의 수행업무로 적절하지 않다.

04
정답 ⑤

최팀장 책상의 서류 읽어 보기(박과장 방문 전) → 박과장 응대하기(오전) → 최팀장에게 서류 갖다 주기(점심시간) → 회사로 온 연락 최팀장에게 알려 주기(오후) → 이팀장에게 전화달라고 전하기(퇴근 전)

05
정답 ①

최선을 다해 최고의 성과를 낸다면 가장 이상적인 결과가 되겠지만, 회사 생활을 하다 보면 그렇지 못한 경우도 많다. 결과를 위해 과정을 무시하는 것은 올바르지 않으며, 본인만 돋보이고자 한다면 팀워크를 망칠 수도 있으므로 A지원자가 적절하지 않다.

06
정답 ⑤

밑줄 친 내용을 통해 도입할 소프트웨어는 사원 데이터 파일을 일원화시키고, 이를 활용하는 모든 응용 프로그램이 유기적으로 데이터를 관리하도록 하는 프로그램이다. 이를 통해 각 응용 프로그램 간에 독립성이 향상되며, 원래의 데이터를 일원화하는 효과를 볼 수 있다.

01

정보 독점은 '지식이 권력의 힘'이라고 믿는 독재자 리더의 특징으로 볼 수 있다.

변혁적 리더의 특징
- 카리스마 : 변혁적 리더는 조직에 명확한 비전을 제시하고, 집단 구성원들에게 그 비전을 쉽게 전달할 수 있다.
- 자기 확신 : 변혁적 리더는 뛰어난 사업수완과 어떠한 의사결정이 조직에 긍정적으로 영향을 미치는지 예견할 수 있는 능력을 지니고 있다.
- 존경심과 충성심 유도 : 변혁적 리더는 구성원 개개인에게 시간을 할애하여 그들 스스로가 중요한 존재임을 깨닫게 하고, 존경심과 충성심을 불어넣는다.
- 풍부한 칭찬 : 변혁적 리더는 구성원이나 팀이 직무를 완벽히 수행했을 때 칭찬을 아끼지 않는다.
- 감화(感化) : 변혁적 리더는 사범이 되어 구성원들이 도저히 해낼 수 없다고 생각하는 일들을 구성원들로 하여금 할 수 있도록 자극을 주고 도움을 주는 일을 수행한다.

02

수동형 사원은 자신의 능력과 노력을 조직으로부터 인정받지 못해 자신감이 떨어지는 모습을 보인다. 따라서 자신의 업무에 대해 자신감을 키워주는 것이 적절하다.

[오답분석]
① 적절한 보상이 없다고 느끼는 소외형 사원에게 팀에 대한 협조의 조건으로 보상을 제시하는 것은 적절하지 않다.
② 리더는 팀원을 배제시키지 않고 팀 목표를 위해 팀원들이 자발적으로 업무에 참여하도록 노력해야 한다.
③ 순응형 사원에 대해서는 그들의 잠재력 개발을 통해 팀 발전을 위한 창의적인 모습을 갖도록 해야 한다.
④ 실무형 사원에 대해서는 징계를 통해 규정 준수를 억지로 강조하는 모습보다는 의사소통을 통해 규정을 이해시키는 것이 적절하다.

03

현상을 유지하고 조직에 순응하려는 경향은 반임파워먼트 환경에서 나타나는 모습이다.

임파워먼트 환경의 특징
- 업무에 있어 도전적이고 흥미를 가지게 된다.
- 학습과 성장의 기회가 될 수 있다.
- 긍정적인 인간관계를 형성할 수 있다.
- 개인들이 조직에 공헌하며 만족하는 느낌을 가질 수 있다.
- 자신의 업무가 존중받고 있음을 느낄 수 있다.

04

- 형성기 : 리더가 단독으로 의사결정을 하며 구성원들을 이끄는 지시형의 리더십이 필요하다.
- 혼란기 : 리더가 사전에 구성원들에게 충분한 설명을 제공한 후 의사결정을 하는 코치형의 리더십이 필요하다.
- 규범화 : 리더와 구성원들이 공동으로 참여하여 의사를 결정하는 참여형의 리더십이 필요하다.
- 성취기 : 권한을 위임받은 구성원들이 의사결정을 하는 위임형 리더십이 필요하다.

교육은 우리 자신의 무지를 점차 발견해 가는 과정이다.

− 윌 듀란트 −

PART 2

경영학

01	02	03	04	05	06	07	08	09	10	11	12	13	14	15	16	17	18	19	20
③	③	③	②	⑤	③	①	⑤	①	①	①	⑤	③	④	①	⑤	③	③	⑤	⑤

21	22	23	24	25	26	27	28	29	30										
④	⑤	②	③	②	③	①	①	①	⑤										

01
정답 ③

파노플리 효과는 특정 상품을 사며 동일 상품 소비자로 예상되는 집단과 자신을 동일시하는 현상을 의미한다.

오답분석
① 전시 효과 : 개인이 사회의 영향을 받아 타인의 소비행동을 모방하려는 소비성향을 의미한다.
② 플라시보 효과 : 약효가 없는 가짜 약을 진짜 약으로 속여 환자에게 복용하도록 했을 때 환자의 병세가 호전되는 효과이다.
④ 베블런 효과 : 과시욕구 때문에 재화의 가격이 비쌀수록 수요가 늘어나는 수요증대 효과를 의미한다.
⑤ 데킬라 효과 : 한 국가의 금융·통화 위기가 주변의 다른 국가로 급속히 확산되는 현상을 의미한다.

02
정답 ③

BCG 매트릭스는 보스턴 컨설팅 그룹(Boston Consulting Group)에 의해 1970년대 초반 개발된 것으로, 기업의 경영전략 수립에 있어 하나의 기본적인 분석도구로 활용되는 사업포트폴리오(Business Portfolio) 분석기법이다. BCG 매트릭스는 X축을 '상대적 시장 점유율'로 하고, Y축을 '시장성장률'로 한다. 이때 미래가 불투명한 사업을 물음표(Question Mark), 점유율과 성장률이 모두 좋은 사업을 별(Star), 투자에 비해 수익이 월등한 사업을 현금젖소(Cash Cow), 점유율과 성장률이 둘 다 낮은 사업을 개(Dog)로 구분했다. 현금젖소는 수익을 많이 내고 있으며, 시장확대는 불가능하다. 반면, 물음표는 시장성장률은 높지만 점유율은 낮은 상태이다. 따라서 현금젖소에서의 수익을 물음표에 투자하여 최적 현금흐름을 달성할 수 있다.

03
정답 ③

오답분석
① 신뢰성에 대한 설명이다.
② 수용성에 대한 설명이다.
④ 구체성에 대한 설명이다.
⑤ 실용성에 대한 설명이다.

04
정답 ②

소비자의 구매의사결정과정
문제인식(Problem Recognition) → 정보탐색(Information Search) → 대안평가(Evaluation of Alternatives) → 구매의사결정(Purchase Decision) → 구매 후 행동(Post – Purchase Behavior)

05

자재소요계획은 생산 일정계획의 완제품 생산일정(MPS)과 자재명세서(BOM), 재고기록철(IR)에 대한 정보를 근거로 수립하여 재고 관리를 모색한다.

오답분석

① MRP는 푸시 생산방식(Push System)이다.
② MRP는 종속수요를 갖는 부품들의 생산 수량과 생산 시기를 결정하는 방법이다.
③ 부품별 계획 주문 발주 시기는 MRP의 결과물이다.
④ 필요할 때마다 요청해서 생산하는 방식은 풀 생산방식(Pull System)이다.

06

테일러(Tailor)의 과학적 관리법은 노동자의 심리 상태와 인격은 무시하고, 노동자를 단순한 숫자 및 부품으로 바라본다는 한계점이 있다. 이러한 한계점으로 인해 직무특성이론과 목표설정이론이 등장하게 되었다.

07

변혁적 리더십은 장기적인 비전을 제시하여 구성원의 태도 변화를 통한 조직몰입과 초과성과를 달성하도록 하는 리더십이다. 변혁적 리더십의 특징으로는 카리스마, 개별적 배려, 지적자극이 있다.

오답분석

② 슈퍼 리더십 : 자신이 처한 상황을 스스로 효과적으로 처리해 갈 수 있도록 도움을 줌으로써 다른 사람들의 공헌을 극대화한다.
③ 서번트 리더십 : 부하와 목표를 공유하고 부하들의 성장을 도모하면서 리더와 부하 간 신뢰를 형성시켜 궁극적으로 조직성과를 달성하게 한다.
④ 카리스마적 리더십 : 긴급하고 어려운 환경에 적합하며, 비전을 제시하고 구성원들이 효과적으로 단기성과를 낼 수 있도록 한다.
⑤ 거래적 리더십 : 변혁적 리더십의 반대 개념으로, 부하직원들이 직무를 완수하고 조직의 규칙을 따르도록 한다.

08

테일러(Tailor)의 과학적 관리법에 해당하는 내용으로, 일반 관리론은 앙리 페이욜이 경영관리를 경영자와 경영실무자의 입장에서 주장한 것이다. 한편 호손 실험으로는 인간관계론이 등장하였다.

09

기업의 예산은 그 기업의 달성 목표이자 평가 기준이기 때문에 경영활동의 여러 조건에 맞추어 탄력적 운용이 필요하다.

10

지수평활법은 가장 최근 데이터에 가장 큰 가중치가 주어지고 시간이 지남에 따라 가중치가 기하학적으로 감소되는 가중치 이동평균 예측 기법으로, 평활상수가 클수록 최근 자료에 더 높은 가중치를 부여한다.

오답분석

② 회귀분석법은 인과관계 분석법에 해당한다.
③ 수요예측과정에서 발생하는 예측오차들의 합은 영(Zero)에 수렴하는 것이 바람직하다.
④ 이동평균법에서 과거 자료 수를 증가시키면 예측치를 평활하는 효과는 크지만, 예측의 민감도는 떨어뜨려서 수요예측의 정확도는 오히려 낮아진다.
⑤ 회귀분석법은 실제치와 예측치의 오차를 자승한 값의 총합계가 최소화가 되도록 회귀계수를 추정한다.

11

균형 상태란 자신 – 상대방 – 관련 사물의 세 가지 요소가 내부적으로 일치되어 있는 것처럼 보이는 상태를 말한다. 균형이론은 개인(자신), 태도 대상(상대방), 관련 대상(자신 – 상대방과 관련된 사물) 세 가지 삼각관계에 대한 이론으로, 이 관계들에 대한 값(–1 또는 +1)을 곱한 결과 양의 값이 나오면 균형 상태이고, 음의 값이 나오면 불균형 상태이다. 값이 음일 경우 사람들은 심리적 불균형 상태가 되어 균형으로 맞추려고 하는 경향이 있다고 본다.

12

에이전시 숍은 근로자들 중에서 조합가입의 의사가 없는 자에게는 조합가입이 강제되지 않지만, 조합가입을 대신하여 조합에 조합비를 납부함으로써 조합원과 동일한 혜택을 받을 수 있도록 하는 제도이다.

13

허즈버그의 2요인이론에 따르면 인간행동에 영향을 주는 요인은 충족된다면 불만족을 없애주는 위생요인과 만족증가를 유도해 어떤 행동을 유발시키는 동기요인으로 구분된다. 동기요인에는 성취감, 안정감, 책임감, 개인의 성장 및 발전, 보람 있는 직무내용, 존경과 자아실현 욕구 등이 포함된다. 반면 위생요인에는 임금, 작업환경 등이 포함된다.

14

근로자가 스스로 계획하고 실행하여 그 결과에 따른 피드백을 수집하고 수정해 나가며, 일의 자부심과 책임감을 가지고 자발성을 높이는 기법은 직무충실화이론에 해당한다. 직무충실화이론은 직무확대보다 더 포괄적으로 구성원들에게 더 많은 책임과 더 많은 선택의 자유를 요구하기 때문에 수평적 측면으로는 질적 개선에 따른 양의 증가, 수직적 측면으로는 본래의 질적 개선의 증가로 볼 수 있다.

15

오답분석

② 준거가격 : 소비자의 경험이나 기억, 정보 등이 제품의 구매를 결정할 때 기준이 되는 가격이다.
③ 명성가격 : 소비자가 가격에 의하여 품질을 평가하는 경향이 특히 강하여 비교적 고급품질이 선호되는 상품에 설정되는 가격이다.
④ 관습가격 : 일용품의 경우처럼 장기간에 걸친 소비자의 수요로 인해 관습적으로 형성되는 가격이다.
⑤ 기점가격 : 제품을 생산하는 공장의 입지 조건 등을 막론하고 특정 기점에서 공장까지의 운임을 일률적으로 원가에 더하여 형성되는 가격이다.

16

사업 다각화는 무리하게 추진할 경우 오히려 수익성에 악영향을 줄 수 있는 단점이 있다.

오답분석

① 지속적인 성장을 추구하여 미래 유망산업에 참여하고 구성원에게 더 많은 기회를 줄 수 있다.
② 기업이 한 가지 사업만 영위하는 데 따르는 위험에 대비할 수 있다.
③ 보유자원 중 남는 자원을 활용하여 범위의 경제를 실현할 수 있다.
④ 사업 다각화를 통해 공동으로 대규모 거래를 하고 자금을 조달하거나 유통망을 장악하여 시장을 지배할 수 있다.

17

공정가치를 측정하기 위해 사용하는 가치평가기법은 관측할 수 있는 투입 변수를 최대한으로 사용하고 관측할 수 없는 투입 변수는 최소한으로 사용한다.

18

정답 ③

영업권에 대한 설명이다. 이때 내부적으로 창출한 영업권은 자산으로 인식하지 않는다.

19

정답 ⑤

카르텔은 같은 종류의 상품을 생산하는 기업이 서로 가격이나 생산량, 출하량 등을 협정해서 경쟁을 피하고 이윤을 확보하려는 행위로, 대표적인 단체로 석유수출기구(OPEC)가 있다.

오답분석
① 트러스트(Trust)에 대한 설명이다.
② 콘체른(Konzern)에 대한 설명이다.
③ 신디케이트(Syndicate)에 대한 설명이다.
④ PMI(Post Merger Integration)에 대한 설명이다.

20

정답 ⑤

목표관리는 목표의 설정뿐 아니라 성과평가 과정에도 부하직원이 참여하는 관리 기법이다.

오답분석
① 목표설정이론은 명확하고 도전적인 목표가 성과에 미치는 영향을 분석한다.
② 목표는 지시적 목표, 자기설정 목표, 참여적 목표로 구분되며, 이 중 참여적 목표가 종업원의 수용성이 가장 높다.
③ 조직의 상·하 구성원이 모두 협의하여 목표를 설정한다.
④ 조직의 목표를 부서별, 개인별 목표로 전환하여 조직 구성원 각자의 책임을 정하고, 조직의 효율성을 향상시킬 수 있다.

21

정답 ④

데이터 산출에 따른 의사결정이 필요하기는 하나, 이는 초기 세팅 과정이며 이후에는 자동적인 관리가 가능하다.

자재 관리 시스템(MRP; Manufacturing Resource Planning)의 특징
• 고객에 대한 서비스 개선
• 설비가동능률 증진
• 생산계획의 효과적 도구
• 적시에 최소비용으로 공급
• 의사결정 자동화에 기여

22

정답 ⑤

네트워크 구조는 다수의 다른 장소에서 이루어지는 프로젝트들을 관리·통솔하는 과정에서 다른 구조보다 훨씬 더 많은 층위에서의 감독이 필요하며, 그만큼 관리 비용이 증가한다. 또한 다수의 관리감독자들은 구성원들에게 혼란을 야기하거나 프로젝트 진행을 심각하게 방해할 수도 있다. 이러한 단점을 상쇄하기 위해 최근 많은 기업들은 공동 프로젝트 통합관리 시스템 개발을 통해 효율적인 네트워크 조직운영을 목표로 하고 있다.

네트워크 조직(Network Organization)
자본적으로 연결되지 않은 독립된 조직들이 각자의 전문 분야를 추구하면서도 제품의 생산과 프로젝트 수행을 위한 관계를 형성하여 상호의존적인 협력관계를 형성하는 조직이다.

23

정답 ②

제품 – 시장 매트릭스

구분	기존제품	신제품
기존시장	시장침투 전략	신제품개발 전략
신시장	시장개발 전략	다각화 전략

24

정답 ③

시장지향적 마케팅이란 고객지향적 마케팅의 장점을 포함하면서 그 한계점을 극복하기 위한 포괄적 마케팅 노력이며, 기업이 최종 고객들과 원활한 교환을 통하여 최상의 가치를 제공해 주기 위해 기업 내외의 모든 구성요소들 간 상호작용을 관리하는 총체적 노력이 수반되기도 한다. 그에 따른 노력으로 외부사업이나 이익, 기회들을 확인하며 다양한 시장 구성요소들이 완만하게 상호작용 하도록 관리하며, 외부시장의 기회에 대해 적시에 정확하게 대응한다. 또한, 때에 따라 기존 사업시장을 포기하며 전혀 다른 사업부 분으로 진출하기도 한다.

25

정답 ②

공정성 이론은 조직 구성원이 자신의 투입에 대한 결과의 비율을 동일한 직무 상황에 있는 준거인의 투입에 대한 결과의 비율과 비교하여 자신의 행동을 결정하게 된다는 이론이다.

오답분석

① 기대이론 : 구성원 개인의 동기의 강도를 성과에 대한 기대와 성과의 유의성에 의해 설명하는 이론이다.
③ 욕구단계이론 : 인간의 욕구는 위계적으로 조직되어 있으며, 하위 단계의 욕구 충족이 상위 계층 욕구의 발현을 위한 조건이 된다는 이론이다.
④ 목표설정이론 : 의식적인 목표나 의도가 동기의 기초이며 행동의 지표가 된다고 보는 이론이다.
⑤ 인지적평가이론 : 성취감이나 책임감에 의해 동기유발이 되어 있는 것에 외적인 보상(승진, 급여인상, 성과급 등)을 도입하면 오히려 동기유발 정도가 감소한다고 보는 이론이다.

26

정답 ③

오답분석

① 서열법 : 피평정자의 근무성적을 서로 비교해서 그들 간의 서열을 정하여 평정하는 방법이다.
② 평정척도법 : 관찰하려는 행동에 대해 어떤 질적 특성의 차이를 단계별로 구분하여 판단하는 방법이다.
④ 중요사건기술법 : 피평정자의 근무실적에 큰 영향을 주는 중요사건들을 평정자로 하여금 기술하게 하거나 주요 사건들에 대한 설명구를 미리 만들고 평정자로 하여금 해당되는 사건에 표시하게 하는 평정방법이다.
⑤ 목표관리법 : 전통적인 충동 관리나 상사 위주의 지식적 관리가 아니라 공동 목표를 설정·이행·평가하는 전 과정에서 아랫사 람의 능력을 인정하고 그들과 공동 노력을 함으로써 개인목표와 조직목표 사이, 상부목표와 하부목표 사이에 일관성이 있도록 하는 관리방법이다.

27

정답 ①

인과모형은 예측방법 중 가장 정교한 방식으로, 관련된 인과관계를 수학적으로 표현하는 연구모형이다.

28

정답 ①

신제품 개발 과정은 '아이디어 창출 → 아이디어 선별 및 평가 → (제품개념 테스트 → 마케팅 전략 개발) → 사업타당성 분석 → 제품 개발 → 시험마케팅 → 상업화'의 순서로 진행된다.

29

인원·신제품·신시장의 추가 및 삭감이 신속하고 신축적인 것은 기능별 조직에 대한 설명이다.

30

오답분석

①·② 파이프라인재고(이동재고) : 구매 대금은 지급하였으나 이동 중에 있는 재고를 말한다.
③ 주기재고 : 주기적으로 일정한 단위로 품목을 발주함에 따라 발생하는 재고를 말한다.
④ 예비재고 : 미래에 수요가 상승할 것을 기대하고 사전에 비축하는 재고를 말한다.

많이 보고 많이 겪고 많이 공부하는 것은 배움의 세 기둥이다.

- 벤자민 디즈라엘리 -

PART 3

최종점검 모의고사

01	02	03	04	05	06	07	08	09	10	11	12	13	14	15	16	17	18	19	20
④	②	③	⑤	②	③	④	④	①	⑤	④	①	②	①	④	④	①	③	④	④
21	22	23	24	25	26	27	28	29	30	31	32	33	34	35	36	37	38	39	40
①	⑤	④	⑤	①	④	②	③	⑤	③	③	②	②	②	④	③	③	③	③	③
41	42	43	44	45	46	47	48	49	50										
③	①	⑤	③	③	③	①	④	⑤	⑤										

01
정답 ④

제시된 단어는 반의 관계이다. '발산'의 반의어는 '수렴'이고, '일괄'의 반의어는 '분할'이다.
• 발산(發散) : 사방으로 퍼져나감
• 수렴(收斂) : 하나로 모아 정리함

02
정답 ②

유관순은 만세 운동을 주도하다가 체포되어 서대문형무소에서 사망한 열사이므로 유관순을 연상할 수 있다.

03
정답 ③

㉠ 분류 : 종류에 따라서 가름
㉡ 분리 : 서로 나뉘어 떨어짐 또는 그렇게 되게 함
㉢ 구분 : 일정한 기준에 따라 전체를 몇 개로 갈라 나눔

04
정답 ⑤

⑤는 '얼굴에 어떤 물건을 걸거나 덮어쓰다.'는 의미로 밑줄 친 부분과 같은 의미로 쓰였다.

오답분석
① 먼지나 가루 따위를 몸이나 물체 따위에 덮은 상태가 되다.
② 사람이 죄나 누명 따위를 가지거나 입게 되다.
③ 원서, 계약서 등과 같은 서류 따위를 작성하거나 일정한 양식을 갖춘 글을 쓰는 작업을 하다.
④ 몸이 좋지 않아서 입맛이 없다.

05
정답 ②

오답분석
①・③・④・⑤는 용도가 같은 물건이다.
① 음식물 분쇄, ③ 필기구, ④ 몸에 착용, ⑤ 음식물 가열

06

제시문에서는 협업과 소통의 문화가 기업에 성공적으로 정착하려면 기업의 작은 변화부터 필요하다고 주장한다. 따라서 제시문과 관련 있는 한자성어로는 '높은 곳에 오르려면 낮은 곳에서부터 오른다.'는 뜻의 '일을 순서대로 하여야 함'을 의미하는 '등고자비(登高自卑)'가 가장 적절하다.

[오답분석]
① 장삼이사(張三李四) : 장 씨의 셋째 아들과 이 씨의 넷째 아들이라는 뜻으로, 이름이나 신분이 특별하지 아니한 평범한 사람들을 이르는 말
② 하석상대(下石上臺) : 아랫돌 빼서 윗돌 괴고 윗돌 빼서 아랫돌 괸다는 뜻으로, 임시변통으로 이리저리 둘러맞춤을 이르는 말
④ 주야장천(晝夜長川) : 밤낮으로 쉬지 아니하고 연달아 흐르는 시냇물이라는 뜻으로, '쉬지 않고 언제나', '늘'이라는 의미이다.
⑤ 내유외강(內柔外剛) : 속은 부드럽고, 겉으로는 굳셈

07

'삼가다'가 올바른 표현이므로 '삼가해 주세요.'는 잘못된 표기이다. 따라서 '삼가 주세요.'로 표기해야 한다.

08

제시문의 핵심내용은 '기본 모델'에서는 증권시장에서 주식의 가격이 '기업의 내재적인 가치'라는 객관적인 기준에 근거하여 결정된다고 보지만 '자기참조 모델'에서는 주식의 가격이 증권시장에 참여한 사람들의 여론에 의해, 즉 인간의 주관성에 의해 결정된다고 본다는 것이다. 따라서 제시문은 주가 변화의 원리에 초점을 맞추어 다른 관점들을 대비하고 있는 것이다.

09

글쓴이는 객관적인 기준을 중시하는 기본 모델은 주가 변화를 제대로 설명하지 못하지만, 인간의 주관성을 중시하는 자기참조 모델은 주가 변화를 제대로 설명하고 있다고 보고 있다. 따라서 증권시장의 객관적인 기준이 인간의 주관성보다 합리적임을 보여준다는 진술은 글의 내용으로 적절하지 않다.

10

'자기참조 모델'에서는 투자자들이 객관적인 기준에 따르기보다는 여론을 모방하여 주식을 산다고 본다. 그 모방은 합리적이라고 인정되는 다수의 비전인 '묵계'에 의해 인정된다. 증권시장은 이러한 묵계를 조성하고 유지해 가면서 경제를 자율적으로 평가할 수 있는 힘을 가진다. 따라서 증권시장은 '투자자들이 묵계를 통해 자본의 가격을 산출해 내는 제도적 장치'인 것이다.

11

제시문은 A회사가 국내 최대 규모의 은퇴연구소를 개소했고, 은퇴 이후 안정된 노후준비를 돕고 다양한 정보를 제공하는 소통의 채널로 이용하며 은퇴 이후의 생활이 취약한 우리의 인식 변화를 위해 노력할 것이라는 내용의 글이다. 따라서 (다) A회사가 국내 최대 규모의 은퇴연구소를 개소 - (가) 은퇴연구소의 체계화된 팀 구성 - (나) 일반인들의 안정된 노후준비를 돕고, 다양한 정보를 제공할 은퇴연구소 - (라) 선진국에 비해 취약한 우리의 인식을 변화하기 위한 향후 노력 순으로 나열하는 것이 적절하다.

제1회 최종점검 모의고사 • 47

12

갑돌이의 성품이 탁월하다고 볼 수 있는 것은 그의 성품이 곧고 자신감이 충만하며, 다수의 옳지 않은 행동에 대하여 비판의 목소리를 낼 것이고 그렇게 하는 데에 별 어려움을 느끼지 않을 것이기 때문이다. 또한 세 번째 문단에 따르면 탁월한 성품은 올바른 훈련을 통해 올바른 일을 바르고 즐겁게 그리고 어려워하지 않으며 처리할 수 있는 능력을 뜻한다. 따라서 아리스토텔레스의 입장에서는 '엄청난 의지를 발휘'하고 자신과의 '힘든 싸움'을 해야 했던 병식이보다는 잘못된 일에 '별 어려움' 없이 '비판의 목소리'를 내는 갑돌이의 성품을 탁월하다고 여길 것이다.

13

제시문에는 2개의 판이 만나고 있으며 서로 멀어지고 있다는 정보만 있을 뿐, 어느 판이 더 빠르고 느린지 절대 속도에 대한 자세한 정보는 없다.

오답분석

① 마지막 문단의 '열점이 거의 움직이지 않는다는 것을 알아내고, 그것을 판의 절대 속도를 구하는 기준점으로 사용하였다. 과학자들은 지금까지 지구상에서 100여 개의 열점을 찾아냈는데, 그중의 하나가 바로 아이슬란드에 있다.'는 내용을 통해 알 수 있다.
③ 두 번째 문단의 '아이슬란드의 중심부를 지나는 대서양 중앙 해령의 갈라진 틈이 매년 약 15cm씩 벌어지고 있다.'는 내용을 통해 알 수 있다.
④ 두 번째 문단의 '지구에서 판의 경계가 되는 곳은 여러 곳이 있다. 그러나 아이슬란드는 육지 위에서 두 판이 확장되는 희귀한 지역이다.'라는 내용을 통해 알 수 있다.
⑤ 첫 번째 문단의 '지구의 표면은 크고 작은 10여 개의 판으로 이루어져 있다. 아이슬란드는 북아메리카판과 유라시아판의 경계선인 대서양 중앙 해령에 위치해 있다.'는 내용을 통해 알 수 있다.

14

홀수 항은 3씩 나누고, 짝수 항은 9씩 더하는 수열이다.
따라서 ( )$=(-9) \div 3 = -3$이다.

15

앞의 항에 -2^1, $+2^2$, -2^3, $+2^4$, -2^5, …을 하는 수열이다.
따라서 ( )$=(-18)+2^6=(-18)+64=46$이다.

16

$+2^0$, $+2^1$, $+2^2$, $+2^3$, $+2^4$, …을 하는 수열이다.

ㄱ	B	ㄹ	H	ㄴ	(F)
1	2	4	8	16 (=14+2)	(32) (=26+6)

17

1, 2, 2, 3, 3, 3, 4, 4, 4, 4, …인 수열이다.

A	ㄴ	B	三	ㄷ	C	iv	四	(ㄹ)	D
1	2	2	3	3	3	4	4	4	4

18

정답 ③

배의 속력을 $x$km/h, 강물의 속력을 $y$km/h라고 하면, 다음과 같은 식이 성립한다.
$5(x-y)=30 \cdots$ ㉠
$3(x+y)=30 \cdots$ ㉡
㉠과 ㉡을 연립하면 $x=8$, $y=2$이다.
따라서 흐르지 않는 물에서의 배의 속력은 8km/h이다.

19

정답 ④

작년 남자 신입사원 수를 a명이라고 하면, 여자 신입사원은 $(325-a)$명이다.
$a \times 0.08 + (325-a) \times 0.12 = 32$
→ $8a + 12 \times 325 - 12a = 3,200$
→ $3,900 - 3,200 = 4a$
∴ $a = 175$
따라서 올해 남자 신입사원 수는 작년보다 8% 증가했으므로 $175 \times 1.08 = 189$명이다.

20

정답 ④

• 팀장 1명을 뽑는 경우의 수 : $_{10}C_1 = 10$
• 회계 담당 2명을 뽑는 경우의 수 : $_9C_2 = \dfrac{9 \times 8}{2 \times 1} = 36$
따라서 이 인원을 뽑는 경우의 수는 $10 \times 36 = 360$가지이다.

21

정답 ①

W사원이 영국 출장 중에 받는 해외여비는 $50 \times 5 = 250$파운드이고, 스페인은 $60 \times 4 = 240$유로이다. 항공권은 편도 금액이므로 왕복으로 계산하면 영국은 $380 \times 2 = 760$파운드, 스페인 $870 \times 2 = 1,740$유로이며, 영국과 스페인의 비행시간 추가 비용은 각각 $20 \times (12-10) \times 2 = 80$파운드, $15 \times (14-10) \times 2 = 120$유로이다. 그러므로 영국 출장 시 드는 비용은 $250 + 760 + 80 = 1,090$파운드, 스페인 출장 시 드는 비용은 $240 + 1,740 + 120 = 2,100$유로이다.
은행별 환율을 이용하여 출장비를 원화로 계산하면 다음과 같다.

구분	영국	스페인	총비용
A은행	$1,090 \times 1,470 = 1,602,300$원	$2,100 \times 1,320 = 2,772,000$원	4,374,300원
B은행	$1,090 \times 1,450 = 1,580,500$원	$2,100 \times 1,330 = 2,793,000$원	4,373,500원
C은행	$1,090 \times 1,460 = 1,591,400$원	$2,100 \times 1,310 = 2,751,000$원	4,342,400원

따라서 A은행의 총비용이 가장 많고, C은행의 총비용이 가장 적으므로 두 은행의 총비용 차이는 $4,374,300 - 4,342,400 = 31,900$원이다.

22

정답 ⑤

실업자 수를 경제활동 인구로 나눈 값이 실업률이므로 분모인 경제활동 인구가 적을수록 실업률은 높게 나타난다.

오답분석
① 15 ~ 19세부터 50 ~ 59세까지 실업률은 감소하였으나 60세 이상부터 다시 증가하였다.
② 30 ~ 39세 경제활동 인구는 5,831천 명, 60세 이상 경제활동 인구는 3,885천 명으로 30 ~ 39세 경제활동 인구는 60세 이상 경제활동 인구의 $\dfrac{5,831}{3,885} ≒ 1.5$배로 2배 이하이다.
③ 실업률을 구하는 식에 의해 실업자 수가 같을 때 실업률은 경제활동 인구에 따라 변화된다.
④ 취업자 수의 증감 추이는 '증가 - 증가 - 증가 - 감소 - 감소'이고, 실업자 수의 증감 추이는 '증가 - 감소 - 감소 - 감소 - 감소'이다.

23

연령계층별 경제활동 참가율을 구하면 다음과 같다.

- 15~19세 : $\dfrac{265}{2,944} \times 100 ≒ 9.0\%$
- 20~29세 : $\dfrac{4,066}{6,435} \times 100 ≒ 63.2\%$
- 30~39세 : $\dfrac{5,831}{7,519} \times 100 ≒ 77.6\%$
- 40~49세 : $\dfrac{6,749}{8,351} \times 100 ≒ 80.8\%$
- 50~59세 : $\dfrac{6,238}{8,220} \times 100 ≒ 75.9\%$
- 60세 이상 : $\dfrac{3,885}{10,093} \times 100 ≒ 38.5\%$

따라서 참가율이 가장 높은 연령대와 가장 낮은 연령대의 차이는 80.8−9.0=71.8%p이다.

24

정답 ⑤

A사 공기청정기 순이익률은 $\dfrac{12,660}{42,200} \times 100 = 30\%$이다.

[오답분석]

① A사의 전자제품의 매출액 순위는 '에어컨 – 냉장고 – 공기청정기 – 제습기 – TV' 순이지만, B사는 '에어컨 – 공기청정기 – 냉장고 – 제습기 – TV' 순이므로 동일하지 않다.

② B사의 TV와 냉장고 순이익률은 다음과 같다.

- TV : $\dfrac{120}{800} \times 100 = 15\%$

- 냉장고 : $\dfrac{19,000}{76,000} \times 100 = 25\%$

따라서 차이는 25−15=10%p이다.

③ A사가 B사보다 매출액이 높은 전자제품은 TV(1,200억 원)와 제습기(25,500억 원)이고, 순이익 역시 TV(300억 원)와 제습기(7,395억 원)가 높다.

④ A사와 B사가 에어컨을 각각 200만 대, 210만 대 팔았다면, 에어컨 1대의 단가를 구하면 다음과 같다.

- A사 : $\dfrac{88,400억 \ 원}{200만 \ 대} = 442만 \ 원$

- B사 : $\dfrac{94,500억 \ 원}{210만 \ 대} = 450만 \ 원$

따라서 에어컨 1대의 단가는 B사가 더 높다.

25

정답 ①

가입대상은 예상소득이 아니라 직전 과세기간 총급여액 또는 종합소득금액을 따지게 되며, 직전 과세기간 총급여액 또는 종합소득금액이 일정수준 이상이라 하더라도 중소기업에 재직하는 청년은 가입이 가능하다.

26

정답 ④

- K고객 : 의무가입기간 이상 적금에 가입했기 때문에 이자소득세가 면제되고 대신 농어촌특별세(1.5%)가 과세된다. 따라서 400,000×(1−0.015)=394,000원이 이자(세후)로 입금된다.
- L고객 : 의무가입기간 이상 적금에 가입하지 않았지만, 해지 1개월 전 3개월 이상의 입원치료를 요하는 상해를 당했기 때문에 특별중도해지 사유에 해당하므로 이자소득세가 면제되고, 농어촌특별세만 과세된다. 따라서 200,000×(1−0.015)=197,000원이 이자(세후)로 입금된다.

50 • 전국수협 인적성검사

27

정답 ②

정부지원금 유형 A의 수령자는 $200 \times 0.36 = 72$명, 20대는 $200 \times 0.41 = 82$명이므로 20대 중 정부지원금 유형 A의 수령자가 차지하는 비율은 $\frac{72}{82} \times 100 = 87.8\%$로 85% 이상이다.

오답분석

① 100만 원$\times (200 \times 0.36) + 200$만 원$\times (200 \times 0.42) + 300$만 원$\times (200 \times 0.22) = 7,200$만 원$+ 16,800$만 원$+ 13,200$만 원$= 37,200$만 원이다.

③ 20대 수혜자 수는 $200 \times 0.41 = 82$명이고, 정부지원금 금액이 200만 원인 사람은 $200 \times 0.42 = 84$명이다. 따라서 200만 원 수령자 중 20대가 차지하는 비율은 $\frac{82}{84} \times 100 = 97.6\%$이다.

④ 정부지원금 수혜자가 2배가 되고, 비율은 동일하다면 항목별 수혜자 수는 2배만큼 증가할 것이다. 따라서 정부지원금에 들어간 총비용은 2배가 된다.

⑤ 정부지원금에 들어간 총비용은 37,200만 원이다. 정부지원금은 유형별 중복수혜가 불가능하다고 했으므로 유형 A 수령자는 36%, 100만 원 수령자는 36%로 동일하므로 100만 원$\times (200 \times 0.36) = 7,200$만 원이다. 따라서 유형 B, C, D에 들어간 총비용은 $37,200 - 7,200 = 30,000$만 원이다.

28

정답 ③

정부지원금 300만 원 수령자는 $200 \times 0.22 = 44$명이고, 20·30대의 수령자는 $200 \times (0.41 + 0.31) = 144$명이다.

따라서 20대·30대 수혜자 중에서 정부지원금 300만 원 미만 수령자가 차지하는 비율은 $\frac{144 - 44}{144} \times 100 = 69\%$이다.

29

정답 ⑤

삼단논법이 성립하기 위해서는 두 번째 명제에 '시험을 못 봤다면 성적이 나쁘게 나온다.'라는 명제가 필요하다. 이 명제의 대우 명제는 ⑤이다.

30

정답 ③

철학은 학문이고, 모든 학문은 인간의 삶을 의미 있게 해준다. 따라서 '철학은 인간의 삶을 의미 있게 해준다.'가 빈칸에 들어갈 명제로 적절하다.

31

정답 ③

• 운동을 좋아하는 사람 → 담배를 좋아하지 않음 → 커피를 좋아하지 않음 → 주스를 좋아함
• 과일을 좋아하는 사람 → 커피를 좋아하지 않음 → 주스를 좋아함

오답분석

① 첫 번째 명제와 두 번째 명제의 대우로 추론할 수 있다.
② 세 번째 명제의 대우와 두 번째 명제로 추론할 수 있다.
④ 첫 번째 명제, 두 번째 명제 대우, 세 번째 명제로 추론할 수 있다.
⑤ 마지막 명제와 세 번째 명제로 추론할 수 있다.

32

A대리와 E대리의 진술이 서로 모순이므로, 둘 중 1명은 거짓을 말하고 있다.

ⅰ) A대리의 진술이 거짓인 경우
   A대리의 말이 거짓이라면 B사원의 말도 거짓이 되고, D사원의 말도 거짓이 되므로 모순이다.
ⅱ) A대리의 진술이 진실인 경우
   A대리, B사원, D사원의 말이 진실이 되고, C사원과 E대리의 말이 거짓이 된다.

〈진실〉
• A대리 : A대리·E대리 출근, 결근 사유 모름
• B사원 : C사원 출근, A대리 진술은 진실
• D사원 : B사원 진술은 진실

〈거짓〉
• C사원 : D사원 결근 거짓 → D사원 출근
• E대리 : D사원 결근, D사원이 A대리한테 결근 사유 전함 거짓 → D사원 출근, A대리는 결근 사유 듣지 못함

따라서 B사원이 출근하지 않았다.

33

2대의 적외선 카메라 중 하나는 수도권본부에 설치하였고, 나머지 하나는 경북본부와 금강본부 중 한 곳에 설치하였으므로 강원본부에는 적외선 카메라를 설치할 수 없다. 또한 강원본부에는 열선감지기를 설치하지 않았으므로 반드시 하나 이상의 기기를 설치해야한다는 첫 번째 조건에 따라 '강원본부에는 화재경보기를 설치하였다.'는 반드시 참이다.

오답분석
①·③·⑤ 주어진 조건만으로는 어느 본부에 열선감지기를 설치하였는지 정확히 알 수 없다.
④ 화재경보기는 경북본부와 강원본부에 설치하였다.

34

제시된 조건을 정리하면 다음과 같다.

구분	경우 1	경우 2	경우 3	경우 4
5층	B	B	C	D
4층	D	C	D	C
3층	C	D	B	B
2층	A	A	A	A
1층	E	E	E	E

따라서 어느 경우에라도 'A는 E보다 높은 층에 산다.'를 추론할 수 있다.

35

다섯 번째 조건에 따라 C항공사는 제일 앞번호인 1번 부스에 위치하며, 세 번째 조건에 따라 G면세점과 H면세점은 양 끝에 위치한다. 이때 네 번째 조건에서 H면세점 반대편에는 E여행사가 위치한다고 하였으므로 5번 부스에는 H면세점이 올 수 없다. 그러므로 5번 부스에는 G면세점이 위치한다. 또한 첫 번째 조건에 따라 같은 종류의 업체는 같은 라인에 위치할 수 없으므로 H면세점은 G면세점과 다른 라인인 4번 부스에 위치하고, 4번 부스 반대편인 8번 부스에는 E여행사가, 4번 부스 바로 옆인 3번 부스에는 F여행사가 위치한다. 나머지 조건에 따라 부스의 위치를 정리하면 다음과 같다.

ⅰ) 경우 1

C항공사	A호텔	F여행사	H면세점
복도			
G면세점	B호텔	D항공사	E여행사

ii) 경우 2

C항공사	B호텔	F여행사	H면세점

복도

G면세점	A호텔	D항공사	E여행사

따라서 항상 참이 되는 것은 'D항공사는 E여행사와 나란히 위치하고 있다.'이다.

36

우선순위를 파악하기 위해서는 먼저 중요도와 긴급성을 파악해야 한다. 즉, 중요도와 긴급성이 높은 일부터 처리해야 하는 것이다. 그러므로 업무 리스트 중에서 가장 먼저 해야 할 일은 내일 있을 당직 근무자 명단 확인이다. 그 다음 영업 1팀의 비품 주문, 신입사원 면접 안내 및 확인, 회사 창립 기념일 행사 준비 순으로 진행하면 된다.

37

B가 위촉되지 않는다면 첫 번째 조건의 대우에 의해 A는 위촉되지 않는다. A가 위촉되지 않으므로 두 번째 조건에 의해 D가 위촉된다. D가 위촉되므로 마지막 조건에 의해 F도 위촉된다. 세 번째 조건과 네 번째 조건의 대우에 의해 C나 E 중 1명이 위촉된다. 따라서 B가 위촉되지 않는다고 할 때, 위촉되는 사람은 모두 3명이다.

38

먼저 참가 가능 종목이 2개인 사람부터 종목을 확정한다. D는 훌라후프와 줄다리기, E는 계주와 줄다리기, F는 줄넘기와 줄다리기, G는 줄다리기와 2인 3각, J는 계주와 줄넘기이다. 여기에서 E와 J는 계주 참가가 확정되고, 참가 인원이 1명인 훌라후프 참가자가 D로 확정되었으므로 나머지는 훌라후프에 참가할 수 없다. 그러므로 C는 계주와 줄넘기에 참가한다.
다음으로 종목별 참가 가능 인원이 지점별 참가 인원과 동일한 경우 참가를 확정시키면, 줄다리기와 2인 3각 참여 인원이 확정된다. A는 줄다리기와 2인 3각에 참가하고, B, H, I 중 1명이 계주에 참가하게 되며, 나머지 2명이 줄넘기에 참가한다.
따라서 반드시 계주에 출전해야 하는 직원은 C, E, J이다.

39

(가) : 외부의 기회를 활용하면서 내부의 강점을 더욱 강화시키는 SO전략
(나) : 외부의 기회를 활용하여 내부의 약점을 보완하는 WO전략
(다) : 외부의 위협을 회피하며 내부의 강점을 적극 활용하는 ST전략
(라) : 외부의 위협을 회피하고 내부의 약점을 보완하는 WT전략

40

전기의 가격은 10 ~ 30원/km인 반면, 수소의 가격은 72.8원/km로 전기보다 수소의 가격이 더 비싸다.
따라서 원료의 가격은 자사 내부환경의 약점(Weakness) 요인이 아니라 거시적 환경에서 비롯된 위협(Threat) 요인으로 보아야 한다.

[오답분석]
(가) : 보조금 지원을 통해 첨단 기술이 집약된 친환경 차를 중형 SUV 가격에 구매할 수 있다고 하였으므로, 자사의 내부환경(자사 경영자원)의 강점(Strength) 요인으로 볼 수 있다.
(나) : 충전소가 전국 12개소에 불과하며, 올해 안에 10개소를 더 설치한다고 계획 중이지만 완공 여부는 알 수 없으므로, 자사의 내부환경(자사 경영자원)의 약점(Weakness) 요인으로 볼 수 있다.
(라) : 친환경차에 대한 인기가 뜨겁다고 하였으므로, 고객이라는 외부환경에서 비롯된 기회(Opportunity) 요인으로 볼 수 있다.
(마) : 생산량에 비해 정부 보조금이 부족한 것은 외부환경(거시적)에서 비롯된 위협(Treat) 요인으로 볼 수 있다.

41

한 주 동안 국제 포럼 참석자 일정을 정리하면 다음과 같다.

구분	시간	월	화	수	목	금
1 타임	10:00 ~ 14:00 (4)	스마트팩토리 패러다임 (김인영)	직업윤리와 의사소통 (민도희)	스마트팩토리 패러다임 (채연승)	직업윤리와 의사소통 (민도희)	스마트팩토리 패러다임 (구지엽)
2 타임	14:00 ~ 17:00 (3)	나노 기술의 활용 사례 (김인영)	나노 기술의 활용 사례 (민도희)	나노 기술의 활용 사례 (채연승)	직장에 필요한 젠더감수성 (민도희)	직장에 필요한 젠더감수성 (구지엽)
3 타임	17:00 ~ 20:00 (3)	5G와 재택근무 (나지환)	인공지능과 딥러닝 (나지환)	인공지능과 딥러닝 (민도희)	5G와 재택근무 (나지환)	5G와 재택근무 (김인영)

따라서 국제 포럼에 참석한 사람의 총 참석 시간은 김인영(10시간), 나지환(9시간), 구지엽(7시간), 채연승(7시간), 민도희(17시간)이다.

41번 해설에 따라 '5G와 재택근무' 프로그램에 참석 가능한 사람은 김인영 – 금요일, 나지환 – 월요일/목요일이다.

민도희가 국제 포럼에 참석하는 시간은 총 17시간으로 모든 참석 가능 인원 중에 가장 많다.

[오답분석]
① '직업윤리와 의사소통'에 참석하게 되는 사람은 민도희 1명이다.
② 국제 포럼 참석자 중에서 같은 프로그램에 2번 이상 참석하게 된 사람은 나지환과 민도희 2명이다.
③ 구지엽의 경력이 9년이라면, 나지환보다 경력이 앞서게 되어 3타임 프로그램 중에서는 월요일에 열리는 '5G와 재택근무'에 참석하게 된다.
④ 임영우는 국제 포럼에 참석하지 못한다.

44

유대리가 처리해야 할 일의 순서는 다음과 같다.
음악회 주최 의원들과 점심 → 음악회 주최 의원들에게 일정표 전달(점심 이후) → △△조명에 조명 점검 협조 연락(오후) → 한여름 밤의 음악회 장소 점검(퇴근 전) → 김과장에게 상황 보고

C호스텔의 대관료는 예산 범위 안에 포함되지만, 수용인원이 워크숍 참여 인원보다 적으므로 C호스텔은 적절한 장소가 아니다. 따라서 T과장의 의견은 적절하지 않다.

[오답분석]
① 워크숍에 참여하는 인원은 143명이므로 수용인원이 참여 인원보다 적은 D호스텔을 제외하는 것은 적절하다.
② 예산은 175만 원이므로 대관료가 예산보다 비싼 A호스텔을 제외하는 것은 적절하다.
④ · ⑤ 적절한 거리에 대한 정보는 제시되어 있지 않으나, 앞선 대화에서 A호스텔과 D호스텔을 제외한 남은 세 호스텔 중에서 수용인원, 예산 범위를 모두 충족하는 호스텔은 B호스텔이다.

46

B호스텔을 선정하였으므로 대관료는 150만 원이다.

47

D기업은 원가우위 전략에 속하는 가격 고정이라는 카테고리 전략을 실행하였다.

오답분석

② 차별화 전략 : 둘 이상의 세분시장들을 표적시장으로 선정하여, 각 세분시장에 적합한 마케팅 믹스 프로그램을 제공하는 전략이다.
③ 집중화 전략 : 기업이 전체 시장을 대상으로 하지 않고 시장의 일부에만 집중적으로 마케팅 활동을 하거나 작은 하위시장을 독점 상태로 유도하는 마케팅 전략이다.
④ 혁신 전략 : 기존의 제품을 간단하게 외형만 바꾸지 않고, 의미 있고 독특한 변화를 통해 혁신을 추구하는 전략이다.
⑤ 비차별화 전략 : 시장을 세분화하지 않고 전체 시장에 대응하는 마케팅 활동이다.

48

전략 평가 및 피드백은 기업 실적을 객관적으로 분석하여 결과에 대한 근본 원인을 도출하는 단계로 D기업의 원가우위 전략과 차별화된 정책이 근본 원인이라고 도출하고 있다.

오답분석

① 전략 환경 분석 : 내ㆍ외부 환경을 분석하는 것으로 시장, 경쟁사, 기술 등을 분석하여 경쟁에서 성공요인을 도출하도록 한다.
② 경영전략 도출 : 경쟁우위 전략을 도출하여 기업성장과 효율성 극대화라는 목표를 달성할 수 있도록 지원하는 것이다.
③ 경영전략 실행 : 목표와 미션을 이해하고 조직 역량을 분석하며 세부 실행 계획을 수립하여 업무를 실행한다.
⑤ 전략 목표 설정 : 전략 목표란 조직의 임무를 수행하기 위하여 중장기적으로 계획하여 추진하고자 하는 중점사업방향을 의미하며 조직의 임무를 좀 더 가시화한 목표라고 할 수 있다. 3 ~ 5개 정도로 설정함이 적정하고 표현형식은 구체적이고 명확하게 서술되어야 한다.

49

사회공헌과 관련된 행사의 홍보물 제작은 어선소득지원부가 아닌 홍보실의 업무로 더 적절하다. 어선소득지원부는 지역사회와 관련된 사회공헌 활동을 수행하는 지역사회공헌부와 같이 어선소득과 관련된 사회공헌 활동을 수행한다. 따라서 어선소득지원부의 업무로는 일손 중개 활동이나 외국인 근로자 교육 등의 공헌 활동 수행이 있다.

50

관리자가 오늘에 초점을 맞춘다면, 리더는 내일에 초점을 맞춰야 한다.

〈리더와 관리자의 비교〉

리더(Leader)	관리자(Manager)
• 새로운 상황 창조자	• 상황에 수동적
• 혁신지향적	• 유지지향적
• 내일에 초점	• 오늘에 초점
• 사람의 마음에 불을 지핀다.	• 사람을 관리한다.
• 사람을 중시	• 체제나 기구를 중시
• 정신적	• 기계적
• 계산된 위험을 취한다.	• 위험을 회피한다.
• '무엇을 할까?'를 생각한다.	• '어떻게 할까?'를 생각한다.

01	02	03	04	05	06	07	08	09	10	11	12	13	14	15	16	17	18	19	20
③	③	③	①	②	②	⑤	③	③	④	②	④	④	①	⑤	①	③	②	③	④
21	22	23	24	25	26	27	28	29	30	31	32	33	34	35	36	37	38	39	40
③	④	②	③	④	③	②	④	①	①	①	⑤	②	④	④	④	③	②	⑤	①
41	42	43	44	45	46	47	48	49	50										
①	①	①	③	④	③	①	⑤	③	①										

01
정답 ③

제시된 단어는 상하 관계이다. '문장' 안에는 '낱말'이 있고, '태양계' 안에는 '행성'이 있다.

02
정답 ③

한자 사전, 단어 사전, 전자 사전을 통해 '사전'을 연상할 수 있다.

03
정답 ③

①・②・④・⑤는 주동사와 그 주동사에 접사가 결합하여 그 동작을 하도록 시키는 것을 나타내는 사동사의 관계이다.
반면, ③은 능동사와 그 능동사에 접사가 결합하여 남에 의해 그 동작을 당하게 되는 것을 나타내는 피동사의 관계이다.

04
정답 ①

'참석'은 비교적 작은 규모의 모임이나 행사, 회의 등에 단순히 출석하는 것을 뜻한다.
반면, '참가'와 '참여'는 단순한 출석 이상으로 그 일에 관계하여 개입한다는 의미가 있다. 둘 모두 행사나 모임 등이 이루어지도록
하는 일에 적극적으로 관여한다는 것을 뜻하지만, '참여'는 주로 '참가'보다 관여 대상이 다소 추상적이고 규모가 클 때 사용한다.
㉠ 참석(參席) : 모임이나 회의 따위의 자리에 참여함
㉡ 참가(參加) : 모임이나 단체 또는 일에 관계하여 들어감
㉢ 참여(參與) : 어떤 일에 끼어들어 관계함

05
정답 ②

한글 맞춤법에 따르면 앞 단어가 합성용언인 경우 보조용언을 앞말에 붙여 쓰지 않는다. 따라서 '파고들다'는 합성어이므로 '파고들
어 보면'과 같이 띄어 써야 한다.

① 보조용언 '보다' 앞에 '-ㄹ까'의 종결어미가 있는 경우 '보다'는 앞말에 붙여 쓸 수 없다.
③ '-어 하다'가 '마음에 들다'라는 구에 결합하는 경우 '-어 하다'는 띄어 쓴다.
④ 앞말에 조사 '도'가 붙는 경우 보조용언 '보다'는 앞말에 붙여 쓰지 않는다.
⑤ '아는 체하다'와 같이 띄어 쓰는 것이 원칙이나, '아는체하다'와 같이 붙여 쓰는 것도 허용된다.

06

정답 ②

'간지럼 타다.'는 '부끄럼 타다.'와 같은 사전적 의미를 가진다. 즉, '감정이나 육체적 느낌을 쉽게 느끼다.'를 의미한다. '몸에 독한 기운 따위의 자극을 쉽게 받다.'라는 의미의 '타다'는 '옻을 타다.' 또는 '풀독을 타다.'와 같이 활용된다.

07

정답 ⑤

'언중유골(言中有骨)'은 말 속에 뼈가 있다는 뜻으로, 예사로운 말 속에 단단한 속뜻이 들어 있음을 이르는 말이다.

① 오비이락(烏飛梨落) : 까마귀 날자 배 떨어진다는 뜻으로, 아무 관계도 없이 한 일이 공교롭게도 때가 같아 억울하게 의심을 받거나 난처한 위치에 서게 됨을 이르는 말
② 중언부언(重言復言) : 이미 한 말을 자꾸 되풀이함 또는 그런 말
③ 탁상공론(卓上空論) : 현실성이 없는 허황한 이론이나 논의
④ 희희낙락(喜喜樂樂) : 매우 기뻐하고 즐거워함

08

정답 ③

먼저 보험료와 보험금의 산정 기준을 언급하는 (나) 문단이 오는 것이 적절하며, 다음으로 자신이 속한 위험 공동체의 위험에 상응하는 보험료를 내야 공정하다는 (다) 문단이 오는 것이 적절하다. 이후 '따라서' 공정한 보험은 내는 보험료와 보험금에 대한 기댓값이 일치해야 한다는 (라) 문단과 이러한 보험금에 대한 기댓값을 설명하는 (가) 문단 순으로 나열하는 것이 적절하다.

09

정답 ③

다섯 번째 문단에 따르면 모든 식물이 아닌 전체 식물의 90%가 피보나치 수열의 잎차례를 따르고 있다.

10

정답 ④

제시문은 피보나치 수열과 식물에서 나타나는 피보나치 수열을 설명하고 있으므로 제목으로 ④가 가장 적절하다.

① 첫 번째 문단에 대한 내용으로 제시문 전체에 대한 제목으로는 적절하지 않다.
② 두 번째 문단에 대한 내용으로 제시문 전체에 대한 제목으로는 적절하지 않다.
③ 마지막 문단에 대한 내용으로 제시문 전체에 대한 제목으로는 적절하지 않다.
⑤ 다섯 번째 문단에 대한 내용으로 제시문 전체에 대한 제목으로는 적절하지 않다.

11

정답 ②

제시문의 ㉠은 '진리, 가치, 옳고 그름 따위가 판단되어 드러나 알려지다.'의 의미로 사용되었다. 반면 ②는 '드러나게 좋아하다.'의 의미로 사용되었다.

12

정답 ④

다섯 번째 문단의 '특히 임신과 출산을 경험하는 경우 따가운 시선을 감수해야 한다.'라는 내용으로 볼 때, 임신으로 인한 공백 문제 등이 발생하지 않도록 법적으로 공백 기간을 규제하는 것이 아닌 적절한 공백 기간을 제공하고, 해당 직원이 임신과 출산으로 인해 퇴직하는 등 경력이 단절되지 않도록 규제하여야 함을 알 수 있다.

[오답분석]
① 세 번째 문단의 '결혼과 출산, 임신을 한 여성 노동자는 조직 전체에 부정적인 영향을 준다고 인식하는 경향이 강한데'라는 내용으로 볼 때 결혼과 출산, 임신과 같은 가족 계획을 지지하는 환경으로 만들어 여성 노동자에 대한 인식을 개선하여야 함을 알 수 있다.
② 네 번째 문단의 '여성 노동자가 많이 근무하는 서비스업 등의 직업군은 임금 자체가 상당히 낮게 책정되어 있어 남성에 비하여 많은 임금을 받지 못하는 구조'라는 내용으로 볼 때, 여성 노동자가 주로 종사하는 직업군의 임금 체계를 합리적으로 변화시켜야 함을 알 수 있다.
③ 네 번째 문단의 '여성 노동자를 차별한 결과 여성들은 남성 노동자들보다 저임금을 받아야 하고, 비교적 질이 좋지 않은 일자리에서 일해야 하며 고위직으로 올라가는 것 역시 힘들다.'라는 내용으로 볼 때, 여성들 또한 남성과 마찬가지의 권리를 가질 수 있도록 양질의 정규직 일자리를 만들어야 함을 알 수 있다.
⑤ 다섯 번째 문단의 '여성 노동자들을 노동자 그 자체로 보기보다는 여성으로 바라보는 남성들의 잘못된 시선으로 인해 여성 노동자는 신성한 노동의 현장에서 성희롱을 당하고 있으며'라는 내용으로 볼 때, 남성이 여성을 대하는 인식을 개선해야 함을 알 수 있다.

13

정답 ④

유명인의 중복 광고 출연으로 인한 부정적인 효과를 설명하고 있다. 따라서 사람들이 항상 유명인과 브랜드 이미지를 연관 짓는 것은 아니며, 오히려 유명인의 출연 자체가 광고 효과를 일으킬 수 있다는 주장을 반박으로 내세울 수 있다.

[오답분석]
①·⑤ 제시문의 내용과 일치하는 주장이다.
②·③ 유명인의 중복 출연으로 인한 부정적인 효과를 말하고 있다.

14

정답 ①

홀수 항은 ×(−2)+2, 짝수 항은 +3, +6, +9, …을 하는 수열이다.
따라서 (   )=10×(−2)+2=−18이다.

15

정답 ⑤

나열된 수를 각각 A, B, C, D라고 하면 다음과 같은 규칙이 성립한다.
$\underline{A \ B \ C \ D} \rightarrow A \times C = B \times D$
36 34 (   ) 144 → 36×(   )=34×144
따라서 (   )=34×144÷36=136이다.

16

정답 ①

홀수 항은 2씩 빼고, 짝수 항은 4씩 더하는 수열이다.

ㅜ	ㄷ	(ㅗ)	ㅅ	ㅓ	ㅋ
7	3	5	7	3	11

17

정답 ③

홀수 항은 2씩 더하고, 짝수 항은 2씩 곱하는 수열이다.

E	ㄹ	(G)	ㅇ	I	ㄴ
5	4	7	8	9	16(=14+2)

18

정답 ②

소금물 A의 농도를 $x\%$, 소금물 B의 농도를 $y\%$라고 하면, 다음과 같은 식이 성립한다.

- $\dfrac{x}{100} \times 100 + \dfrac{y}{100} \times 100 = \dfrac{10}{100} \times 200 \rightarrow x+y=20 \cdots \text{㉠}$

- $\dfrac{x}{100} \times 100 + \dfrac{y}{100} \times 300 = \dfrac{9}{100} \times 400 \rightarrow x+3y=36 \cdots \text{㉡}$

㉠과 ㉡을 연립하면 $x=12$, $y=8$이다.

따라서 소금물 A의 농도는 12%이다.

19

정답 ③

회사에서 거래처까지의 거리를 $x$km라고 하면, 다음과 같은 식이 성립한다.

- 거래처까지 가는 데 걸린 시간 : $\dfrac{x}{80}$

- 거래처에서 돌아오는 데 걸린 시간 : $\dfrac{x}{120}$

$\dfrac{x}{80} + \dfrac{x}{120} \leq 1$

$\rightarrow \dfrac{5x}{240} \leq 1$

$\rightarrow 5x \leq 240$

$\therefore x \leq 48$

따라서 1시간 이내로 왕복하려면 거래처는 회사에서 최대 48km 떨어진 곳에 위치해야 한다.

20

정답 ④

(적어도 1개는 흰색 공을 꺼낼 확률)=1-(2개 모두 빨간색 공을 꺼낼 확률)

- 전체 공의 개수 : 4+6=10

- 2개 모두 빨간색 공을 꺼낼 확률 : $\dfrac{_4C_2}{_{10}C_2} = \dfrac{4 \times 3}{10 \times 9} = \dfrac{2}{15}$

따라서 적어도 1개는 흰색 공을 꺼낼 확률은 $1 - \dfrac{2}{15} = \dfrac{13}{15}$ 이다.

21

정답 ③

- 1인 1일 사용량에서 영업용 사용량이 차지하는 비중 : $\dfrac{80}{282} \times 100 \fallingdotseq 28.37\%$

- 1인 1일 가정용 사용량의 하위 두 항목이 차지하는 비중 : $\dfrac{20+13}{180} \times 100 \fallingdotseq 18.33\%$

PART 3

22

소비자 물가지수는 상품의 가격 변동을 수치화한 것으로 각 상품의 가격은 알 수 없다.

오답분석

① 제시된 자료에서 세 품목이 모두 2020년에 물가지수 100을 나타내므로 제시한 모든 품목의 소비자 물가지수는 2020년 물가를 100으로 하여 등락률을 산정했다.
② 2024년의 자장면 물가지수의 2020년 대비 증가지수는 115－100＝15로 가장 가격이 많이 오른 음식이다.
③ 설렁탕은 2015년에 물가지수가 가장 낮은 품목이며, 2020년 세 품목의 물가지수는 100으로 동일하므로 설렁탕이 2015～ 2020년까지 가격이 가장 많이 오른 음식이다.
⑤ 세 품목의 2020년 물가지수 100이 기준이기 때문에 2024년에 물가지수가 높은 순서대로 가격 상승률이 높았다. 따라서 2020년 대비 2024년은 '자장면, 설렁탕, 커피' 순으로 가격 상승률이 높았다.

23

정답 ②

연도별 마늘 재배 면적 및 가격 추이를 살펴보면 마늘의 재배 면적이 넓어질 때, 가격이 상승하는 경우도 있다는 것을 알 수 있다.

오답분석

① 조생종 재배 면적의 전년 대비 증감률은 －6.5%이고, 중만생종 재배 면적의 전년 대비 증감률은 －1.0%이다.
③ 마늘의 재배 면적은 2020년이 29,352ha로 가장 넓다.
④ 전년 대비 2024년 양파의 재배 면적은 19,896ha → 19,538ha로 감소하였고, 마늘의 재배 면적은 20,758ha → 24,864ha로 증가하였다.
⑤ 마늘 가격은 2021년 이래로 계속 증가하여 2024년에는 6,364원이 되었다.

24

정답 ③

전체 조사자 중 20·30대는 1,800＋2,500＋2,000＋1,400＝7,700명이므로, 전체 조사자 20,000명 중 차지하는 비율은 $\frac{7,700}{20,000}$ ×100＝38.5%이다.

오답분석

① 운전면허 소지 비율이 가장 높은 연령대는 남성은 75%로 40대이고, 여성도 54%로 40대이다.
② 70대 여성의 운전면허 소지 비율은 12%로 남성인 25%의 절반 이하이다.
④ 50대 운전면허 소지자는 다음과 같다.
  • 남성 : 1,500×0.68＝1,020명
  • 여성 : 1,500×0.42＝630명
  따라서 50대 운전면허 소지자는 1,020＋630＝1,650명으로 1,500명 이상이다.
⑤ 60·70대 여성 운전면허 소지자는 다음과 같다.
  • 60대 여성 : 2,000×0.24＝480명
  • 70대 여성 : 1,000×0.12＝120명

  따라서 70대 여성 운전면허 소지자는 60대 여성 운전면허 소지자의 $\frac{120}{480}$ ×100＝25%이다.

25

정답 ④

20·30대 여성 운전면허 소지자를 구하면 다음과 같다.
• 20대 여성 : 2,000×0.22＝440명
• 30대 여성 : 1,400×0.35＝490명

따라서 20·30대 여성 운전면허 소지자는 440＋490＝930명이다. 이는 전체 조사자의 $\frac{930}{20,000}$ ×100＝4.65%로 5% 미만이다.

[오답분석]

① 조사에 참여한 60·70대를 구하면 다음과 같다.
 - 남성 : 1,500+1,200=2,700명
 - 여성 : 2,000+1,000=3,000명
 따라서 여성이 남성보다 많다.

② 40대 여성과 남성의 운전면허 소지자를 구하면 다음과 같다.
 - 40대 여성 : 1,600×0.54=864명
 - 40대 남성 : 2,000×0.75=1,500명

 따라서 40대 여성 운전면허 소지자는 40대 남성 운전면허 소지자의 $\frac{864}{1,500} \times 100=57.6\%$로 55% 이상이다.

③ 20·70대 남성의 운전면허 소지자를 구하면 다음과 같다.
 - 20대 남성 : 1,800×0.38=684명
 - 70대 남성 : 1,200×0.25=300명

 따라서 20대 남성 운전면허 소지자는 70대 남성 운전면허 소지자의 $\frac{684}{300}=2.28$배로 2.5배 이하이다.

⑤ 20대는 여성이 2,000명, 남성이 1,800명으로 여성이 남성보다 많고, 50대에서는 남성·여성이 1,500명으로 동일하며, 60대에서는 여성이 2,000명, 남성이 1,500명으로 여성이 남성보다 많다.

26

정답 ③

A대리는 가입기간에 따른 기본금리 연 1.5%에 월급이체 우대 연 0.2%p, 제휴보험사 보험상품 가입 우대 연 0.2%p 우대금리를 적용받아 총 연 1.5+0.2+0.2=1.9%를 적용받는다.
A대리의 정보에 따라 별빛적금에 가입하였을 때, 만기 시 받을 수 있는 이자액을 계산하면 다음과 같다.

$1,000,000 \times \frac{36 \times 37}{2} \times \frac{0.019}{12} = 1,054,500$원

A대리가 가입기간 동안 납입할 원금은 다음과 같다.
1,000,000×36=36,000,000원
따라서 A대리의 만기 수령액은 1,054,500+36,000,000=37,054,500원이다.

27

정답 ②

A대리는 가입기간에 따른 기본금리 연 1.2%에 제휴통신사 우대 연 0.15%p, 우수거래 고객 우대 연 0.2%p 우대금리를 적용받아 총 연 1.2+0.15+0.2=1.55%를 적용받는다.
A대리의 정보에 따라 별빛적금에 가입하였을 때, 만기 시 받을 수 있는 이자액을 계산하면 다음과 같다.

$1,500,000 \times \frac{24 \times 25}{2} \times \frac{0.0155}{12} = 581,250$원

따라서 A대리가 만기 시 받을 수 있는 이자액은 581,250원이다.

28

정답 ④

㉠ 예금 가입 후 2주 뒤 본인 명의의 Y카드 결제실적이 있는 만 35세인 갑은 기본금리 1.9%+우대금리 0.2%p=2.1%의 금리 적용
㉡ 비대면 채널을 통해 예금에 가입한 을은 기본금리 1.9%+우대금리 0.1%p=2.0%의 금리 적용
㉢ 예금 가입 후 8개월 차에 해지한 만 70세인 병은 기본금리의 1/2인 0.95%의 금리 적용
㉣ 비대면 채널을 통해 예금에 가입한 후 4개월 뒤에 해지한 정은 0.5%의 금리 적용
따라서 적용 금리가 가장 낮은 가입자들의 순서는 정 – 병 – 을 – 갑이므로, ㉣ – ㉢ – ㉡ – ㉠이다.

29

정답 ①

삼단논법이 성립하기 위해서는 빈칸에 들어갈 명제로 '호야는 노력하지 않았다.'가 적절하다.

30

정답 ①

탄수화물은 영양소이고, 영양소는 체내에서 에너지원 역할을 한다. 따라서 빈칸에 들어갈 명제로 '탄수화물은 체내에서 에너지원 역할을 한다.'가 적절하다.

31

정답 ①

ⅰ) 연경이의 이야기가 참이라면, 효진이의 이야기도 참이다. 그런데 효진이의 이야기가 참이라면 지현이의 이야기는 거짓이 된다.
ⅱ) 지현이의 이야기가 거짓이라면, '나와 연경이는 꽃을 꽂아두지 않았다.'는 말 역시 거짓이 되어 연경이와 지현 중 적어도
   1명은 꽃을 꽂아두었다고 봐야 한다. 그런데 효진이의 이야기는 지민이를 가리키고 있으므로 역시 모순이다.
따라서 연경이와 효진이의 이야기가 거짓이므로 다솜, 지민, 지현이의 이야기가 참이 되며, 이들이 언급하지 않은 다솜이가 꽃을
꽂아두었다.

32

정답 ⑤

첫 번째 명제에서 A는 B보다 먼저 먹거나 A와 B는 같이 먹는 두 가지 경우가 가능하다.
ⅰ) A가 B보다 먼저 먹는 경우
   C와 D는 세 번째 명제에 따라 각각 12시, 1시 팀이 되고, 마지막 명제에서 E는 F보다 먼저 먹으므로 E와 F도 각각 12시,
   1시 팀이 될 것이다. 그러므로 12시 팀은 A, C, E이고, 1시 팀은 B, D, F이다.
ⅱ) A와 B가 같이 먹는 경우
   • A와 B가 12시에 먹는 경우
     C와 D는 각각 12시, 1시 팀이 되고, E와 F도 각각 12시, 1시 팀이 된다. 따라서 12시 팀은 A, B, C, E이고, 1시 팀은
     D, F이다.
   • A와 B가 1시에 먹는 경우
     두 번째 명제에서 C는 A와 같은 시간에 먹으므로 C는 1시 팀, D는 12시 팀이 되고, E와 F는 각각 12시, 1시 팀이 된다.
     그러므로 12시 팀은 D, E이고, 1시 팀은 A, B, C, F이다.
따라서 'A가 1시에 먹는다면 1시 인원이 더 많다.'는 반드시 참이다.

[오답분석]
① A와 B는 같은 시간에 먹을 수도 있다.
② ⅰ)의 경우, B와 C는 다른 시간에 먹는다.
③ ⅱ)의 경우, A와 B가 1시에 먹는 경우 D와 F는 다른 시간에 먹는다.
④ ⅰ)의 경우, 12시 팀과 1시 팀의 인원수는 같다.

33

정답 ②

여름은 겨울보다 비가 많이 내림 → 비가 많이 내리면 습도가 높음 → 습도가 높으면 먼지와 정전기가 잘 일어나지 않음
비가 많이 내리면 습도가 높고 습도가 높으면 먼지가 잘 나지 않으므로 비가 많이 오지 않는 겨울이 여름보다 먼지가 잘 난다.

[오답분석]
④ 첫 번째 명제와 마지막 명제로 추론할 수 있다.
⑤ 마지막 명제의 대우와 첫 번째 명제로 추론할 수 있다.

34

정답 ④

먼저 세 번째 조건에 따라 3팀은 3호실에 위치하고, 네 번째 조건에 따라 8팀과 2팀은 4호실 또는 8호실에 각각 위치한다. 이때, 두 번째 조건에 따라 2팀과 5팀은 앞뒤로 나란히 위치해야 하므로 결국 2팀과 5팀이 각각 8호실과 7호실에 나란히 위치하고, 4호실에는 8팀이 위치한다. 또한 첫 번째 조건에 따라 1팀과 7팀은 1호실 또는 5호실에 각각 위치하는데, 마지막 조건에서 4팀은 1팀과 5팀 사이에 위치한다고 하였으므로 4팀이 5팀 바로 앞인 6호실에 위치하고, 1팀은 5호실에 위치한다. 따라서 1호실에는 7팀이 위치하고, 바로 뒤 2호실에는 6팀이 위치한다.

이를 종합하여 기획 1 ~ 8팀의 사무실을 배치하면 다음과 같다.

창고	입구	계단
기획 7팀		기획 1팀
기획 6팀	복도	기획 4팀
기획 3팀		기획 5팀
기획 8팀		기획 2팀

따라서 기획 4팀과 기획 6팀은 복도를 사이에 두고 마주하는 것을 알 수 있다.

[오답분석]
① 창고 뒤에는 기획 7팀의 사무실이 위치하며, 기획 1팀의 사무실은 계단 쪽 라인에 위치한다.
② 기획 2팀의 사무실은 8호실에 위치한다.
③ 기획 3팀과 5팀은 복도를 사이에 두고 마주한다.
⑤ 기획 7팀과 8팀은 창고 쪽 라인에 위치한다.

35

정답 ④

- A<C<F
- D<B
- D<F<□

- E<□<D
- □<A
- E<□<C, C<□<A(불가능 ∵ A<C)

주어진 조건에 따라 A ~ F 6명의 학생들 키 순서를 정리하면 다음과 같다.

앞	6	5	4	3	2	1	뒤
	E	A	C	D	F	B	

따라서 C는 6명 중 네 번째로 키가 큰 것을 알 수 있다.

36

정답 ④

- 직원 A : 문제점을 제대로 파악하지 못한 채, 무계획적이고 과도하게 자료를 수집하였다. 이러한 경우 수집된 자료 역시 제대로 파악하기 어렵다.
- 직원 B : 일반적으로 생각되어지는 고정관념에 얽매여 새로운 가능성을 무시하고 있다.
- 직원 C : 누구나 쉽게 떠올릴 수 있는 단순한 생각을 말하고 있다. 이는 문제를 해결하지 못하게 할 뿐 아니라 오류 역시 범하게 한다.

37

정답 ③

제품 특성상 테이크아웃이 불가능했던 위험 요소를 피하기 위해 버거의 사이즈를 줄이는 대신 사이드 메뉴를 무료로 제공하는 것은 독창적인 아이템을 활용하면서도 위험 요소를 보완하는 전략으로 적절하다.

[오답분석]
① 해당 상점의 강점은 주변 외식업 상권과 차별화된 아이템 선정이다. 그러므로 주변 상권에서 이미 판매하고 있는 상품을 벤치마킹해 판매하는 것은 강점을 활용하는 전략으로 적절하지 않다.
② 높은 재료 단가를 낮추기 위해 유기농 채소와 유기농이 아닌 채소를 함께 사용하는 것은 웰빙을 추구하는 소비 행태가 확산되고 있는 기회를 활용하지 못하는 전략이므로 적절하지 않다.
④ 커스터마이징 형식의 고객 주문 서비스 및 주문 즉시 조리하는 방식은 해당 상점의 강점이다. 약점을 보완하기 위해 강점을 모두 활용하지 못하는 전략이므로 적절하지 않다.
⑤ 커스터마이징 주문 시 치즈의 종류를 다양하게 선택할 수 있게 하는 것은 커스터마이징 주문이라는 강점으로 '치즈 제품을 선호하는 여성 고객들의 니즈'라는 기회를 활용하는 방법이므로 SO전략이다.

38

정답 ②

㉠ 유지관리사업 추진 경험을 강점으로 활용하여 예산 확보가 어렵다는 위협요소를 제거해 나가는 전략으로서 ST전략에 해당한다.
㉢ 국토정보 유지관리사업은 이미 강점에 해당하므로, 약점을 보완하여야 하는 WO전략으로 적절하지 않다.

39

정답 ⑤

주어진 조건에 따르면 우리는 A, B탈의실을, 나라는 B, D탈의실을, 한국은 A, B, D탈의실을 대여할 수 있다.

40

정답 ①

부패방지교육은 넷째 주 월요일인 20일 이전에 모두 끝나고, 성희롱방지교육은 마지막 주 금요일에 실시되므로 5월 넷째 주에는 금연교육만 실시된다.

[오답분석]
② 마지막 주 금요일에는 성희롱방지교육이 실시되므로 금연교육은 금요일에 실시될 수 없다.
③ 부패방지교육은 수요일과 목요일(8, 16일) 또는 목요일과 수요일(9, 15일)에 실시될 수 있다.
④ 성희롱방지교육은 5월 31일 금요일에 실시된다.
⑤ 5월 첫째 주는 은행의 주요 행사 기간이므로 어떠한 교육도 실시할 수 없다.

41

정답 ①

C비행기와 A비행기는 출발시각 기준으로 현지 도착시간이 7시간 차이가 난다. 그러나 두 번째 조건에서 두 비행기가 도착 시 현지 시각이 같다고 했으므로, A비행기는 C비행기보다 7시간 빨리 출발한다. 또한 세 번째 조건에 의해서 B비행기는 A비행기보다 6시간 늦게 출발하며 네 번째 조건에 의해서 D비행기는 C비행기보다 15분 빨리 출발한다. 즉, A비행기보다 6시간 45분 늦게 출발한다.
이를 정리하면 다음과 같다.

구분	A비행기	B비행기	C비행기	D비행기
한국과의 시차	3-9=-6	0	-8-9=-17	-8-9=-17
비행시간	9시간	2시간 10분	13시간	11시간 15분
출발시각 기준 현지 도착시각	+3시간	+2시간 10분	-4시간	-5시간 45분

따라서 A-B-D-C 순서로 비행기는 출발한다.

42

A씨의 월 급여는 $\frac{3,480}{12}=290$만 원이다. 국민연금, 건강보험료, 고용보험료를 제외한 금액을 계산하면 다음과 같다.

290만 원$-$[290만 원$\times$(0.045+0.0312+0.0065)]

→ 290만 원$-$(290만 원$\times$0.0827)

→ 290만 원$-$239,830$=$2,660,170원

• 장기요양보험료 : (290만 원$\times$0.0312)$\times$0.0738$\doteqdot$6,670원($\because$ 원 단위 이하 절사)

• 지방세 : 68,000$\times$0.1$=$6,800원

따라서 월 실수령액은 2,660,170$-$(6,670+68,000+6,800)$=$2,578,700원이고, 연 실수령액은 2,578,700$\times$12$=$30,944,400원이다.

43

필기점수와 면접점수의 합을 바탕으로 순위를 구하면 다음과 같다. 이때, 동점자일 경우 면접점수가 높은 사원이 먼저 배정된다.

구분	필기점수	면접점수	합계	순위
A사원	70	40	110	10
B사원	90	80	170	3
C사원	60	70	130	8
D사원	100	50	150	4
E사원	80	90	170	2
F사원	80	100	180	1
G사원	50	60	110	9
H사원	60	80	140	5
I사원	70	70	140	6
J사원	90	50	140	7

5개의 부서에 각각 2명씩 배정되므로, 순위를 바탕으로 1지망을 배정하면 다음과 같다.

구분	1지망	2지망	추천부서	배정부서
F사원	개발부	영업부	홍보부	개발부
E사원	홍보부	총부무	총무부	홍보부
B사원	개발부	총무부	사업부	개발부
D사원	영업부	홍보무	개발부	영업부
H사원	총무부	사업부	영업부	총무부
I사원	홍보부	개발부	총무부	홍보부
J사원	홍보부	영업부	총무부	-
C사원	영업부	개발부	영업부	영업부
G사원	영업부	사업부	사업부	-
A사원	개발부	사업부	홍보부	-

1지망에 배정된 인원을 제외하고 2지망에 배정하면 다음과 같다.

구분	1지망	2지망	추천부서	배정부서
J사원	홍보부	영업부	총무부	-
G사원	영업부	사업부	사업부	사업부
A사원	개발부	사업부	홍보부	사업부

J사원은 추천부서인 총무부에, A사원은 인원이 1명 남은 사업부에 배정된다. 따라서 B사원은 개발부에 배정된다.

44

정답 ③

추천부서와 배정부서를 정리하면 다음과 같다.

구분	추천부서	배정부서
A사원	홍보부	사업부
B사원	사업부	개발부
C사원	영업부	영업부
D사원	개발부	영업부
E사원	총무부	홍보부
F사원	홍보부	개발부
G사원	사업부	사업부
H사원	영업부	총무부
I사원	총무부	홍보부
J사원	총무부	총무부

따라서 추천부서와 배정부서가 동일한 사람은 C사원, G사원, J사원이다.

45

정답 ④

ⅰ) 연봉 3,600만 원인 A사원의 월 수령액은 3,600만÷12=3,000,000원이다.
   월평균 근무시간은 200시간이므로 시급은 3,000,000÷200=15,000원/시간이다.
ⅱ) 야근 수당
   A사원이 평일에 야근한 시간은 2+3+1+3+2=11시간이므로 야근 수당은 15,000×11×1.2=198,000원이다.
ⅲ) 특근 수당
   A사원이 주말에 특근한 시간은 2+3=5시간이므로 특근 수당은 15,000×5×1.5=112,500원이다.
식대는 야근·특근 수당에 포함되지 않으므로 A사원의 이번 달 야근·특근 수당의 총액은 198,000+112,500=310,500원이다.

46

정답 ③

우선 다른 부품에 비해 가격이 월등히 높은 부품 E, F가 모두 포함된 ⑤는 제외한다.
선택지별 부품 구성에 따른 총가격 및 총소요 시간을 계산하면 다음과 같으며, 총소요 시간에서 30초는 0.5분으로 환산한다.

구분	부품	총가격	총소요시간
①	A, B, E	(20×3)+(35×5)+(80×1)=315원	6+7+8.5=21.5분
②	A, C, D	(20×3)+(33×2)+(50×2)=226원	6+5.5+11.5=23분
③	B, C, E	(35×5)+(33×2)+(80×1)=321원	7+5.5+8.5=21분
④	B, D, F	(35×5)+(50×2)+(90×2)=455원	7+11.5+10=28.5분

세 번째 조건에 따라 ④의 부품 구성은 총소요시간이 25분 이상이므로 제외된다. 마지막 조건에 따라 ①, ②, ③의 부품 구성의 총가격 차액이 서로 100원 미만 차이가 나므로 총소요 시간이 가장 짧은 것을 택한다.
따라서 총소요 시간이 21분으로 가장 짧은 B, C, E부품으로 마우스를 조립한다.

47

정답 ①

델파이 기법은 반복적인 설문조사를 통해 의견 차이를 좁혀 합의를 도출하는 방식으로 이를 순서대로 나열한 것은 ①이다.

48

정답 ⑤

예외적인 사건이 발생할 때만 부하들의 임무 수행에 관여하고, 그렇지 않으면 관여하지 않는 관리방식을 '예외에 의한 관리'라고 한다. 예외에 의한 관리는 거래적 리더의 특징으로 분류된다. 따라서 옳지 않은 내용을 말한 학생은 상민이다.

오답분석

① 번즈는 미국을 변화시킨 여러 리더들을 분석한 결과 이들의 가장 중요한 공통점은 변혁적 리더십이라고 하였다.
② 보상에 대하여 계약하고, 계약대로 성과를 거두면 보상을 제공하는 것을 '조건적 보상'이라고 한다. 조건적 보상은 거래적 리더의 특징이다.
③ 부하들의 창의성을 유발하는 지적 자극을 제공하는 것은 변혁적 리더의 특징이다.
④ 미래에 대한 비전을 공유하고, 목표를 단순하게 표현하는 '영감적 동기부여'는 변혁적 리더의 특징이다.

49

정답 ③

제시문 내 L그룹의 경영전략으로 1등 전략과 관련된 내용이 없다. 1등 전략은 시장점유율의 유지를 위해 혁신적인 신제품 발매, 가격경쟁전략이나 판매촉진 강화 전략 등을 행함으로써 경쟁회사의 진입장벽을 높이는 방법이다.

50

정답 ①

조직문화를 구성하는 7S 중 리더십스타일은 구성원들을 이끌어나가는 경영관리자들의 관리스타일로서, 구성원들의 동기부여와 상호작용, 조직분위기와 나아가서는 실무성과에 직접적인 영향을 준다.

오답분석

② 구성원 : 기업의 인력구성, 구성원들의 능력 및 전문성, 신념, 욕구와 동기, 지각과 태도, 행동 등을 포함한다.
③ 제도 : 기업경영의 의사결정, 보상제도와 인센티브, 경영정보와 의사결정시스템, 경영계획과 목적설정시스템, 결과 측정과 조정 및 통제 등 경영 각 분야의 관리제도와 절차를 포함한다.
④ 관리기술 : 기업의 각종 물리적 하드웨어 기술과 이에 탑재된 소프트웨어 기술, 경영기술과 기법 등을 포함한다.
⑤ 공유가치 : 기업 구성원들이 함께 하는 가치관으로서 다른 조직문화의 구성요소에 영향을 주는 핵심 요소이다.

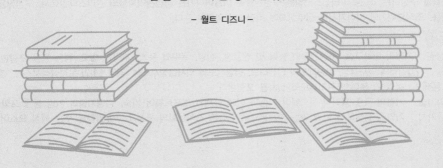

우리의 모든 꿈은 실현된다.
그 꿈을 밀고 나갈 용기만 있다면.

- 월트 디즈니 -

전국수험 적성검사 OMR 답안카드

번호	①	②	③	④	⑤	번호	①	②	③	④	⑤	번호	①	②	③	④	⑤
1	①	②	③	④	⑤	21	①	②	③	④	⑤	41	①	②	③	④	⑤
2	①	②	③	④	⑤	22	①	②	③	④	⑤	42	①	②	③	④	⑤
3	①	②	③	④	⑤	23	①	②	③	④	⑤	43	①	②	③	④	⑤
4	①	②	③	④	⑤	24	①	②	③	④	⑤	44	①	②	③	④	⑤
5	①	②	③	④	⑤	25	①	②	③	④	⑤	45	①	②	③	④	⑤
6	①	②	③	④	⑤	26	①	②	③	④	⑤	46	①	②	③	④	⑤
7	①	②	③	④	⑤	27	①	②	③	④	⑤	47	①	②	③	④	⑤
8	①	②	③	④	⑤	28	①	②	③	④	⑤	48	①	②	③	④	⑤
9	①	②	③	④	⑤	29	①	②	③	④	⑤	49	①	②	③	④	⑤
10	①	②	③	④	⑤	30	①	②	③	④	⑤	50	①	②	③	④	⑤
11	①	②	③	④	⑤	31	①	②	③	④	⑤						
12	①	②	③	④	⑤	32	①	②	③	④	⑤						
13	①	②	③	④	⑤	33	①	②	③	④	⑤						
14	①	②	③	④	⑤	34	①	②	③	④	⑤						
15	①	②	③	④	⑤	35	①	②	③	④	⑤						
16	①	②	③	④	⑤	36	①	②	③	④	⑤						
17	①	②	③	④	⑤	37	①	②	③	④	⑤						
18	①	②	③	④	⑤	38	①	②	③	④	⑤						
19	①	②	③	④	⑤	39	①	②	③	④	⑤						
20	①	②	③	④	⑤	40	①	②	③	④	⑤						

※ 본 답안카드는 마킹연습용 모의 답안카드입니다.

※ 절취선을 따라 분리하여 실제 시험과 같이 사용하면 더욱 효과적입니다.

전국수험 적성검사 OMR 답안카드

성 명

지원분야

문제지 형별기재란	Ⓐ
	Ⓑ
(형)	

수험번호

감독위원 확인	(인)

번호	1	2	3	4	5	번호	1	2	3	4	5	번호	1	2	3	4	5
1	①	②	③	④	⑤	21	①	②	③	④	⑤	41	①	②	③	④	⑤
2	①	②	③	④	⑤	22	①	②	③	④	⑤	42	①	②	③	④	⑤
3	①	②	③	④	⑤	23	①	②	③	④	⑤	43	①	②	③	④	⑤
4	①	②	③	④	⑤	24	①	②	③	④	⑤	44	①	②	③	④	⑤
5	①	②	③	④	⑤	25	①	②	③	④	⑤	45	①	②	③	④	⑤
6	①	②	③	④	⑤	26	①	②	③	④	⑤	46	①	②	③	④	⑤
7	①	②	③	④	⑤	27	①	②	③	④	⑤	47	①	②	③	④	⑤
8	①	②	③	④	⑤	28	①	②	③	④	⑤	48	①	②	③	④	⑤
9	①	②	③	④	⑤	29	①	②	③	④	⑤	49	①	②	③	④	⑤
10	①	②	③	④	⑤	30	①	②	③	④	⑤	50	①	②	③	④	⑤
11	①	②	③	④	⑤	31	①	②	③	④	⑤						
12	①	②	③	④	⑤	32	①	②	③	④	⑤						
13	①	②	③	④	⑤	33	①	②	③	④	⑤						
14	①	②	③	④	⑤	34	①	②	③	④	⑤						
15	①	②	③	④	⑤	35	①	②	③	④	⑤						
16	①	②	③	④	⑤	36	①	②	③	④	⑤						
17	①	②	③	④	⑤	37	①	②	③	④	⑤						
18	①	②	③	④	⑤	38	①	②	③	④	⑤						
19	①	②	③	④	⑤	39	①	②	③	④	⑤						
20	①	②	③	④	⑤	40	①	②	③	④	⑤						

2025 최신판 시대에듀 All-New 전국수협 인적성검사 최신기출유형+모의고사 5회+무료NCS특강

개정4판1쇄 발행	2025년 04월 15일 (인쇄 2025년 03월 25일)
초 판 발 행	2021년 05월 25일 (인쇄 2021년 05월 11일)
발 행 인	박영일
책 임 편 집	이해욱
편 저	SDC(Sidae Data Center)
편 집 진 행	안희선 · 윤지원
표지디자인	김지수
편집디자인	최혜윤 · 장성복
발 행 처	(주)시대고시기획
출 판 등 록	제10-1521호
주 소	서울시 마포구 큰우물로 75 [도화동 538 성지 B/D] 9F
전 화	1600-3600
팩 스	02-701-8823
홈 페 이 지	www.sdedu.co.kr

I S B N	979-11-383-9057-6 (13320)
정 가	24,000원

전국수협

정답 및 해설

금융권 필기시험 "기본서" 시리즈

최신 기출유형을 반영한 NCS와 직무상식을 한 권에! 합격을 위한
Only Way!

금융권 필기시험 "봉투모의고사" 시리즈

실제 시험과 동일하게 구성된 모의고사로 마무리! 합격으로 가는
Last Spurt!

NEXT STEP

시대에듀가 합격을 준비하는
당신에게 제안합니다.

성공의 기회
시대에듀를 잡으십시오.

시대에듀

기회란 포착되어 활용되기 전에는 기회인지조차 알 수 없는 것이다.
– 마크 트웨인 –